화해를
위해서

화해를 위해서

교과서
위안부
야스쿠니
독도

박유하 지음

뿌리와 이파리

　　이 책은 2005년 봄부터 여름에 걸쳐 쓴 책이었다. 그러니 벌써 10년 전 일이 되었다.

　당시 후기에 쓴 표현을 다시 쓰자면 "인당수에 뛰어드는"심정으로 냈던 책이다. 하지만 독자들의 반응은 나쁘지 않았고 언론에서도 비교적 호의적으로 다루어주었다.

　그런 의미에서 이 책이 다시 종이책으로 나오게 된 것을 기쁘게 생각한다. 이 기간 동안, 2013년에 전자책을 내면서 언급했던 『제국의 위안부 ―식민지 지배와 기억의 투쟁』이라는 책이 위안부 지원단체에 의해 위안부 할머니들에 대한 명예훼손이라는 명목으로 고발당하고 일부 삭제 출판 가처분이라는 판결이 났다. 민사 재판도 시작되었고, 형사재판 기소 여부를 기다리고 있는 미묘한 시기에 이 책이 나오게 된 것에, 착잡함을 금할 수 없다. 우선, 이 책을 신뢰해주고 다시 나올 수 있도록 지지해주었던 모든 분께 먼저 감사의 마음을 전하고 싶다. 누구보다 먼저 개정판 출간에 신경 써주신 미리온 출판사의 김남현 대표와 해설로 사용하게 된 서평을 써 준 기호학자 정승원 선생은 페이스북 친구로 알게 된 사이인데, 고발 사태 직후에 쏟아졌던 비난을 막는 데 앞장선 이들이기도 했다. 그 후 역시 같은 맥락에서 알게 된 최규승 시인이 책의 편집을 맡아주셨고 사진가 박진영 작가가 프로필 사진을 찍어주셨다. 책이 다시 나오도록 한 과정은, 내게 이 책 이상으로 소중한 과정이었다.

이 책은 한국에서는 문화관광부의 '우수교양도서'로 지정되면서도 별로 팔리지 않았지만, 이듬해에 일본에서 번역판이 나오자 예상 밖의 높은 평가를 받았다. 동시에 내 책에 대한 평가에서 일본 진보 지식인들(이른바 '양심적 일본인'이라고 표현되는)의 의견이 갈리는 일이 생겼다. 그리고 그런 대립은 2015년 봄 현재까지 진행 중이다.

내게 상을 수여하는 형태로 높은 평가를 해준 것은 〈아사히신문〉이라는, 진보를 대표하는 신문사였다. 그런 〈아사히신문〉이 제정한 상이 내게 주어진 것을 두고 재일교포 학자를 비롯한 일부 진보 지식인들과 위안부 문제 운동가들은 "일본 진보의 우경화"라며 비판했는데, 머지않아 같은 비판을 한국에서도 시작했다.

그로부터 수년이 지난 2014년 6월, 이번에는 앞서 언급한 고발 사태가 일어났다. 그리고 그 고발장에는 『화해를 위해서』를 비판했던 이들의 논지가 차용되어 있었다. 말하자면 2014년 여름, 한국에서 일어난 사태는, 실은 지식인들의 사고가 뒷받침한 것이기도 했다.

모든 사회적 폭력은, 실은 그것을 긍정하도록 만드는 지식 활동이 유발시키고 지탱한다. 따라서 내게는 나에게 닥친 폭력을 분석해야 할 의무가 주어진 셈이다. 그런 의미에서 이 책은, 출간 10년 만에 나자신에게도 밀린 숙제로서 새롭게 다가온 책이기도 하다.

새로운 서문을 쓰기 위해 책을 다시 읽었다. 2005년 서문에서 쓴 전체적 상황은, 2015년 4월 현재, 거의 변한 바가 없는 것 같다. 10년 가까운 기간 동안 한일 간 교류는 더 깊어지고 서로에 대한 이해도 깊어졌지만, 위안부 문제나 독도 문제 등에서 오해와 불신이 깊어지면서 커뮤니케이션 자체가 어려운 상황은 오히려 심화되었다. 그런 일을 막아보고자 이 책을 쓴 셈인데, 그동안 이 책은 아무것도 하지 못했다.

실제로 교과서 문제에 대해 쓴 1장에서의 상황도 바뀌지 않았다. 당시 나는 한국이 '일본' 전체의 생각으로 이해하고 비판했던 움직임이 실은 일본 국내의 좌우 싸움이라고 설명했다. 그러니 좀 더 여유롭게 바라볼 필요가 있다고. 실제로 당시 문제시된 교과서의 채택은 0.1퍼센트도 안 되는 미미한 것이었고, 주일 대사를 불러들이기까지 했던 당시의 한국의 대응은 분명 과잉 대응이었다. 그로부터 몇 년 후, 이명박정권이 들어선 이후부터 한국에서도 극심한 좌우 갈등이 가시화되었고, 교과서를 둘러싼 좌우 싸움은 일본 이상으로 극심해진 상태다. 그 과정에서 나온 '자학사관'이라는 인식이나 '전교조'에 대한 비판 등은 전부 일본과 닮은꼴이었다. 한국은 일본에 전쟁에 대한 비판적 기술이 적거나 없다고 비판했지만, 한국의 교과서에도 베트남전쟁에 대한 비판이 없다는 데 대한 문제의식이 생긴 것도, 국정교과서의 문제점에 대해 논의하기 시작한 것도, 모두 일본과의 사이에서 일어난 교과서 문제를 거치면서였다.

2장의 위안부 문제는, 이 책이 출판된 이후 일본에서 가장 크게 논란의 대상이 되었던 부분이다. 그런데 한국에서는 논란이나 비판이 공론화되는 일이 거의 없었고, 무시와 무관심 속에서 이 책에서의 생각들은 잊혀갔다. 2013년에 다시 한 번 다른 방식으로 『제국의 위안부 ─식민지 지배와 기억의 투쟁』이라는 책을 쓰지 않을 수 없었던 이유는 오로지 거기에 있다.

10여 년 전 원고를 다시 읽으면서, 2004년의 문제적 사건으로서 비판적으로 언급했던 이영훈 교수 사태와 똑같은 사태를, 그로부터 꼭 10여 년이 지난 시점에서 비슷한 곡해와 더 강력한 압박으로 나 자신이 다시 한 번 겪게 되었다는 사실을 새삼 인식했다. 당시 정신대문제대책협의회는 이영훈 교수를 "일본의 우익" 같다면서 비난했는데, 2014년 여름, 〈한겨레〉도 이 책이 "일본의 우익을 대변한" 책이라고 썼다. 문제는 그런 식의 거친 단정을 진보 측만이 아니라, 〈조선일보〉도 공유하고 있다는 점이다. 10년 전에 나는 한일 갈등을 양쪽 민족주의나 좌우 갈등의 문제로 다루었지만 지금은 좌우 중에서도 양극단의 문제로 본다.

이 책에서 내가 '한국의 책임'을 묻고 이제까지 보이지 않았던 또 다른 관계에 주목했던 이유는, 일본의 책임을 면죄하거나 희석시키기 위해서가 아니다. 일본의 국책에 가담하고 협력한 죄를 묻는 이유는, '국가'라는 이름으로 가해오는 압박—그러한 전체주의적 움직임에 저항한 사람들의 존재에 주목하기 위해서이기도 하다. 역사를 반성적으로 성찰하는 이유는 반복을 피하기 위해서이고, 그런 사람이 설사 소수라 하더라도 저항한 이들의 행동과 말은 소중하기 때문이다. 조선인 위안부에 대한 차별이 당연시되던 상황에서 단 한 사람이라도 조선인 위안부를 인간적으로 대접한 이가 있었다면, 그 행위는 대세에 대한 저항 정신의 발로로서 기억되고 평가받아야 한다. 설사 그것이 차별 의식에서 완전히 벗어나지 못한 것이라 해도.

식민지 체제에서의 협력이나 가담의 일부는, '일본인 이상의 일본인'이 되어야 차별받지 않을 수 있었던 구조의 결과이기도 하다. 그렇다고 해서 제국주의에 협력한 조선인 협력자를 비판하지 않는다면 국가의 전쟁에 비판없이 가담한 일본의 국민과 군인들도 비판하기 어려워진다.

3장에서는 야스쿠니 참배를 둘러싼 일본 내 좌우 대립을 다루었는데 한국에서 좌우 대립이 현저해지고 교과서를 둘러싼 갈등이 시작된 지금은 일본의 상황을 더 이해하기 쉬울 것이다. 이 책의 개정판에서는 전자책으로 나올 때 일부 표현을 수정한 원고를 사용했을 뿐 거의 고치지 않았는데, 4장에서도 나는 책이 나온 이후에 나온 관련 연구에 대한 생각을 보완하지 않았다. 오로지 한일 양국의 기존 입장을 강화시키려는 연구에 큰 의미를 두기 어려웠기 때문이다. 대신, 2012년에 쓴 짧은 보론을 이 책에 추가했다.

5장에서 나는, 정확하지 않은 비판을 비판하면서 "잘못된 비판이 보수 정권을 유지"한다고 썼었다. 세월이 흘러 일본에서는 진보 정권이 수립된 적도 있지만 현재의 일본에는 다시 보수정권이 들어서 있다. 그에 더해 적지 않은 숫자의 '혐한파'마저 존재하게 되었다. 이는 바로 『화해를 위해서』를 쓰면서 우려했던 일이기도 했다.

일본의 우파를 비판하고 싶다면, 먼저 필요한 건 그들의 목소리를 잘 듣는 일이다. 그들이 뭐라고 하는지, 왜 그렇게 생각하는지 듣지 않고는 올바른 비판은 불가능하다. 일본의 군사 대국화는 물론 예의주시해야 할 일이지만, 동시에 '일본의 군국주의화'라는 경계 담론이 어떤 대립 구조를 만들고 유지시키는지도 늘 함께 볼 필요가 있다. 대립 상태는 경계심을 만들고, 국가는 때로, 사람들의 경계심과 공포를, 전쟁을 일으키기 위한 수단으로 삼기 때문이다. 그리고 그 전쟁에 동원되어 희생되는 이들은 다름 아닌 젊은이들이다. 그래서 나는 이 책을 누구보다 먼저 청소년과 젊은이에게 보내고 싶다. 누가 위험한 담론을 만드는지, 누가 끝없이 누군가에 대한 증오를 심어 경계심을 만드는지, 과거의 트라우마를 차세대에 심어 자신의 권력 유지에 이용하려 하는지를 그들이 볼 수 있도록. 그리고 지혜롭게 그들의 평화로운 미래를 만들어갈 수 있도록. 중요한 건 아직은 일본이 신뢰할 만한 나라라고 여기는 일이다. 상황이 신뢰를 만드는 것이 아니라 때로 신

뢰가 상황을 만들기 때문이다. 신뢰는 상대와 자신을 함께 변화
시킬 수 있다고 나는 여전히 믿는다.

2015년 5월
다시 새로운 미래를 꿈꾸며,
박유하

차례

교과서 —'금지'에서 '책임'으로

위안부 —'책임'은 누구에게 있나

야스쿠니 —'사죄'하는 참배

독도 ―다시 경계민의 사고를

화해를 위해서

독도 보론 ─ 냉전과 독도 체제

서평

교과서

'금지'에서
'책임'으로

1990년대 이후의
일본의 '반성'과 새역모

미로 속의 역사교과서

일본은 2005년에도 또 다시 검정에서 '새로운 역사교과서를 만드는 모임'(앞으로는 새역모)의 교과서를 통과시켰다. 그뿐만 아니라, 나카야마(中山成彬) 문부상은 일본 교과서에서 "위안부에 관한 언급이 줄어 다행"이라고 했고 마치무라(町村信孝) 외무상은 새역모 교과서에 군국주의 찬양 같은 건 없다고 했다. 이 모두가 교과서 문제가 결코 쉽게 풀리지는 않으리라는 것을 말해주는 상황이다.

우리는 이제까지 문제의 새역모 교과서가 역사상의 사실을 '왜곡'했고 '황국사상'을 고취하고 있고 식민지 지배와 전쟁이라는 침략의 역사를 '미화'하고 있다고 비판해왔다. 그런데 일본의 정부 관리는 그렇지 않다고 말한다. 새역모 자신도 그렇지 않음을 강조하면서 한국어와 중국어로 번역해 보여주겠다고까지 말하고 있는 실정이다. 사실 생각해보면, 그 교과서가 정말로 역사 왜곡과 전쟁 미화로만 점철되어 있다면 그렇게 낙인찍힌 교과서에 내놓고 동조할 만큼 일본의 엘리트—정치인들이 어리석을 리는 없다. 그렇다면 무엇이 문제인 걸까. 우리는 역사의 사실이 다르다며 그들을 비난했지만 일본의 '양심적' 시민은 새역모의 교과서를 '위험한 교과서'라고 말한다. 그들은 무엇을 두고 '위험한' 교과서라 말하는 것일까.

또 이와 같은 국내외의 비판에도 불구하고 새역모의 교과서를 옹호하고 선택하는 일본인이 있고 또 2001년보다 그 숫자가 늘어나고 있다는 사실은 무엇을 말하는 것일까. 그것은 우리가 생각하듯 '과거'로 회귀하는 '군국주의 일본'의 도래의 징후인 걸까. 그렇다면 일본은 세계가 경계하는 '군국주의'로 회귀하고 싶어하고 또 그것을 노골적으로 드러낼 만큼 어리석은 걸까.

새역모의 지향점

이미 8년 전인 1997년 1월에 나온 '새로운 역사를 만드는 모임'의 활동 방침을 보면 이렇게 적혀 있다.

1. 21세기의 국제사회를 살아갈 차세대의 일본인을 육성하기에 적합한 역사교과서를 만든다.
2. 그것을 위해 현재 유통되고 있는 역사교과서의 문제점을 철저히 비판하고 검토하는 연구 모임을 조직해서 교과서 제도의 방식이나

업계의 실태까지 포함해서 연구한다.

3. 우선은 종군위안부 기술을 삭제할 것을 문부대신에게 권고한다.(이상 번역은 필자, 이하 같음)

그들의 활동 목적은 '21세기의 국제사회'를 살아갈 '차세대 일본인'을 육성하는 데 있다고 한다. 우리의 이해에 따른다면, 그들은 '21세기'의 '차세대 일본인'을 군국주의를 지향하는 폭력적 인간으로 키우고 싶다는 이야기가 된다. 그런데 그들이 불편해하는 '현재 유통되고 있는 역사교과서의 문제점'이란 무엇을 말하는 것일까. 또 그들이 다른 무엇보다도 '종군위안부 기술'을 문제시한 이유는 무엇일까.

하여간 그들은 그런 목적의 실현을 위해 '교과서 제도의 방식이나 업계의 실태까지 포함해서 연구'할 뿐 아니라 '문부대신에게 권고'하겠다는 식으로 정책에까지 반영시키려는 구체적 방침을 세우고 있었다는 것을 알 수 있다. 그로부터 8년이 지난 2005년에 일본의 '문부상'이 새역모 교과서에 대해 긍정적인 발언을 했다는 것은 정부에 영향을 끼치려는 그들의 목표가 확실하게 성과를 거뒀음을 보여준 일이라 해야 할 것이다.

위의 글은 우선 일본 우파가 당시의 사회적 상황에 커다란 불만을 갖고 있었음을 보여준다. 그런데 그들의 불만이 분출되게 된 직접적 계기는 과거 일본의 전쟁이 '침략 전쟁'이었다고 말한 1993년의 호소카와(細川護熙) 수상의 발언이었다. 이 발언을 두고 한 우파 인사는 호소카와 수상을 '매국노'(고보리)라고까지 비난했는데, 자민당 내 일부 의원이 '역사검토위원회'를 만들어 그때까지의 역사 인식에 대한 재검토를 시작한 것 역시 93년 이후 미야자와(宮澤喜一)-호소카와-무라야마(村山富市)로 이어지는 일본 정부의 대외적 공식 사죄 발언에 대한 보수 세력이 반발한 결과였다. 말하자면 일본의 우익이 눈에 띄게 활동하게 된 계기는 현대 일본의 '사죄'에 있었던 것이다.

과거의 전쟁에 대해 어디까지나 아시아를 해방하기 위한 전쟁이었다고 생각하는 일본의 보수 우파로서는 전쟁에 대한 비판이란 견디기 힘든 것이었고 국가의 명령에 따라 목숨을 바쳐 싸운 선조의 '정의감'과 '희생정신'을 욕되게 하는 일일 수밖에 없었다. 그리고 그러한 호소카와 수상의 사죄는 받아들이기 힘든 것이었다. 새역모의 중심 인사인 니시오 간지(西尾幹二)는 "전쟁을 사죄한 나라는 일본 이외 어디에도 없다"며 사죄가 일본에만 요구되는 것에 반발했다.

그리고 무라야마 수상이 패전 50년 기념 담화에서 과거에 대한 명백한 사죄를 말한 1995년에 그들은 이른바 '자유주의사관연구회'를 만들어 본격적인 활동을 시작하게 된다. 그리고 대표적 우파 신문인 〈산케이 신문〉에 '교과서가 가르치지 않는 역사'를 연재하면서 당시의 중심적 교과서들과는 확연히 다른 역사관을 적극적으로 피력하게 된다. 97년에 기존의 교과서 대신 '새 교과서'를 만들겠다고 선언하면서 '새로운 역사교과서를 만드는 모임'을 결성하게 된 것은 그 연장선상의 일이다.

이들은 패전 이전의 역사에 대해, 특히 과거의 전쟁을 잘못된 전쟁이었다고 부정적으로 생각하는 역사관이 일본에 팽배해 있다고 생각한다. 그리고 그것을 '자학사관'이라고 불렀다. 또 그러한 사관을 일본 국민들에게 심은 것은 패전 후 일본을 7년 동안 점령 지배한 미국과 그들에게 동조한 마르크스주의자, 그들에게 동조하는 교과서와 언론이었다고 목청을 높였다. 새역모 설립 기념 심포지엄의 주제가 '자학사관을 넘어서'였던 것은 이러한 맥락상의 일이었다. 그들은 '자신의 과거를 부정하는' 시각이 담긴 부정적인 교과서 때문에 자라나는 차세대 일본인이 조국에 대해 '긍지'를 갖지 못하게 될 거라고 우려했고 그런 '자학사관/반일본적 사관으로부터 아이들을 지키'는 일만이 일본을 지키는 일이라고 생각한 것이었다.

교과서 사태의 단초가 이렇게 일본의 '반성적 태도'에 있었다는 사실은 충분히 인식해둘 필요가 있다. 말하자면 교과서 문제란 우리가 생각해온 것처럼 '예전부터', '그리고 늘', '반성하지 않는' 일본이 확대된 현상이 아니라 그 반대로 패전 이후 곧바로 시작되었고 1990년대 이후 위안부 문제를 계기로 더 분명해진 '반성하는 일본'이 문제시된 사건이었던 것이다. 우파의 대항심과 단결을 촉구할 만큼, '반성하는 일본'과 '반성적인 교과서'가 전후 일본의 중심을 이루고 있었다는 것은 교과서 문제에서 무엇보다 먼저 이해되어야 할 사항이다.

반성하는 전후
일본

현대 교과서의 '반성'

실제로 현대 일본의 한 교과서를 보면, 예를 들어 러일
전쟁 후의 동아시아 상황에 대해 언급하면서 한국이 '일본에 의한
식민지화'의 길을 걸었으며, 일본이 황제를 퇴위시키고 군대를 해
산시켰고, '무력을 배경으로 한 식민지 지배를 강행'했으며, '민족
의 긍지와 자각을 박탈하고 일본인으로 동화시키는' 교육이 이루
어졌고, '토지제도의 근대화라는 명목'으로 많은 농민이 '토지를
빼앗겼으며 이들이 그 때문에 소작인이 되거나 만주로 쫓겨' 가게
되었고, '차별'을 받았다고 기술되어 있다. 또 그러한 상황이 '일
본의 침략'의 결과였다고 이 교과서는 명백히 기술하고 있다.

또 일본어로 수업받는 조선 아이들의 사진과 의병의 사진이 실
려 있는가 하면, 유관순에 대해서도 동상 사진과 함께 '일본군에
잡혀 지독한 고문을 당해 생명을 빼앗겼'다고 기술되어 있다. 간
토(關東)대지진에 대해서도 '많은 조선인과 중국인, 사회주의자가
살해'되었다고 기술되어 있고 조선인 강제연행에 대해서는 '노동
의 조건이 가혹했고 임금이 낮았으며 어려운 생활을 강요'당했다
고 기술하고 있다(이상, 도쿄서적주식회사의 『신편(新編) 새로운 사회 역사』,
2001).

우리는 일본의 교과서들이 과거에 저지른 일에 대해 '반성적'이

고 '비판적'으로 기술하고 있다는 사실에 익숙지 않다. 그러나 대부분의 일본 교과서는 자신들의 과거를 미화하거나 은폐하기보다는 이 정도의 자기비판은 담고 있는 것이 보통이다. 그리고 일본의 교과서들이 그런 식의 자기비판을 교과서에 담기 시작한 것은 이미 패전 직후부터의 일이었다.

전후 일본의 평화 사상과 교육기본법

패전 직후인 1945년 9월, 일본 문부성은 '신일본 건설의 교육 방침'을 제정하고 '군국적 사상 및 시책을 불식할 것'이라는 구체적 방침을 제시했다. 그리고 이전과는 다른 '전후 교육'의 새로운 출발의 표시로 우선 군국주의적 기술이나 전의를 고양시키는 내용을 담고 있는 교재를 바꾸기로 했다. 일단은 기존 교과서를 대상으로 정정/삭제할 부분을 지시했고, 학생들은 교사의 지시에 따라 교과서의 문제적 부분에 종이를 붙이거나 먹으로 칠해 지운 후 교재로 사용했다.

같은 해 12월에는 연합국총사령부가 그때까지의 일본의 군국주의적 체제를 바꾸는 데 직접 나서게 되는데, 그 결과로 역사교과서에서 신화가 없어지고 천황 중심의 이른바 '황국사상'을 고취하는 부분이 사라지게 된다. 이듬해인 1946년 9월에는 후에 검정제도를 두고 위헌 소송을 벌이게 되는 이에나가 사부로(家永三郎) 등 네 사람의 학자가 새 교과서를 간행하게 된다. 11월에는 헌법이 공포되는데, 이 헌법의 기본 원칙 가운데 하나가 현재 일본에서 논란이 되고 있는, '영원히' 전쟁을 포기한다는 제9조였다. 그리고 그러한 이상을 구체적으로 '교육'을 통해서 실현할 것이라고 강조했다.

1947년 3월에는 이러한 헌법 정신에 근거한 교육기본법이 제정되는데, 그 법은 이렇게 시작되었다.

> 우리는, 앞서 일본국 헌법을 확정하고, 민주적이고 문화적인 나라를 건설하여 세계의 평화와 인류의 복지에 공헌하겠다는 결의를 표명한 바 있다. 이 이상의 실현은 근본적으로 교육의 힘을 기다려야 할 것이다.
>
> 우리는 개인의 존엄을 존중하고, 진리와 평화를 희구하는 인간의 육성을 기함과 동시에 보편적이면서도 개성 있는 문화의 창조를 지향하는 교육을 보급하고 철저화해야 할 것이다.
>
> 이에, 일본국 헌법의 정신에 입각해 교육의 목적을 명시하여 새로운 일본 교육의 기본을 확립하기 위해 이 법률을 제정한다.

이 교육기본법의 제1조는 "교육은 인격의 완성을 지향하고 평화적 국가 및 사회의 형성자로서 진리와 정의를 사랑하고 생명의 가치를 존중하고 근로와 책임을 중시하며 자주적 정신에 바탕을 둔 심신 모두 건강한 국민의 육성을 기해나가야 한다"는 것이었다. 5월에는 '평화'를 중요시하는 교육기본법에 근거해 전전의 교육에 비판적인 내용이 담긴 교사들을 위한 지침서 '학습 지도 요령 사회과 편'이 나왔다. 그리고 이 1조에 나오는 '평화적 국가 및 사회의 형성자'라는 표현은 후에 학습 지도 요령의 목표로 명시되게 된다.

학생들은 『민주주의』라는 책을 교과서로 해서 헌법을 배우게 되었는데, 노벨상 수상 작가 오에 겐자부로(大江健三郞)에 의하면, '도덕 시간 대신 생긴 헌법 시간'은 학생들에게 '새로운' 체험의 시간이었고 '전쟁에서 막 돌아온 교사들이 경건하게' 가르쳤으며 학생들은 그들 자신이 새로 만든 평화 이념에 대해 긴장하며 배웠다. 그는 '전쟁 포기'라는 조항이 '일상생활의 가장 기본적인 모럴'이었다고 말한다.

전후 일본을 이해하는 데 중요한 사항은 이때 전전의 일본을 둘러싸고 본격적인 자기비판에 나섰던 중심 세력이 군국주의 시절 국가에 대해 가장 비판적이었던 좌파 세력이었다는 점이다. 그중에서도 일본교원조합의 교사들은 '우리 학생들을 또다시 전쟁터에 보내지 말자'는 것을 모토로 민주주의적 교육을 현장에서 모색하고 지향한 시민을 대표하는 세력이었고, 이 때문에 일본의 우파는 '마르크스주의자'와 그 사상을 떠받든 '일본교원조합'이야말로 일본의 전후 역사관을 망친 주범이라고 비난한다.

전전의 일본과는 '다른' 국가를 지향하는 이러한 이상은 이후 '전후 민주주의 사상'으로 칭해지게 되었고, 일본인이 긍지로 생각하는 부분이기도 하다. 그들은 이 과정에서 차세대 일본인에게 '국가'를 중심으로 뭉쳤던 과거의 경험이 어떤 쓰디쓴 결과를 가져왔는가와 함께 '국가'보다 '개인'을 중요시하라고 가르쳤고, 그 과정에서 '애국심'이라는 단어는 터부시되었다.

과거 인식을 둘러싼 좌우의 대립

그런데 1950년대 이후 냉전이 본격화되고 좌파 사상에 대한 적개심이 표면화되기 시작하면서(이를 고시바 마사코(小柴昌子)는 전전 세력의 청산이 제대로 이루어지지 않은 탓으로 분석한다. 고시바 마사코. 2000) 사회주의사상을 가진 이들을 공직에서 추방하는 움직임이 시작된다. 또 정당들이 구심점을 잃은 채 난립하던 상황을 벗어나 사회당이 크게 약진한 데 대해 위기의식을 느낀 일본민주당도 분산되어 있던 세력을 통합하여 자유민주당(자민당)을 만들게된다. 이른바 '55년 체제'가 시작되는 것이다.

같은 시기에 일본민주당이 그때까지의, 과거에 대해 반성적인 시각을 가진 교과서를 비판하는 작업에 나서게 된다. 그들은 '격정스러운 교과서 문제'라는 팸플릿을 발행하고 패전 후 행해진 민주주의 교육이 너무 편향적이었다고 공격했다. 전전의 과거에 대해 반성적 시각을 지닌 교과서들이 사회에서 중심적인 역할을 수행하고 있다는 사실은 천황을 신봉하는 일본 내 보수/민족주의 세력에게는 좌시할 수 없는 사태였던 것이다.

이에 대해 일본의 역사 관련 학회 등은 학문과 사상의 자유를 침범하는 일이라며 항의했지만, 이후부터 일본에서는 반성적인 시각에 입각한 기술이 검정 과정에서 수정/삭제되는 일이 생기게 된다. 국가에 대한 교과서 투쟁으로 유명한 이에나가 사부로의 교과서 소송—자신이 집필한 교과서에 대한 문부성의 검정이 위헌이라며 국가를 상대로 소송을 벌였다—역시 이러한 시대 상황 속에서 벌어진 일이었다.

패전 이후 일본에서는 이처럼 일찍부터 교과서를 둘러싼 보수 세력과 진보 세력 간의 극심한 대립이 있었다. 그리고 1964년에 올림픽대회를 치르고 1968년에는 국민총생산(GNP) 세계 2위의 나라가 된 일본은 패전으로 잃었던 자신감을 회복하기 시작하면서 보수/민족주의적 경향이 강해지게 된다. 1980년에 자민당이 선거에서 압승한 것은 이러한 사회적 심성의 결과였고, 1982년의 교과서 사태는 이러한 시대적 흐름이 만든 사건이었다고 할 수 있다. 말하자면 1970년 이에나가 사부로의 승소 이후 검정이 유연해져 반성적 시각이 또다시 두드러지게 된 데 반발한 우파적 시각의 교과서가 문제시된 사건이었던 것이다.

그러나 이때의 교과서 사태는 '근린 제국 조항'이라는 성과를 거두었고, 이 조항이 후에 학습 지도 요령에도 포함되게 되면서 이후의 일본 교과서에는 전전 일본의 가해성을 밝히는 기술이 이전보다 더 늘어나게 된다. 그것은 "1970년대 이후 역사 연구가 가해 책임을 밝히려고 노력한 성과에 따른"(오우치) 결과였는데, 이러한 경과는 우파의 잠재적 불만을 증폭시키는 것이기도 했다.

1990년대에 들어서 종군위안부 문제가 제기되고 일본군의 관여가 밝혀지게 되자 당시의 수상 미야자와(宮澤喜一)는 노태우 대통령에게 사죄 서한을 보냈고, 이후 1994년도에는 고교 교과서에, 97년도에는 중학교 교과서 전부에 위안부를 언급하는 기술이 새롭게 등장하게 된다. 기존의 반성적 교과서에 또 하나의 '반성적' 사실이 추가된 셈이었다. 1997년에 새역모가 '현재 유통되고 있는 역사교과서'에 '문제점'이 있다고 한 것은 바로 이러한 상황을 가리키는 것이었다.

패전 후 일본이, 비록 연합군의 지도에 의한 것이기는 했지만, 그때까지의 일본에 대한 반성적인 시각에서 출발한 것은 분명하다. 또 끔찍한 피해의 경험에 근거해 두 번 다시 전쟁을 일으키지 않겠다는 명확한 평화 원칙을 갖고 있었던 것도 사실이다(미국이 혼자 만들어 일본에 강요한 것으로만 알려졌던 헌법의 전쟁 포기 조항이 실은 일본인의 의지도 포함된 것이었다는 사실이 최근 밝혀진 바 있다. 〈아사히 신문〉, 2003. 8. 17.). 그런 요구는 주권을 침해하는 것이라는 불만이 없는 것도 아니었지만, 보수 우파 정권인 자민당 역시 기본적으로는 이러한 방침에 찬동했고, 결과적으로 일본은 전후 60년 동안 한 번도 전쟁을 하지 않는 것으로 자신들이 만든 평화 헌법을 지켜왔다.

그런데 전후의 일본이 평화주의적이었다는 사실은 우리의 인식 밖의 일이다. 일본은 되풀이 사죄를 했지만, 적어도 1990년대까지는 '사죄하는 일본'이 명확히 인식되지도 않았다. 그러는 사이에 위안부 문제가 발생했고 일본에 대한 규탄이 또다시 목소리를 높여가는 데 따라 일본 우익의 불만이 커진 것이 교과서 문제의 발단이 된 것이었다.

그동안 한국에서 어떤 문제든 늘 '반성 없는 일본'으로 이어지기 쉬웠던 이유 중에는 일본 우파의 발언과 행동의 배경에 일본의 전후 교육과 교과서에 대한 불만이 있었다는 사실에 대한 이해가 없었다는 점이 있다. 물론 패전 후에도 정말은 전쟁 책임을 져야 할 천황제가 유지되었고 보수 자민당 체제가 바뀌지 않았으며 이른바 '전범' 출신이 정치체제에 깊숙이 다시 포진되었고 여전히 재일교포는 차별받았다. 그리고 그 사실은 전후의 일본과 전전의 일본의 '단절'에 의구심을 갖게 하기에 충분하다. 또한 바로 그 부분에 대한 의구심이 그동안 별문제 없는 것으로 여겨져 왔던 전후 일본에 대한 비판으로 새롭게 나타나고 있기도 하다(나카노, 박유하 등). 그러나 그러한 그들, 이른바 '양심적 지식인'들과 시민들을 낳은 것 역시 다름 아닌 전후 일본이었음은 분명하다. 그리고 그들이 아직 다수인 것이 분명한 이상, 일본이 전후에 지향했던 '새로운' 일본은 어느 정도 달성되었다 해야 할 것이다. 그리고 그런 의미에서는 '반성 없는 일본'이라는 대전제는 재고될 필요가 있다.

새 역모의
불만

도쿄재판에 대한 이의

전후의 역사에 대한 일본 우파의 최대의 불만은 다른 무엇보다도 도쿄재판에 있다. 이른바 '전범'을 규정한 '평화에 대한 죄'란 자위 전쟁이 아닌 전쟁을 개시하는 일을 말하는데 그러한 명목으로 국가의 지도자를 벌하는 일은 '그때까지의 국제법 역사에는 없었다'는 것이다. 그리고 도쿄재판에 참여한 '인도의 팔 판사는 국제법상의 근거를 충족시키지 못한다고 해 피고 전원의 무죄를 주장'했는데도 'GHQ(연합국총사령부)는 이 팔 판사의 의견 공표를 금했고, 재판에 대한 일체의 비판을 허용하지 않았다'고 이들은 말한다. 그런 한편 연합군도 전쟁에서 원폭 투하나 도쿄대공습 등 전쟁에서 필요 이상의 엄청난 살상을 저질렀는데도 전후에 그러한 행위가 문제시되는 일은 없었던 것도 이들의 불만 중의 하나다. 원폭 투하가 과연 타당한 '전쟁 규정' 범위 내의 일이었는지, 즉 엄청난 민간인 살상을 동반할 것을 알면서도 원폭을 투하한 행위가 과연 정당한 행위였는지를 그들은 묻고 싶어하는 것이다. 그러나 그러한 그들의 질문은 원천적으로 봉쇄되어왔고, 그러한 상태에 대한 불만이 말하자면 역사교과서 문제와 관련이 없지 않다.

그들은 그렇게 원천적으로 봉쇄되게 된 원인이 전쟁에서 져서

패자가 되었기 때문이라고 생각한다. 승자가 된 'GHQ'는 오로지 '일본의 전쟁이 얼마나 부당한 것이었는지에 대해'서만 '선전'했고, '이러한 선전'이 '일본인들로 하여금 자국의 전쟁에 대한 죄악감을 키우게 했으며, 전후 일본인의 역사관에 영향을 끼'쳐(이상, 새역모의 『새로운 역사 교과서』, 2005), 전후의 일본인들이 '일본은 정의롭지 못한 전쟁을 했다'는 인식을 가지게 되었으며, 그에 따른 '일방적 죄의식'(니시오, 2001)을 갖게 되었다는 것이다.

그뿐만 아니라 미국이 '불과 1주일 만에 직접 작성한 헌법 초안을 일본 정부에 제시하고 헌법의 근본적인 개정을 강하게 요구'한 데 대해서도 그런 식으로 '점령군이 점령한 나라의 헌법을 변경시키는 일은 헤이그 육전법규에 금지되어 있었다'고 그들은 주장한다. 전쟁을 하지 못하도록 한 것은 '교전권의 부인'이며, 그것은 '국가로서의 주체성을 부정'하는 것이었다는 것이다.

그들이 '위안부'와 '난징'과 '강제연행'을 '부인'하는 배경에는 이러한 불공정 의식과 피해 의식이 존재한다. 말하자면 자신들에 대한 연합국의 가해행위에 대해서는 언급되지 않으면서 자신들이 주체가 된 가해행위만 비난받는 데 대한 불만을 그들은 표출하고 있는 것이다. 그리고 그렇게 일본의 가해 사실만이 강조되면서 실제보다 부풀려진 부분이 적지 않다고 그들은 생각한다. 일본의 일반 시민들이 이러한 그들의 주장에 관심을 갖는 것은 어쩌면 당연한 일이기도 하다.

그러나 일본이 전쟁을 먼저 일으켰고 그것이 침략 전쟁이었으니 원폭을 투하당한 일은 당연한 귀결이라 생각하는 것이 우리의 일반적인 심성이다. 하지만 일본의 작가 이부세 마스지(井伏鱒二)의 『검은 비』(소화. 1999)나 『여름의 꽃』(『일본문학단편선』, 고려원, 2001) 등 원폭 피해자들의 이야기를 읽어본다면, 그래서 그 처참한 비극을 겪은 이들을 '일본인' 이전의 감정을 가진 한 개인으로 볼 수 있게 된다면, 아마도 원폭의 폭력을 긍정할 수만은 없게 될 것이다. 이미 패색이 짙었는데도 군 지도부에서 결단을 내리지 않아 일본의 항복이 늦어졌다는 것은 주지의 사실이다. 또한 원폭까지 쓰지 않았어도 일본의 항복은 필연이었다는 사실도 알려지고 있다. 그렇다면 연합국의 원폭 투하가 과대한 살상이었다고 하는 이들의 불만을 그저 지나친 피해 의식이라고만 치부할 수만은 없을 것이다.

그들의 피해에 대해 우리가 마음을 열지 못하는 이유는 일본이 이제까지 자신들의 가해에 대해 말하지 않았고 보상도 하지 않았다고 하는 생각에 있다. 또 그들의 피해에 대해 말하는 일이 가해 사실을 은폐할 것이라는 두려움도 없지 않다. 그러나 앞에서 본 것처럼 전후 일본은 가해자로서의 자기 인식에서 출발했고, 후에 말하는 것처럼 보상을 아주 안 한 것도 아니다. 또 그들의 피해상에 대해 이해한다고 해서 그것이 곧 그들의 주장을 전부 용인하는 일이 되는 것도 아니다.

일본의 원폭 피해에 대한 우리의 감성은, 폭력을 긍정하는 감성과 맞닿아 있다. 또 타자의 피해에 대한 상상력이 없었던 결과이기도 하다. 그러나 일본의 피해 의식에 대한 이해가 없는 한 그들에 대한 비판은 그들을 설득할 수 없다. 어떤 사안이건 그것을 곧바로 '황국사관'이나 군국주의와 결부시키는 식의 비판 역시 이들의 반발을 강화할 뿐이다.

한일 양측 대응의 문제점

한국 정부의 무리한 요구

2001년에 새역모 교과서가 검정을 통과했을 때, 당시 일본 정부의 변은 이들과의 거리를 강조하는 것이었다.

후쿠다(福田康夫) 관방장관은, 검정은 "국가가 특정한 역사 인식이나 역사관을 확정한다는 성격의 것이 아니며 검정 결정을 두고 그 교과서의 성격이나 역사관이 정부의 생각과 일치한다고 볼 일은 아니다", "명확한 잘못이나 균형 결여 등의 결함을 지적하고 수정을 요구하는 것을 기본으로 하고 있다", "일본 정부의 역사에 대한 기본 인식은 (1995년 8월 15일에 발표된 것처럼) 식민지 지배와 침략으로 많은 나라, 특히 아시아 제국의 여러분에게 다대한 손해와 고통을 준 사실을 겸허하게 받아들이고 다시 한 번 통절한 반성과 진심 어린 사죄의 마음을 표명하고 있다는 것이다"(2001. 4. 3.)고 발언했다.

또, 사건이 심각해지자 고노(河野洋平) 외무대신은 한승수 외무 장관에게 보낸 2001년 4월 13일 자 서한에서 새역모의 교과서에 "대폭적인 수정이 가해졌다"는 점을 강조하면서 "검정에 합격한 교과서의 역사 인식이나 역사관이 정부의 생각과 일치하는 것은 아니다. 우리의 역사 인식은 1995년의 내각총리대신의 담화나 98년의 일한공동선언에서 언급한 대로이며, 이 점은 현 내각에서도 아무런 변화가 없다"고 강조했다.

또 데라다(寺田輝介) 주한 일본대사 역시 "교과서의 역사 인식이 정부의 역사 인식과 일치하는 것으로 이해되어서는 안 되며, 일본 정부의 역사 인식은 무라야마 총리 담화 및 한일공동선언의 인식과 변함이 없다"고 말했다.

그러나 전후와 현대의 '반성하는 일본'을 보여주려는 이러한 시도는 한국에서는 거의 받아들여지지 않았다. 물론, 후에 다시 말하겠지만, 이러한 일본의 대답은 결코 충분한 것은 아니다. 그러나 당시 한국에서는 일본이 그렇게 말했다는 사실조차 거의 보도되지 않았고, 여론의 중심에 있었던 것은 그저 "일본은 다른 나라는 안중에도 없는 나라", "이번 교과서 문제로 도덕적 기준도 없이 경제 대국이 되면 얼마나 위험한지가 새삼 느껴졌습니다"(정옥자), "파시스트의 피가 도도히 흐른다"(정운영)는 식의, 언제나처럼의 비난들뿐이었다(졸저 『반일 민족주의를 넘어서』, 사회평론, 2000 참조).

적지 않은 학술 대회가 개최되었지만 그 역시 대부분 새역모가 주장하는 역사적 '사실'에 대한 반박에 그치는 것이었고, 각 관련

학회들이 주체가 된 공동성명 등이 이어졌지만 이들 역시 입장과 논지는 크게 다르지 않았다. 일본에 비해 독일은 과거 청산에 적극적으로 나서고 있다는 이야기 역시 빠지지 않고 나왔지만, 전후의 일본 교과서가 기본적으로는 반성적인 시각을 갖고 있었다는 사실이 언급되는 일은 없었다.

원래 이때의 사태는 2000년 8월 9일에 〈한겨레〉가 처음 다룬 이후 〈동아일보〉 등 다른 신문들도 잇달아 일제히 이 문제를 이슈화하면서 커진 것이었다. 언론은, '우호 관계를 해치지 않는 범위 내에서 해결'하고 처음에는 '문제를 제기하지만 추가 카드는 사용치 않겠다'고 말한 정부의 신중한 태도에 대해 "일본의 역사교과서 왜곡에 대한 정부의 대응이 고작 이 수준인가", "중국에 비해 미온적", "정부 미지근한 대응 일관", "한일 관계 원점에 다시 서야", "교과서가 채택되지 않았으니 두고 보자는 정부의 미온적 태도"라는 말로 일제히 비난했다.

처음에 비교적 신중했던 정부의 자세가 크게 바뀐 것은 보수 국회의원 세력의 압박에 의한 것이었는데, 국회가 나선 데는 "여야가 한목소리를 내면 신뢰 회복에 도움"(《중앙일보》)이 될 거라는 정치적 계산도 없지 않았다. 그러나 국회는 그런 계산은 감춘 채 정부의 대응을 두고 "소 잃고 외양간 고치는 격"이라는 식으로 비난했고 "이번 사태는 제2의 한반도 침략"이라며 "정부는 말로만 떠들지 말고 전쟁을 한다는 자세로 나서야 한다"(한나라당 김용갑 의원)는 식의 도발적인 발언으로 일관했다. 그리고 이런 국회의원들의 태도에 대해 언론은 "국회의원들이 나선 것은 다행"이라고 했고 "시정될 때까지 의원 교류, 청소년 교류, 문화 개방 연기"했다는 소식을 긍정적으로 전했다.

그런데 국회 자신은 이 문제에 관해 4월에 특위를 출범시켰지만 첫 회의는 6월 5일에야 겨우 열렸고, 그나마 이때는 '위원장만 선출'했으며, 두 번째 회의 때 '대외 협력 지원, 법률 지원, 국사 정립' 등 세 개의 소위원회를 만들었지만 구체적인 활동은 전혀 하지 않았다. 그들이 한 일은 그저 한일파트너십공동선언을 파기하라는 식의 과격한 주장이거나, 특히 외교부에 대해서는 "검정을 통과할 때까지 눈치만 보다가 국민 여론이 들끓고 대통령이 나서서 재수정을 요구하자 뒤늦게 초강경으로 선회했다"거나 "안이한 대응과 무관심"(한나라당 서청원 의원)으로 일관했다는 식의 무조건적인 비난이었다. 당시 정부가 원래의 신중한 태도에서 크게 선회해 일본에 대해 교과서의 '수정'을 요구하기에 이른 것은 이와 같은 언론과 국회의 힘이 작용한 결과였다고 할 수 있다.

그럼에도 불구하고, 정부가 수정을 요구한 35개 항목 중 일본이 받아들인 것은 불과 5개 항목뿐이었다. 이에 대해 우리는 일본이 우리를 무시한 것이라고 생각했지만, 그 숫자는 요구 내용 자체가 무리한 측면이 없지 않았음을 보여주는 것이기도 했다.

예를 들면, 새역모 이외의 나머지 7개사에 대한 요구 중에는 소제목이 '조선 침략'이라고 되어 있는데도 본문에 '침략'이라는 단어가 없다는 이유로 "침략성을 은폐"하고 있다며 수정을 요구하는 내용도 있다. 그런 요구를 한 한국에 돌아온 응답은 논의가 된 부분이 아직 움직이고 있는 '학설'이기 때문에 수정을 요구할 수 없다는 내용이 대부분이었다.

그런 의미에서는 당시 한국의 요구―이는 그러한 요구를 내건 역사학자들의 책임이자 그들이 제출한 수정안을 적절하게 검토하지 못했다는 점에서는 정부의 책임이라고도 할 수 있는데―는 결코 전부 합당한 것만은 아니었다. 그럼에도 정부는 수정 요구가 관철될 때까지 민간 교류를 중지하고 문화 개방을 연기하겠다고 선언했는데, '재수정'이란 당시 우익에 대항하는 일본 지식인들까지도 불가능하다고 말했을 만큼 무리한 요구였다. 그리고 그 결과는 극히 일부분의 수정에 그치는, 외교적으로는 실패했다고밖에 할 수 없는 것이었다.

2001년도의 교과서를 둘러싼 한국의 대응은, 교과서 문제에 대한 우리의 이해의 현황을 집약적으로 보여주는 것이다. 또 결과적으로 그러한 대응이 왜 효과적이지도 생산적이지도 못했는지도 잘 보여주고 있다. 수정 요구를 하지 않기로 한 2005년의 대응은 당시보다는 성숙한 태도라고 할 수 있지만, 교과서 문제를 바라보는 시각 자체는 2001년과 크게 다르지 않다.

일본 정부의 모순

물론 일본 정부의 태도에 문제가 없는 것은 아니다. 그들은 새역모의 교과서를 검정에서 통과시킨 것은 역사관까지 수

정시킬 수는 없는 현재의 검정 제도가 존재하는 한 어쩔 수 없는 일이라고 말했지만, 검정이라는 제도 자체가 민간에 대한 국가의 관여임에 틀림없는 이상, 그 교과서가 지향하는 바가 일본이 말하는 '사죄'와 '반성'이라는, 국가가 대외적으로 천명한 방침에 어긋난다면 그것은 개입의 이유가 될 수 있다.

1995년에 무라야마 당시 수상이 "전쟁의 비참함을 젊은 세대에 전하지 않으면 안 됩니다", "근린 제국의 국민들과 협조하여", "세계 평화를 확고히 해나가기 위해서는 무엇보다도 이들 여러 나라와의 사이에 깊은 이해와 신뢰를 바탕으로 하는 관계를 키워나가는 일이 불가결하다고 생각합니다", "우리나라는 깊은 반성에 입각하여 독선적인 내셔널리즘을 배척하고", "평화의 이념과 민주주의를 널리 확산시켜나가야 합니다", "핵무기의 궁극적 폐기를 지향", "신의를 시책의 근간으로 삼을 것을 내외에 표명"한다고 말한 바 있고, 반전사상과 평화주의, 그리고 근린 배려주의가 나타난 이 무라야마의 담화가 '수상'이 대변한 '일본'의 공식적 입장이었다고 한다면, '전쟁의 비참함'을 강조하기보다는 필요악 정도로 보고 있고 '근린 제국'과의 '협조'보다는 '독선적인 내셔널리즘'에 가까우며 따라서 '깊은 이해와 신뢰'보다는 갈등을 불러일으키는 교과서가 되고 있다는 점에서 새역모의 교과서는 분명 수상—일본국의 이념에 반하는 교과서일 수밖에 없다. 그렇다면 일본 정부의 공식 입장에 반대하는 그런 교과서를 정부의 이름으로 허용한다는 것은 역시 모순적일 수밖에 없다.

또 위안부 문제를 삭제한 교과서에 대해 일본 정부는 "아주 중요한 사실이라면 몰라도 특정한 사실을 기술하도록 요구할 수는 없다"고 했다. 하지만, 위안부 문제는 이미 위안부 문제 자체의 중요성보다도 그 문제를 둘러싸고 1990년대 이후 한일 간에(물론 다른 나라도) 엄청난 갈등이 있었고 일본 내부에서 국민과 정부가 함께 위안부에 대한 보상 기금을 마련했으며 그럼에도 10년 이상 지나도록 해결을 보지 못했다는 점에서 한일 관계사의 '아주 중요한 사실'이 된 문제다. 동시에, 위안부 문제가 삭제된다는 것은 우여곡절이 있기는 했지만 위안부 문제를 둘러싸고 피해자의 일부에게 일본이 '국민기금'을 전달했고 그때 위안부들에게 수상의 '사죄 편지'가 전달되었다는 중요한 사실, 과거에 일본이 행한 식민지 지배 결과의 구조적 문제의 하나로 타국의 여성들을 고통스럽게 한 적이 있고 그에 대해 일본을 대표하는 수상이 사죄를 했다는 사실까지도 잊히는 일이기도 하다. 위안부 문제는 90년대 이후 일본과 한국의 정계, 학계, 사상계에 몰고 온 파장의 크기만으로도 충분히 '중요한' 사안인 것이다. 그것은 이미 한일 간의 과거사를 넘어 현대 한일 관계사로서도 '교과서'에 기술되어야 할 사항이 되었다고 할 수 있다.

당시 한국의 수정 요구에 대해, 일본은 정부가 교과서 수정을 요구할 수 있는 사항으로서 (1)올바르지 않은 사실 기술, (2)사실에 대한 올바르지 않은 해석 기술, (3)기술이 없는 사항에 대한 기술 요구 등을 들었다.

한국이 특히 (1)에 치중해 수정 요구를 했다가 거의 받아들여지지 않은 것이나, 이후 설립된 제1기 한일역사공동연구위원회가 결국은 '입장 차이'를 확인하는 데 그치게 된 것은 어쩌면 당연한 결과였다. 역사 서술이라는 것이 과거에 관한 여러 가지 자료를 종합하여 연구자들이 생각한 하나의 '상(像)'을 만들어내는 일인 이상, 또 그때 역사가 자국의 정체성을 확립하는 수단으로 기능하고 있는 이상 역사는 자국 중심주의적일 수밖에 없기 때문이다. 이뿐만 아니라 자국 내에서도 여러 가지 설이 존재하면서 대립/변동 중인 사항이라면 '올바르지 않은'지 어떤지를 가리는 일은 당연히 간단한 일은 아니다.

그런 면에서는, 더욱 중요한 것은 새역모의 교과서가 과거의 식민지 지배에 대해 어떤 해석을 하고 있는지, 즉 (2)의 사항이다. 그리고 그 잣대로 본다면 그들의 해석은 분명 자국 중심주의에 치우쳐 있고, 그 결과로 한국과의 관계에서 말한다면 '책임'에 대한 인식이 부족한 것이 되고 있다. 결과적으로 '올바르지 않'을 수 있는 것이다.

(3)은 위안부에 대해 기술해야 한다는 한국 측 의견을 염두에 둔 발언으로 볼 수 있는데, 일본의 현재 '학습 지도 요령'에 학생들의 발달 단계에 따른 교육이어야 한다는 내용이 존재하고 위안부 문제는 중학생에게 가르치기는 좀 이르다는 것이 일본 측 의견이다.

그러나 위안부 문제가 현대의 중학생에게 가르치기에 적절치 않은 사항은 아니다. 혹은 그래도 신중을 기하는 입장을 취한다면 대신 고교 교과서에는 실을 것을 요구할 수 있다. 일본 우파는 위안부 문제가 중학교에서 가르치기에는 부적절하다는 이유를 들어 삭제하려 하지만, 중학교 교육까지가 '의무교육'이라는 점을 감안하면 더욱더, 위안부 문제가 이웃나라와 20여 년 이상의 세월 동안 이슈가 되었던 문제라는 점에서는 중학교 이후 교육을 받지 못할 수도 있는 이들도 알아야 할 중요한 문제일 수 있는 것이다.

수정을 요구할 수 없는 이유로 '사상/사관'은 손댈 수 없다고 한 문부성의 변은 민주주의 국가로서는 당연한 일일 수 있다. 그러나 그 '사상'이 객관적 사실 중 보고 싶은 사실(자신의 긍지를 살려주는 사항)만을 보려 하는 것이었다면, 또 그러한 의식적 채택이 근린 제국 조항에 저촉하는 것이었다면, 이 역시 검정에 관여하는 입장으로서는 수수방관해야 할 일은 아니었다.

'사실'과 윤리

새역모 교과서의 저변에 흐르는 인식으로 가장 문제가 되는 것은 "식민지 지배가 한국이나 대만의 근대화에 도움이 되었다"는 인식일 것이다. 이는 식민지 지배에 대한 '책임'을 부정하는 것이고, 따라서 한일 간의 과거 인식에 대한 최대의 쟁점이

될 수 있기 때문이다.

새역모의 모체가 된 자유주의사관연구회의 한 멤버는 홈페이지를 통해 구체적인 자료를 제시하며 일본의 젊은이들에 대한 영향력을 증진시키고 있다(www5b.biglobe.ne.jp/~korea-su/korea-su/jkorea/shazai/index.html). 그런 의미에서는 더 이상 식민지의 '실상'에 대해 무관심으로 일관할 수는 없다. '쌀 수탈'이란 '쌀의 수출'이었고 각종 경제지표를 보았을 때 일본의 지배가 근대화에 일정한 역할을 한 건 사실이라는, 우리 안의 냉철한 성찰(이영훈) 같은 것은 그 '실상'을 보기 위한 진지한 시도의 하나라 해야 할 것이다.

물론 우리로서는 기존의 우리의 인식, 획일적인 '피해' 담론에 균열을 가하는 이러한 이야기는 듣고 싶지 않은 이야기일 수 있다. 그러나 이러한 시도가 필요한 이유는 식민지화를 긍정하기 위해서가 아니라 식민지의 실상을 아는 일이 필요 이상의 증오를 배제할 수 있기 때문이다. 무엇보다도 이들의 주장에 또 다른 과장이 없는지를 보기 위해서도 이들이 무엇을 말하고 있는가를 들을 필요는 있는 것이다. '사죄해야 할 이유는 전혀 없다'고 주장하는 이들에 대해 반론하기 위해서도.

문제는 우리 안에도 일본의 식민지화 덕분에 현대의 한국의 위상이 가능했다고 남몰래 생각하는 이들이 없지 않다는 점이다. 그들의 생각은, 박정희 대통령이 근대화를 이루어냈으니 설사 독재정치를 하고 사람들을 고통에 몰아넣었다 하더라도 용서될 수 있지 않겠느냐는 생각과도 상통한다.

이러한 주장을 뒷받침하는 것은 근대화에 대한 절대적 신봉이다. 그것은, 일본을 부정하면서도 다른 한편으로는 해방 후 한국이 끊임없이 일본을 모방해왔고 그들처럼 혹은 그들 이상으로 근대화를 달성하겠다는 의식에 사로잡혀왔던 것과도 무관하지 않다. 해방 이후 한국은 일본을 부정하면서도 그 일본을 끊임없이 모방하는 구조적 자기모순을 안고 살아왔다고 해도 과언이 아니다.

그러나 근대화가 인간의 삶을 풍요롭게 만든 부분도 없지 않지만 동시에 적지 않은 억압을 강요하기도 했다는 것은 이미 주지의 사실이다. 무엇보다 근대화는 문명의 이름으로 제국주의를 합리화했고 제국주의가 필요로 한 전쟁과 타민족 지배를 긍정했다. 근대화에 대한 칭송은 궁극적으로 타자에 대한 지배—제국주의를 긍정하는 일이 되기도 하는 것이다.

무엇보다도 식민지화에 대한 일본 우파의 긍정적인 담론들은 그 식민지화로 인한 조선인의 정신적 고통이 얼마나 큰 것이었는지, 일상적 차별과 지배가 어떠한 것이었는지, 또 현대의 분단이 어떻게 식민지 지배와 연관되어 있는지에 대해서는 말하지 않는다. 나아가 패전으로 인한 일본의 피해는 말하지만, 그 이전에 제국주의적 욕망이 자국의 국민을 전쟁으로 내몰아 어떠한 고통 속에 빠뜨렸는지에 대해서는 말하지 않는다. 그런 한, 설혹 우리가 생각했던 것보다 평화롭고 물질적으로 좀 더 풍요로운 식민지 지배가 존재했다 하더라도, 그것은 총체적 열패감을 심어주었다는 점에서 그 '근대화'가 결코 긍정적으로 평가될 수 없다는 사실을 그들은 모르고 있다.

그들은 또 조선 내에 열렬한 자원병이 있었다는 말로 천황제 국가 시스템과 전쟁의 정당성을 강조하려 한다. 실제로 당시의 젊은 남성들이 자신의 의지로 자원한 것은 사실이었다. 별다른 재능이나 경제적 여건을 갖추지 못한 가난한 식민지 남성에게 군인이 되는 일이란 남보다(특히 여성보다) 빨리 '일본인'이 됨으로써 식민지인이라는 이등 국민이 아니라 일등 국민으로 편입할 수 있는 기회이기도 했다. 당연히, 그들은 결코 소수이거나 예외가 아니었다.

그러나 그들이 그렇게 '열렬'할 수 있었던 것은 일본과 천황에 충성을 맹세하는 대가로 '신'이 되어 야스쿠니신사(靖國神社)에 묻히는 일이 확실한 '가문의 영광'이 될 수 있는 일이었기 때문이다. 그런 의미에서 이들에 대한 평가는 좀 더 유보적일 필요가 있다. 그러나 그런 식의 미끼로 그들을 호명한 '일본'의 후손인 일본 우파가 자신들의 과거를 정당화하기 위해 그들을 이용하는 일은 식민지 남성의 가난한 욕망을 다시 한 번 욕되게 하는 일일 뿐이다.

일본 우익이 위안부는 없었다고 말하면서 삭제하고 싶어 하는 것은, 위안부가 '자발적으로 돈을 벌러' 간 것이었음에도 불구하고 '강제로 끌려갔다'고 기술되는 데 대한 불만이 있기 때문이다. 이 점에 대해서는 한국에서도 비슷한 의견이 나오고 있는 만큼(2

장 참조), 좀 더 검토되어 희생의 크기가 과장된 부분이 있다면 시정되어야 할 것이다.

그러나 당시의 위안부가 근대에 의한 희생자일 뿐 아니라 여성이 가족을 위해 먼저 희생되어야 했던 가부장제의 희생자이기도 하다는 점—그 점을 우파들은 강조하며 은근히 한국만의 책임만으로 돌리고 싶어 하지만—은 당시 그렇게 하지 않으면 살아가기 힘들 만큼 식민지 조선에 가난한 계층이 많았다는 사실을 말해주는 일이다. 말하자면 그 가난이 한일합방 후 30년 가까이 지난 시점에서의 일인 만큼, 식민지 지배의 구조적인 모순이 나타난 형태일 수밖에 없고, 그런 한 일본의 식민지 지배에 그 책임이 없을 수는 없다. 무엇보다, 그들이 '조선'의 처녀로서 '일본군'이라는 집단에 대한 성적 서비스를 하게 된 것은 일본이 조선을 식민지화한 결과였다. 문제는 '식민지 지배'에 대한 총체적인 '책임'에 대한 인식을 교과서에 서술할 것인가 아닌가의 문제인 것이다.

일본의 '가해'건 한국의 피해건, 이제까지 인식된 것과는 다른 식민지 시대의 실상이 있다면 우리는 그에 대해 좀 더 알 필요가 있다. 그러나 사실을 아는 일이, 일본 우익처럼 가해상을 희석시키기 위해서이거나 반대로 피해를 강조하여 증오감을 키우기 위해서라면 의미는 없다. 과거의 '사실'을 아는 일은 어디까지나 잘못의 반복을 막기 위해서라야 한다. 그런 점에서는 '사실' 인식과 윤리는 병행되는 것은 아니다. 그런 자각이 없는 '사실'의 규명은 또 다른 폭력을 부르는 일에 일조할 뿐이다.

새역모와 민족주의

새역모가 식민지화의 정당화에 집착하는 이유는 무엇일까. 또 앞에서 보았듯이 위안부 문제에 집착하는 이유는 무엇일까.

새역모가 운동 과제로 내건 것은 '황실을 존경하는 동포애의 함양', '일본적 감성을 기르는 교육 창조'다. 앞에서 본 '21세기 차세대 일본인'으로서 이들은 '황실'과 '동포애'를 소중히 여기는 민족주의적 사고가 강한 일본인을 상정하고 있는 것이다. 여기서 확인해두어야 할 것은 그들의 목표가 우리가 생각하는 것처럼 처음부터 역사를 '왜곡' 해석하는 일본인을 목표로 하고 있는 것은 아니라는 사실이다. 그러나 민족주의적인 인간을 지향하는 한 과거의 부정적인 역사는 교육되지 않는다. 민족주의는 늘 자신에 대한 긍정적인 시각을 갖도록 요구하는 것이기 때문이다.

그들이 교과서에 집착하는 것도 교과서라는 매체가 민족주의가 필요로 하는 '국민'교육에 가장 효과적인 매체이기 때문이며, 그 교과서를 통해 전후 교육의 결과로 이제는 희박해진 '황실'과 '동포'로 상징되는 국가에 대한 애국심을 다시 한번 되살려보려는 생각에서다.

그래서 일본 극우파의 담론은 '민족의 피'를 강조하며 '민족의 정기를 회복'하자고 강조하고 '이제 민족정신에 눈떴는가?' 하고 확인하고 싶어 한다. 그들이 일본의 전후 교육에 부정적인 것도 그것이 자신들의 손으로 만들었다기보다는 타자(미국)에 의해 강요된 것이라고 생각하는 그들 자신의 민족주의적 강박관념의 결과라고 할 수 있다.

이들은 일본이 전쟁을 하지 못하도록 되어 있는 현재의 헌법이 굴욕적이라며 불만을 품고 있지만, 설령 헌법을 개정한다 해도 지금처럼 일본의 젊은이들이 민족이니 애국이니에 관심이 없는 상태로는 그들을 전쟁에 동원하기란 어려운 일이다. 바로 그 때문에 일본 우파는 교과서를 통해 애국심을 주입하려는 것이고 교과서가 가져야 할 기본자세를 규정하는 '교육기본법'의 개정 운동에까지 나서고 있는 것이다.

그들이 공민 교과서를 통해 '공공성'이 중요하다고 가르치는 것도 그 때문이다. 그들이 말하는 '공공성'이란 개인보다 집단, 즉 국가를 최우선시하는 사상이기도 하다. 궁극적으로는 국가를 위해 자신을 희생하는 일이야말로 가치 있는 일이라고 가르치는 것이다.

예를 들면, 『새로운 공민 교과서』는 메이지유신에 대해 "천황을 중심으로 국가 전체를 떠받치는 '공'이라는 입장이 확립"되고 "호족이나 개별 입장을 떠나 천황을 중심으로 국가 전체의 발전을 꾀하는 방침이 확립"된 것이라는 해석을 내린다. 또 전쟁조차도 "일본이라고 하는 공의 입장에 선 역사적 결단이 행해진 것"이라고 말한다. 또 청일전쟁에서 "일본이 승리한 요인으로는 일본인이 자국을 위해 헌신하는 '국민'이 되어 있었다는 점이 있다. 그에 비해 청나라 군대는 돈으로 고용된 용병이어서 전세가 불리해지면 급격히 전투 의욕을 상실했다"면서 국가를 중심으로 언제든 통합될 수 있는 '국민'이 되어야 한다고 기술하고 있다. '역사교과서' 역시 청일전쟁에 이긴 배경에 "일본인 전체의 의식이 국민으로서 하나로 통합되어 있었다는 사실이 있다"고 서술하고 있다.

새역모의 회장이었던 후지오카 노부카쓰(藤岡信勝)는 한 강연회에서 "일본의 정신적 황폐를 한탄하고 일본혼이 융성하기를 바라는" 것을 신조로 하고 있다고 말한 바 있다. 후지오카가 지향하는 '일본혼'이라는 것은 민족 아이덴티티를 확립시켜 개인을 '일본국민'으로 기르는 일이다. 그것을 위한 '긍지'를 키우기 위해 부정적인 과거를 보지 않음으로써 '기운 나는' 역사 교육을 지향한 것이 새역모의 교과서였던 것이다.

일본의 우파가 미국의 점령 정책에 대해 이의를 제기했던 보수 비평가 에토 준(江藤淳)이나 메이지 초기의 영웅 사카모토 료마(坂本龍馬) 같은 메이지 시대의 인물을 미화한 소설로 국민 작가 대접을 받았던 시바 료타로(司馬遼太郎)를 우상화하는 것 역시 이들이 '일본'에 대한 뜨거운 애정을 가진 민족주의자였기 때문이다.

민족주의의 목표는, 단적으로 말하자면 '긍지'를 심어 애국심을 고취시키고 그 애국심으로 국가에 언제든 몸 바쳐 '헌신'하는 '국민'을 만드는 데에 있다. 이들이 지향하는 이른바 '역사 왜곡' 역시 과거가 그들의 자존심에 상처를 내는 일이 있어서는 안 된다는 '긍지'에 대한 집착이 야기한 일이다.

그들은 교육기본법이 군국주의 치하의 교육에 대한 반성에 기반해 애국심을 가르치지 않는 교육을 지향했기 때문에 현대 일본인에게서 국가나 국기에 대한 경애심이 없어졌다고 생각한다. 이시하라 신타로(石原愼太郎) 등 보수 정치가와 이들이 만나는 곳도 바로 이 지점이다.

이들에게 위안부에 관한 서술이나 임나일본부설이 중요한 것은 이들 사항이 자국에 대한 '긍지'를 훼손하거나 증대시킨다고 생각하기 때문이다. 이는 교과서의 내용이 얼마든지 '선별'될 수 있다는 것을 말하는 것이기도 하다.

2003년 1월에 발족되어 교육기본법 개정 운동을 펼치고 있는 '일본 교육개혁 유식자간담회'에 교육 전문가나 재계 인사가 참여하고 있고, 이 조직의 설립 기념 심포지엄에 모리(森喜朗)와 나카소네(中曾根康弘) 전 수상이 메시지를 보낸 것은 우선은 이들의 이러한 지향점에 대한 공감이 시킨 일로 이해되어야 한다. 전쟁을 할 수 있는 보통 국가를 지향하기 위해서는 전쟁 때 국가를 위해 나가 싸울 인력이 필요하고, 그러려면 애국심이 필요하다. 그러나 전후의 잘못된 '반성적' 교육, 자신을 긍정하지 못하는 교육의 결과로 현대 일본인에게 애국심이 없으니 '애국심' 교육을 해야 한다는 것이 교과서 문제의 핵심이라고 할 수 있다. 말하자면 국가(國歌)를 부르는 일에도 시큰둥하고 전쟁이 나면 도망가겠다는 현재의 일본 청년에 대한 탄식이야말로 새역모를 비롯한 일본 우파를 단결시킨 추동력인 것이다.

그 때문에 그들의 교과서는 이미 일본에서 중점적으로 그 비판이 나온 것처럼 신화에 대한 집착, 메이지 시대에 대한 미화, 자민족중심주의적 사고, 전쟁 미화, 그런 욕망에서 나오는 역사수정주의, 나아가 경쟁을 부추기는 능력주의, 불변의 실체적 공동체라고 믿게 하는 고대/국가관, '일본인'이라는 개념의 실체화와 고정화를 지향한다. 당연히 그에 대한 비판도 역사적 사실의 개별적 진위 자체도 그 대상이지만, 그보다 훨씬 큰 비중으로 그러한 서술을 뒷받침하는 사고에 무게가 두어지고 있다. 그런 의미에서는, '사실'에는 주목했어도 그렇게 서술하도록 만든 '사상'에 대해서는 이의를 제기하지 않았던 중국이나 한국의 비판은 결정적으로 결함을 내포한 것이었다.

'애국심'을 넘어

이미 분명한 것처럼 교과서 문제는 그들만의 이야기가 아니라 우리 역시 함께 안고 있는 문제이기도 하다.

앞에서 본 것처럼 그들의 교과서가 지향하는 것은 '개인주의'를 넘어 '공공성'을 생각하는 국민이 되자는 교육에 있다. 그리고 바로 그것을 위해 '전통'과 '문화'가 강조되고 '긍지'가 강조되고 있다. 전쟁이 긍정되는 것은 그런 맥락에서다.

그런데 우리의 교과서 역시 '전통'과 '문화'가 강조되고 '긍지'

가 강조되고 있다는 점은 다를 바가 없다. 그리고 무엇보다도 한국 역시 일본의 공민 교과서가 강조하는 '공'의 교육이 이루어지고 있고, 90년대 이후 일본의 우익이 새롭게 지향한 '국민' 만들기는 이미 오래전부터 우리 교육의 중심을 이루고 있다. 패전 이후 과거의 쓴 경험에 근거하여 민족주의와 '애국심'을 경계해온 일본과 달리, 우리는 해방 이후에도 국어와 국사에 바탕을 둔 애국심을 키우는 일본적 교육—민족주의교육을 받아왔다. 말하자면 우리가 그러한 과정을 거치는 동안 그런 교육을 한 번은 폐기했던 일본이 이제 다시 새롭게 예전의 교육으로 돌아가려 하고 있는 것이 현재의 교과서 문제를 둘러싼 상황인 것이다.

국가는 자신의 시스템을 유지하기 위해 군대를 필요로 하고, 군대는 '국가를 위해 죽'는 일을 필요로 한다. 그런데 '국가를 위해 죽'을 수 있기 위해서는 그 국가에 대한 자랑스러운 감정이 필요하다. 우리가 우리의 문화가 오래되었고 찬란한 문화이며 조상들은 늘 지혜로웠고 잘못된 선택 같은 것은 하지 않았던 것처럼 배우는 것은 궁극적으로는 그 때문이라고 해도 과언이 아니다. 그리고 그렇게 '긍지'에 대한 집착이 강하다는 점에서는 새역모의 교과서와 우리 교과서는 닮은 꼴이다.

'긍지'에 대한 집착은 '수치'스러운 기억을 은폐하려 한다. 새역모가 위안부나 난징학살을 부정하는 이유는 그것이 수치스러운 기억이기 때문이다. 그렇게 나 아닌 다른 이가 한 치적이나 부끄러운 일에 대해 긍지나 수치를 느끼기 위해서는 자신이 소속된

공동체에 대한 전면적인 자기동일화가 필요하다.

그러나 계층 차이가 확연했던 근대 이전에는 그러한 자기동일화는 불가능했다. 그것이 가능해진 것은 근대 이후 전 국민이 똑같은 내용으로 교육을 받는 학교교육이 '우리는 하나'라고 가르치는 데 성공한 이후다. 그때 가르쳐지는 '민족' 정체성의 확인에 사람들이 열광할 수 있었던 것은 그것이 누구나가 함께 공유할 수 있는 기억이었기 때문이다. 이전의 신분 사회에서는 불가능했던 일이 가능해진 것이다. 그런 의미에서는 오늘의 교과서 문제는 지극히 근대적인 문제라고 할 수 있다.

그러나 긍지에 대한 집착은 타자의 피해에 대한 상상력의 결여로 연결된다. 또 마찬가지로 '한국' 사람이면 누구나가 피해자라고 생각하는 획일적인 사고는 그 '피해'의 이미지에 균열을 가하는 타자의 목소리에 귀를 막는다. 그리고 그렇게 똑같이 서로의 목소리를 원천 봉쇄하려는 자기중심적 사고야말로 한일 간의 간극을 넓혀가는 주범이기도 하다.

그러나 지구화 현상으로 외국인 노동자가 수십만 명에 이르는 현대 한국 사회에서는 이미 '하나의 우리'를 상정하고 '긍지'를 찾으려는 교과서가 공감을 얻을 수 있는 시대는 끝났다고 할 수 있다. 이제 한국의 교과서와 교육도 '한국'인으로서의 정체성을 확인하고 거기서 긍지를 찾으려 하는 교육이 아니라, 혹은 거기에 기반을 둔 타자에 대한 피해 의식을 키우는 교육이 아니라, 이 땅에서 어떤 일이 일어났는지를, 민족의 긍지를 찾기 위해서가 아니라 지적 호기심을 충족시키기 위해서 배우는 교육이 되어야 할 것이다.

'민족'적 단위의 사고가 필요하다면, 긍지를 찾기 위해서보다는 먼저 책임에 대해 생각하는 교육이 이루어져야 한다. 혹은 나와 다른 계층 혹은 나와 다른 나라 사람들과의 관계에 대해 묻는 교육이 필요하다.

지금은 자랑스러운 일로 보여 '긍지'의 자료로 쓰이는 사항이라도 시각을 달리하면 반대 해석이 가능해지는 경우는 얼마든지 있다. 전쟁의 승리에 대해 쓴다면, 그 승리가 타자의 차별과 지배를 전제하는 일이었으며 폭력으로 여성들을 욕보이는 일이었으며 무엇보다도 남성들 자신의 신체를 '공'을 우선한다는 명목으로 훼손시킨 일이었다는 사실이 이제 함께 쓰여져야 한다. 그것이 설사 새역모가 말하는 대로 서양으로부터의 '독립'을 지키기 위한 것이었다 해도, 그 독립에의 욕망이 동시에 타자에 대한 지배욕을 수반하는 것이었다는 사실이야말로 가르쳐져야 하는 일인 것이다.

물론 그때 한국의 교과서 역시 한국의 피해뿐 아니라 자신의 '책임'에 대해서도 서술해야 할 것이다. 1990년대의 한국이 어떻게 외국인 노동자를 학대하고 차별했는지, 심지어는 같은 민족이라는 중국동포 역시 가난하다는 이유로 어떻게 차별했는지, 7, 80년대에 국가의 지도자와 군대가 어떻게 민간인을 고문하고 생명을 빼앗았는지, 사상을 바꾸지 않는다는 이유로 미전향 장기수들에게 어떤 비인간적인 생활을 강요했는지에 대해서도, 교과서에는 좀 더 쓰여져야 할 것이다. 일본의 전후 역시 천황을 전쟁 책임에서 면죄시켰고 이른바 '전범'이 수상이 되기도 했지만, 적어도 그들은 자국민을 살해하는 군대를 갖지는 않았다. 자국의 수치를 직시하지 않으려는 일본의 교과서를 비난한다면, 우리 역시 그러한 욕망으로부터 자유롭지 않았다는 사실도 함께 떠올려야 한다.

자국의 역사를 '긍지'의 대상으로 생각하는 대신 책임에 대해 생각하는 교과서가 필요하다. 새역모는 일본 내의 '공'을 주장하지만, 진정으로 '공공성'에 대해 생각한다면 이제 국가 바깥에도 통용되는 '공'에 대해 생각해야 한다. 그들이 말하는 '공공성'이란 어디까지나 자국 내에서나 통용될 수 있는 것일 뿐이고 그런 한 그들의 '공공성'이라는 말은 모순적인 것일 수밖에 없다.

일본 우익은 나라마다 자국의 역사가 있다면서 위안부와 강제연행과 난징학살의 기억을 잊고 싶어 하지만, 또 그러한 교과서에 대한 비판을 '내정간섭'이라고 말하지만, 이 세 문제는 각각 한국과 중국에 대한 식민지 지배와 전쟁에서 벌어진 문제였다는 점에서 중요한 문제가 아닐 수 없다. 이들 사항은 이미 '일본'의 역사에 머무를 수 없는 타자의 역사이기도 한 것이다. 그리고 바로 그렇기 때문에 새역모의 교과서 문제는 타국에도 중요한 문제일 수밖에 없다.

역사 서술이 자국민 중심적이 되는 것을 긍정하는 새역모의 생각은 비판되어야 하지만, 역사교과서라는 것이 어차피 '해석'인

이상, 또 자국 내에서도 늘 연구의 진전과 함께 변화되는 것일 수밖에 없는 이상, 2001년과 2005년에 한국이 집착했던 '사실'에 대한 문제 제기는 금방 접점을 찾을 수 있는 문제는 아니다. 오히려 양국의 공동 역사 연구에서 우선되어야 할 것은 그동안의 자국 역사 서술이 가진 이데올로기성을 파악하는 일이어야 한다. 말하자면 왜 수많은 '사실' 중에 그 '사실'이 선택되어 기록되었으며 또 그렇게 '해석'되었는가에 대한 문제를 함께 보지 않는 한 '공동' 연구가 진정으로 만날 수 있는 장소는 없다.

그런 의미에서 교과서 문제의 해결을 위해 발족되었던 한일역사공동연구위원회의 제1차 연구 결과가 '양국 정부의 공식 견해를 대변'(《중앙일보》, 2005. 6. 1.)한 것에 지나지 않았다는 사실은 이 연구가 각기 자국 중심주의에 그친 것이었다는 것을 말하는 일일 수 있다. 일본 측이 이른바 '왜구'가 '일본인뿐 아니라 조선인·중국인도 포함된 동아시아 공통의 존재'라고 했다는 사실에 대해 한국 언론은 비판적이었지만, 왜구가 그러한 존재라는 연구는 이미 이전부터 대두된 설이다("15세기부터 17세기까지가 '왜구적 상황'이었고 국가나 민족의 귀속기에 여러 민족이 한데 섞여서 사는 속에서 해상 활동이 전개되고 있었다는 것이 『조선왕조실록』 등의 치밀한 분석을 통하여 밝혀졌다." 가토 아키라, 2000).

왜구가 단일한 일본인이 아니라 여러 민족이 섞여 있는 존재라는 이야기는 '국가'의 개념과 그 귀속 개념이 오늘날처럼 분명한 것이 아니었음을 보여주는 것이어서 시사적이다. 그리고 이 사실은 그 진실성 여부를 떠나 교과서 문제를 비롯한 한일 간 갈등의 해결을 위해서 필요한 사고이기도 하다. "역사교과서 문제는 일본인 자신의 자기 회복의 문제"(니시오 간지)라는 주장은 이런 점을 못 본 주장일 뿐이다.

새로운 교과서와 기념관을 위해

　　피해의 '사실'을 강조하는 데 머무르는 교육을 바꾸기 위해서는 교과서뿐 아니라 사회교육 시설이기도 한 기념관 등의 자료와 서술도 수정될 필요가 있다. 현재의 서대문형무소는 해방 후 50년 동안의 역사는 말끔히 지워진 채로 일본에 대한 증오와 공포를 키우는 곳으로만 존재한다. 해방 후 국가폭력의 기억은 은폐한 채 그보다 앞선 식민지 시대의 민족 단위로서의 피해 기억만 강조되고 있는 것이다. 그렇게 한국 역시 기억의 은폐와 전도는 아직 진행 중이다.

　한일의 '차세대'에게 함께 필요한 것은 혐오와 적개심을 키우는 교육이 아니라 역사적 '사실'을 통해 함께 지향해야 할 가치를 생각하도록 만드는 교육이다. '일본'이라는 특정 대상을 지목해서 비난하기보다 당시의 여러 정황을 객관적으로 바라볼 수 있도록 하는 일이 필요하다. 그러면서 '왜' 그런 일이 생겼는지, 가해자의 어떤 사고가 그러한 상황을 빚었는지에 대해 복합적으로 '사고'할 필요가 있다. 그러한 교육이야말로 아이들의 사고 능력을 키워주고 정신적 쇄국으로부터 탈출시켜 언젠가는 자신보다 타자의 아폼에 민감한 '차세대'로 자라나게 할 것이다.

그런 의미에서 교과서와 기념관은, 자국 역사에 대해 진지하게 생각할 계기를 주는 장소이면서도 자기만족적 긍지나 도피적 죄의식으로부터 자유로울 수 있는 공간이어야 한다.

일본의 교과서에 위안부에 대해 기술하도록 요구한다면, 이때 아버지에 의해 팔려간 여성도 있었고 위안부로 자원한 여성도 있었다는 사실(제2장 참고)이 기술될 가능성도 감수해야 할 것이다. 중요한 것은 기술 여부 자체가 아니라 그 기술이 어떤 방향을 지향할 것인가에 대한 합의인 것이다. 혹은 식민지 시대의 일반인의 일상이 생각만큼 가혹한 것이 아니었다는 기술이 등장할 수도 있다. 물론 그것이 곧 일본의 식민지화를 정당화하는 일이 되는 것은 아니다. 그러나 그러한 일은 필요 이상의 분노를 경감시켜 화해의 바탕이 될 수 있다.

한국이 식민지 지배하에서 어떤 고통을 당했는지를 쓴다면, 동시에 일본이 쫓겨갈 때 조선인들이 어떤 보복을 가했는지에 대해서도 기술해야 할 것이다. '민족'을 단위로 한 피해자적 측면만 강조하는 데서 벗어나 당시의 '조선' 내부의 갈등─성과 계급이라는 차이에서 벌어진─과 억압과 지배를 보는 교육이 함께 이루어질 때 비로소 한일의 교과서 전쟁은 종식될 수 있다.

새역모의 교과서에 대응해 '우리 안의 식민지 사관을 불식'(신봉승, 〈중앙일보〉, 2001. 7. 17.)하거나 '국사 교육을 강화'(이만열, 〈조선일보〉, 2001. 4. 4.)시키면 된다고 생각하는 일은 자신의 피해만을 강조하는 교육으로 이어질 뿐이다. 그러한 교육은 사고력보다는 분노만 키워 자신만은 그런 오류에 빠지지 않을 수 있다고 착각하거나 거꾸로 우리도 힘을 키우고 싶다는 강자주의를 당연시하는 이들을 양산할 뿐이다.

이른바 '국사 정립'이 잘못되어서 국가 간의 갈등이 생기는 것은 아니다. 이미 새역모 교과서의 사례가 보여주듯, 서로의 관계는 도외시하고 각자가 자국 중심적인 폐쇄적 역사관으로 뭉치는 일이야말로 갈등을 낳는다. 그런 의미에서도 그쪽이 잘못되었으니 우리라도 잘해야 한다는 사고는 비약적일 뿐 아니라 현실적이지도 못하다. 그것은 영원히 서로 다른 역사관을 가지며 대립하는 일로 이어질 뿐이다.

공통의 가치관을 갖는 교과서

일본 시민들에 의한 우익 교과서 비판은 소중한 것이지만, 그들의 비판은 자국의 민족주의에 대한 비판이기도 하다. 그들이 우익 교과서를 비판하는 '위험한 교과서'라는 말을 우리는 그대로 받아들이고 지탄하지만, 그들이 말하는 '위험한'이란 단순히 황국사관 자체를 가리킨다기보다는 그 황국사관이 전쟁에 나가 목숨을 바치는 아이들을 키운다는 점을 강조하는 수식어다. 그런 비판적 형용사를 '국방'의무를 대부분의 국민이 당연한 것으로 생각하는 우리가 그대로 쓴다는 것은 아이러니일 수밖에 없다. 탈민족주의적인 그들의 자기비판이 한국의 민족주의를 불붙이는 상황 역시 마찬가지다.

일본과의 문제를 중국이나 북한과의 연대로 풀어야 한다는 의견이 있지만, 2001년 당시 중국은 일본의 인터넷사이트를 습격해 마비 상태로 만들었고 2005년에는 한국보다 강경한 반일 데모로 중일 관계를 긴장시켰다. 일본의 대사관이나 일본 음식점을 공격하면서 그들은 '애국 무죄'를 외쳤지만, 폭력이 애국심의 이름으로 용서될 수 있다는 발상이야말로 바로 전쟁에서의 살인을 정당화하는 사고이기도 하다.

중국은 '피해국'이라는 점에서는 우리와 상통하는 부분이 없지 않지만, 엄밀히 말하자면 일본에 의해 중국은 전쟁을, 한국은 식민지화를 겪은 나라다. 그런 의미에서는 구체적 체험은 결코 동일하지 않다. 식민지가 되었기 때문에 '일본인'이 되어야 했던 조선인은 당시 분명히 중국에 대해 가해자였다. 중국과의 연대 발상은 그런 아이러니를 보지 못한 주장이다. 북한과의 연대 역시 현재의 북한이 한국보다 몇 배 더 강도 높은 민족주의의 틀 안에 있다는 점에서 생산적인 결과를 기대하기는 아직 어렵다.

한국의 일본 교과서 비판이 궁극적으로는 유효한 것이 되기 위해서는 나라를 위해 몸바치는 일을 당연시하는 교육과 자국 중심적인 민족주의의 수정이 우선되어야 한다. 일본의 우파는 이제 새삼스럽게 또다시 일본인에게 민족주의적 교육을 하려 하지만, 그러한 교육의 미래가 어떤 것인가는 현재의 한국과 중국과 북한이—그들이 비난하는—충분히 보여주고 있다고 해야 할 것이다.

그럼에도 그러한 교육을 지향한다면 일본의 우파에게 한국이나 중국의 민족주의를 비난할 자격은 없다.

2001년, 우리는 소모적 대립의 반복 끝에 새역모 교과서의 채택률이 미미한 수준이었다는 것을 확인하고서야 일본과의 관계를 회복시켰다. 2005년은 2001년보다 성숙한 태도로 대처했지만, 앞으로도 좀 더 냉정하게 대처할 필요가 있다. 정권이 바뀌지 않는 한 이른바 '망언'은 계속될 것이고 우파의 준동도 이어질 것이다. 그러나 그들을 비판할 때 우리 안의 문제에 대해서도 한 번쯤 생각한다면 파국으로 치닫는 대립은 막을 수 있다. 중요한 것은, 한일 간에 필요한 것은 윤리와 평화를 위한 초국가적인 공통의 가치관이며, 그것은 대립과 비난으로부터는 결코 탄생할 수 없다는 사실이다.

〈참고 문헌〉

고보리 게이이치로(小堀桂一郎), 『日本における文明の衝突』, 國民會館, 1997.

고시바 마사코(小柴昌子), 『戰爭と教科書』, かもがわ出版, 2000.

나카노 도시오(中野敏男), 『大塚久雄と丸山眞男』, 靑土社, 2001(한국어판은 『오쓰카 히사오와 마루야마 마사오』, 삼인, 2005).

니시베 스스무(西部邁), 『國民の道德』, 産經新聞社, 2001.

니시오 간지(西尾幹二), 『新しい歷史敎科書を作る會の主張』, 德間書店, 2001. 『國を潰してなるものか』, 2001. 『日韓大討論』, 扶桑社, 2003.

다와라 요시후미(俵義文), 『あぶない教科書』, 學習の友社, 2001.

박유하(朴裕河), 「1960年代における文學の再編 ―〈國民文學〉と〈在日文學〉の誕生」, 『思想』, 2003.10.

역사학 연구회(歷史學硏究會), 『歷史家が讀む‘作る會’の教科書』 靑木書店, 2001.

오우치 히로카즈(大內裕和), 「歷史教科書鬪爭」, 高橋哲哉 編, 『歷史認識論爭』, 作品社, 2002.

후지오카 노부카쓰(藤岡信勝) 편, 『新しい歷史教科書を作る會が問う日本のビジョン』, 扶桑社, 2003. 『新しい公民教科書』, 扶桑社, 2001. 『新しい歷史教科書』, 扶桑社, 2005.

가토 아키라(加藤章), 「일본에서 본 한국의 역사교과서」, 한일문화교류정책자문위원회 주최 한일문화심포지엄 『과거청산과 21세기의 한일관계』 자료집, 2000. 11. 4.

이영훈, 「한국 국사교과서에 기술된 일제의 수탈성과 그 신화성」, '한일, 연대21' 발족 기념 심포지엄 자료집, 2004. 11. 19.

이밖에 전후 일본의 교육과 교과서에 관해서는 도쿠타케 도시오(德武敏夫), 『教科書の戰後史』(新日本出版社, 1995), 와니 유키오(和仁廉夫), 『歷史教科書とナショナリズム』(社會評論社, 2001), 고야마 쓰네미(小山常實), 『歷史教科書の歷史』(草思社, 2001) 등을 참고했다.

위안부

'책임'은
누구에게
있나

'위안부는 없었'나

우파의 주장

위안부 문제는 왜 10년이 넘도록 해결되지 않고 있는 것일까. 새역모는 성노예로서의 '위안부는 없었다'고 말한다. 위안부는 '자발적으로' 돈을 벌러 간 이들이었고 강제적이고 노예적인 착취를 당한 것이 아니라 제대로 된 금전적 수입을 얻은 '공창'이었다는 것이다. 그들은, 위안부는 알려진 것보다 훨씬 많은 돈을 받았고 주말에는 쇼핑을 하는 등 '잘 지냈다'고 강조한다(하타). 위안부는 '예나 지금이나 돈만 생각한다'며 보상을 청구하는 위안부를 비난하고 어디까지나 '상호적 성거래'였다고 주장하는 이면에는 그런 생각이 있다. 그들이 일본이 90년대 이후 위안부 문제에 군이 관여했다고 밝히고 사죄한 일본 정부에 대해 목소리 높여 비난한 것도 그런 생각이 뒷받침된 것이었다. 그들의 인식 속에서는 위안부는 일반 '매춘부'와 다를 바 없는 이들이고, 그런 만큼 '위안부 문제'란 '문제'가 될 수 있는 사항이 아니며, 따라서 특별히 사죄할 이유가 없는 것이다.

그런데 사실에 관한 비슷한 주장은 우리 내부에서도 나오고 있다. 서울대 이영훈 교수는 '강제로 끌려간' 위안부는 없었다고 말한다. 누구나가 그들이 '강제로' 끌려갔다고 생각하지만 실제로 그것을 입증하는 자료는 발견된 적이 없다는 것이다. 이 교수는 당시의 인구 자료를 제시하며 위안부가 '20만'이었다는 숫자 역시 부풀려진 것이라고도 말한다(www.new-right.com).

위안소 설치에 일본 정부가 관여했음을 처음으로 밝혔던 위안부 문제 연구자 요시미 요시아키(吉見義明) 교수 역시 "관헌에 의한 노예 사냥과 같은 연행이 있었는지는 미확인"(요시미, 1997)이라고 말한다. 제주도에서 처녀들을 강제 납치했다고 증언해 유명해진 요시다 세이지(吉田清治)의 책은 "증언으로서 사용 불가능"(동)하다는 것이다.

또 우파는 위안부들의 증언이 일정하지 않고 차이를 보인다는 점에 대해서도 강한 의문을 제기하고 있다. 예를 들면 하타 이쿠히코(秦郁彦)는 김학순 할머니의 증언을 비교하며 거짓말이라고 말하고 있다. 일본 우파는 이런 주장을 근거로 '위안부는 없었다'고 강변하는 것이다.

그런가 하면 조선인 위안부들이 '일본인으로서 갔다'(우에사카 후유코)며 책임을 부정하는 이들도 있다. 또 저널리스트 사쿠라이 요시코(櫻井よしこ)는 "그때는 매춘이 인정된 것이었고, 이제 와서 나쁘다고 해도 의미가 없다"고 말하고 있으며, 작가 소노 아야코(曽

野綾子)는 위안부에 대한 보상을 하면 "사기(가짜)가 나올 것"(이상 출전은 하타)이라고 말한다. 우파 남성들뿐 아니라 여성들 중에도 이렇게 '위안부' 문제에 대해 이의를 제기하는 경우는 적지 않다.

새역모의 교과서가 종군위안부에 관한 기술을 삭제하는 일을 중요한 목표로 삼은 배경에는 이런 생각이 존재한다.

현실적 강제성과 구조적 강제성

그러나, 여성이 성을 파는 것은 자유의사에 의한 '자발적'인 일 같아 보여도, 결코 그렇지는 않다. 그것은 여성이 국가와 남성에게 봉사하게 되어 있는 가부장제 구조 속의 일이다. 위안소가 '인정된' 장소였고 '합법적'이었다는 그들의 주장은 그 '법'이 국가와 군이 만든, 남성을 위한 '법'이었다는 사실을 은폐한다. 그 '합법성'은 문제가 없기 때문에 합법적인 것이 아니라 남성 중심의 국가가 그들 자신을 위해 만든 규율이었기 때문에 합법적이었던 것이다. 그런 의미에서는 다른 일을 하는 것으로 알고 '자원'한 처녀들이었건, '매춘'을 하게 될 것을 알고 간 여성들이었건, 당시의 일본이 군대를 위한 조직을 발상했다는 점에서는 그 구조적인 강제성은 결코 희석되지 않는다.

설사 '자발적'으로 돈을 벌러 간 행위였다고 하더라도, 조선이 일본의 식민지가 된 탓에 그들이 더욱 열악한 환경에서 일본인보다 낮은 임금으로 노동을 해야 했던 이상—외국인 노동자의 이동 현상과 함께 이런 차별적인 구조는 오늘날 전 세계적인 것이 되고 있다—한 개인이 그런 식의 구조로 들어가도록 만든 국가(일본)에 책임이 없을 수는 없다. 또 그들이 '일본인'으로서 '애국'하기 위해 갔다면, 그것을 구조적으로 종용했다는 의미에서 더욱 '일본의 책임'이 커질 수밖에 없다.

일본의 우파가 말하는 대로 위안부는 조선이 식민지가 되지 않았더라도 '매춘'하는 이들이 되었을 수 있다. 그러나 그들이 다름 아닌 일본의 식민지 체제하에서 '전쟁' 수행을 위한 도구가 된 이상, '일본군 위안부'란 식민지화의 산물일 수밖에 없다. 설사 어느 날 갑자기 '강제로 끌려간' 것이 아니라고 해도 위안부 문제는 여전히 '식민지 지배'의 책임 문제로 남는 것이다.

위안부에 대한 보상은, 이후에 말하게 될 여러 가지 모순은 안고 있지만, 20세기의 국가가 '개인'을 '국가'(실은 체제의 중심에 있는 이들)의 안녕(안전보장)을 위해 이용한 데 대한 보상이라는 의미에서 필요하다. 국가는 병사를 스스로 강하게 하는 것만으로 모자라 그들이 패닉 상태에 빠지지 않도록 여성을 이용했다. 말하자면 정작 병사를 위로해야 할 가족과 떼어놓는 대신 '위안'부에게 그 역할을 대신하게 한 셈이다. 그러나 그때 진작되는 '사기'란 '적'으로 규정된 이들을 더 많이 죽이기 위한 힘이었다. 더 많은 살인을 위해 여성이 동원되었던 것이다. 오직 자신의 체제를 지키기 위해 그들을 동원하고 가담자로 만들었다는 의미에서도 위안부에 대한 국가의 보상은 필요하다.

물론 전쟁과 식민지 체제 때문에 인생을 망친 이들은 위안부만은 아니다. 그러나 그럼에도, 병사와 위안부는 '국가가 일으키는' 전쟁의 직접적이고도 가장 참혹한 피해자라는 점에서 '보상'의 대표적 대상이 될 수 있다. 병사의 유족들에 대한 보상은, 그들의 아버지가 '애국'했기 때문이 아니라 그러한 말로 현혹하여 결과적으로 아버지 없는 아들딸로 서럽게 자라도록 만든 죄에 대해서라야 한다.

일본 정부의 대응과 여성을 위한 아시아평화 국민기금

그래도 일본 정부는 1990년대 이후 그들 나름대로의 대응에 나섰었다. '여성을 위한 아시아평화 국민기금'(앞으로 국민기금) 설립이 그것이다. 이 기금은 국민으로부터의 모금에 일본 '정부'가 반을 출자하여 만들어진 기금이었다. 그러나 이러한 사실이 우리에게 제대로 알려진 적은 없었고, 기금의 성격은 그저 국가의 책임을 회피하기 위한 것으로만 알려졌다.

일본은 위안부 문제가 처음 제기되었을 무렵에는 군의 관여를 부정했지만 나중에는 군의 관여를 인정했고, 1993년 8월에 당시의 고노(河野洋平) 관방장관은 "다수의 여성의 명예와 존엄을 크게 상처 입힌 문제"라며 "정부는 이 기회에" "위안부로서 수많은 고통을 경험하고 심신 모두 회복하기 어려운 상처를 입은 모든 분께 진심으로 사죄와 반성하는 마음을 표하고 싶다"고 사죄했다. 다음 해인 1994년에는 당시의 무라야마 수상이 위안부 문제에 대한 '반성과 사과의 마음'을 다시 표명하면서 국민도 널리 참여할 수 있는 길을 모색하겠다고 말했고, 그 약속은 '전후 50년 문제 프로젝트'의 발족으로 이어졌다. 프로젝트 발족 때 무라야마 수상은 "일본은 도의적 입장에서 그 책임을 지지 않으면 안 된다"면서, 위안부에게 "국민적 사죄를 하"기 위해 기금을 만들 것이며 정부가 협력하겠다고 말했다.

1995년 6월에 당시의 이가라시(五十嵐廣三) 관방장관이 기금 설립 사실과 발기인 명단을 발표했는데, 여기에는 일본의 이른바 '양심적 지식인'의 대표 격으로 우리에게 알려져 있는 와다 하루키(和田春樹) 교수도 포함되어 있었다.

이 기금에 와다 교수가 참여했다는 것은 '국민기금'의 주역들이, 우리가 생각해온 것처럼 과거에 대한 반성이 없는 이들이라기보다는 거꾸로 일본의 식민지 지배에 대한 반성을 누구보다도 앞장서서 해왔고 구체적인 책임을 지려고 생각한 이들이었다는 것을 말해준다.

그리고 이 기금의 첫 이사장이 전 참의원 의장이었고 2000년도에 취임한 2대 이사장이 무라야마 전 총리라는 사실은 이 기금이 표면적으로는 '민간기금'의 형태를 취하고 있었어도 실은 일본 '정부'와 밀접한 관계가 있었다는 점을 보여준다. 그 때문에, 발기인은 민간인이었지만 기금 설립을 위한 회의에는 정부 관계자들이 참여했고 '피해자에 대한 보상금은 국민으로부터의 기금'으로 충당하고 '그 밖의 제반 경비는 국가'라는 내용의 결정이 내려졌으며, 모금액이 부족할 경우에는 '국가가 책임을 지'는 것으로 합의가 이루어졌다. 당시 정권 자민-사회-사키가케 연립정당 내에는 '여당 전후 50년 문제 프로젝트팀 종군위안부 문제 소위원회'가 만들어졌고, 이들은 사할린이나 재한 원폭피해자에게 하고 있는 것처럼 '의료복지'비를 출자해 지원 단체에게 주는 것으로 정부의 역할을 결정했는데, 대장성도 외무성도 이에 합의했다(『'위안부' 문제와 아시아 여성기금』, 이하 특별한 언급이 없는 한 같음).

또 보상금을 전달할 때 수상의 편지를 첨부하기로 되었는데, 이는 와다 교수를 비롯한 지식인의 요청을 정부가 받아들임으로써 가능해진 일이었다. 말하자면 이 기금은 '국가'가 주체가 되는 '보상'은 한일협정 때 한 번 이루어졌으니 불가능하다고 생각하는 정부를 민간인들이 설득하고 참여시키는 방식으로 움직여가면서 이루어진 기금이었던 것이다. 그리고 그 기금에 대해 관계자들은 '국민 한 사람 한 사람이 사죄의 마음을 전하는 것'이라는 의미를 부여하고 있다.

기금은 그 '기본 방침과 구체적인 활동'을 이렇게 밝히고 있다.

1. 보상금
위안부가 된 분들에 대한 보상금은 국민으로부터의 모금에 의거하게 됩니다. 아시아여성기금은 한국·필리핀·대만의 희생자에 대해

한 사람당 200만 엔을 지급합니다.

2. 수상의 편지

일본 정부는 위안부 문제에 대해서 여성의 명예와 존엄을 크게 상처 입힌 행위로서 깊은 반성과 사죄의 마음을 표명하고 있고, 보상금을 전달할 때는 한 분 한 분께 수상으로부터 그런 마음을 표시하는 진심을 담은 편지를 전달합니다.

3. 의료 복지 지원 사업

전 위안부분들에 대한 의료 복지 지원 사업은 일본 정부가 희생자에 대한 도의적 책임을 성실하게 행하기 위해서 대상국 지역인 한국·필리핀·대만의 희생자에 대해 총액 7억 엔 규모의 정부 자금을 도입하여 실시하는 것입니다. 이 사업은 희생자분들이 놓인 상황과 희망에 배려하여 한 사람 한 사람이 취할 수 있는 방법으로 실시하고자 합니다. 사업 내용은 주택 개선, 의료, 의약품 보조 등을 상정하고 있습니다.

4. 역사의 교훈으로 하는 사업

위안부와 같은 문제가 두 번 다시 반복되지 않도록 역사의 교훈으로 삼아 미래로 이어갈 것입니다. 아시아여성기금은 이 문제가 교육 현장에서도 올바르게 다루어지기를 바라고 있습니다.

5. 현대적 여성 문제에 대한 대처

여성의 명예와 존엄에 관한 오늘의 문제에 대처해나가기 위해 국제 포럼 개최, 여성의 인권에 관한 활동에 대한 지원 등을 행해나갑니다.(이상, 국민기금 홈페이지)

여기서 알 수 있는 것은 '보상금'은 '국민'으로부터의 성금으로 충당하고 정부가 맡은 역할은 '의료 복지 지원 사업'이었다는 사실이다. 그리고 정부의 그런 역할을 '도의적 책임'을 수행하는 것으로 생각하고 있었다는 것이다. 왜 일본 정부는 7억 엔이나 되는 돈을 쓰면서 그것이 '보상금'이 아닌 '의료 복지'라고 못을 박았을까. 이 배경에는 1965년의 한일협정이 있다. 말하자면 그때 국가 대 국가의 '보상'은 일단 끝났으니 다시 한 번 '보상'할 필요는 없다고 생각한 것이다. 실제로, 2005년 1월에 공개된 한일협정에 관한 문서는, 피해자에 대한 보상에 대한 언급이 있었고 일본으로부터 받은 보상금을 한국이 일괄적으로 맡아서 처리하기로 했다는 사실, 그러나 한국 정부가 '개인'에게 전달하는 일을 충분히 하지 않고 대신 경제 발전을 위한 인프라 구축에 써버렸다는 사실을 보여주고 있다.

'도의적' 책임의
한계와 평가

그러나 이후, 이런 식의 처리, 곧 '보상금'은 '국민'에게 담당시키고 정부/국가는 '의료 복지 사업'을 맡게 된 부분은 커다란 논란에 휩싸이게 된다. 일본의 '양심적' 시민단체와 지식인은 물론 정대협 등 위안부를 지원하는 단체와 한국으로부터 이

기금은 일본 '정부'가 주체가 된 것이 아니어서 '국가' 보상의 의미가 없다는 비판을 받게 된 것이다.

와다 교수에 따르면, 처음엔 연립 삼당 중 사회당과 사키가케당은 "보상금의 반 정도는 국가 예산으로 충당해야 한다"고 말했다고 한다. 그러나 '국가 예산'으로 하려면 국회의 입법과 찬동이 필요했고, 1965년의 한일협정 때 공식적인 배상은 끝났으니 출자를 하더라도 '보상금'의 이름으로 하는 것은 문제가 있다는 자민당의 주장이 반영되어 결국은 이 안은 실행되지 않았다. 그래서 '정부는 개인 보상이 되지 않는 범위 내에서 개별 사업, 각종 복지사업을 예산화한다'는 결정을 내렸다는 것이다. 그러나 대신 '기금 활동에 들어가는 경비 일체는 정부가 지원'하고 '국민이 모은 돈에서는 한푼도 쓰지 못하도록 한다'는 정도의 방침을 일본 정부는 세웠다.

관계자들은 이러한 상황 속에서 "무라야마 전 정권이라 해도 연립내각을 설득하는 것"이 어려웠고 그런 속에서 얻어진 잠정적 안이 "현 정치 상황하에서는 가능한 최대한"의 것으로 생각했으며 "의료 복지 사업에 정부가 국비로 출자하는 일은 이제 가까운 장래에는 불가능할 것"이니 "여기서 받아들이지 않으면 위안부에 대한 '속죄'는 포기하는 거나 마찬가지가 될 것"이라고 생각해서 "결단"을 내린 것이었다고 말한다. "고령의 할머니들이 돌아가시고 계"시니 "단기 결전으로 위안부 할머니들이 살아 계신 동안 어떻게든 하지 않으면 안 된다"고 생각했다는 것이다.

일본 내의 비판

그러나 "불충분하다고 부정하면 아무것도 못 얻을 수 있다"는 판단하에 기금 조성에 나섰던 그들의 결정에 대해, 위안부를 지원하는 일본의 여성 단체 바우넷의 대표인 니시노 루미코(西野瑠美子)는 기금을 받아들인 것은 "체념이자 투쟁을 포기하는 것"이라며 "책임을 져야 할 주체가 얼굴을 보이지 않고 국민이 속죄하라는 묘한 도식"(『임팩션』, 15쪽)이라고 비판한다. 위안부의 '명예 회복'을 위해서는 '법적 범죄'라고 인정해야 하며 '도의적으로 사죄드린다'는 것만으로는 위안부 당사자들이 '납득이 안 될' 것이라는 것이다(동, 18쪽).

이에 대해 국민기금 관계자들은 자민당에 대한 체념을 바탕으로 한 당시로서는 어쩔 수 없는 '차선의 선택'이었으며 보수 정권인 자민당 중심의 일본 정부가 지속되는 상황에서는 불가피한 선택이었다고 말한다. 이뿐만 아니라 자민당 정부도 그 나름대로 노력했다고 강조한다.

> (위안부) 지원 운동을 해온 분들은 정부 내에서 이가라시 관방장관이 얼마나 노력했는지를 모른다. 몇 십 몇 백 번씩 모든 수단을 동원해서 시도했지만 불가능했다. 다른 여성 의원들도 노력했지만 정치 상황이 쉽지 않아 입법화할 수가 없었다. 그 사실을 충분히 알지 못하기 때문에 여지껏 특별 입법으로 하라는 논의가 이어지고 있다. 당시에 특별 입법으로 할 수 있는 일이었다면, 아무도 이 기금을 만

들자고 하지 않았을 것이다. 그런데 매스컴도 이런 여의치 않은 정치적 상황에 대해 보도하지 않았고, 우리도 지원 단체와 한국, 대만에 연립정권 내부에서의 노력과 그 노력이 커다란 벽에 부딪혔다는 것을 충분히 전하지 못한 채 기금을 발족시켜버렸다. 이가라시 장관을 한국을 비롯한 외국의 특파원들과 만나도록 한다든가 3대 신문 편집국이나 논설위원과 만나게 한다거나, 할 수 있는 일은 했지만, 한 사람의 학자가 할 수 있는 일에는 한계가 있다. 그 때문에 국민기금은 정부가 책임을 회피하기 위해 만들었다, 참여하는 이들은 수치를 모르는 이들이라는 소리를 듣게 되었다.(『'위안부' 문제와 아시아 여성기금』)

일본의 관방장관—정부가 '입법'을 위해 노력했다는 것이 우리에게 인식된 적은 없다. 또 일본 '정부'에도 위안부에 대한 '보상금' 지급이 필요하다고 생각한 이들이 있었고 정식 '보상금'이 아닐지언정 그 보상을 위해 어떤 형태로든 국가가 출자했다는 점, 또 일본 정부가 이후에도 "정부로서는 앞으로도 아시아여성기금에, 갹출을 포함해 가능한 한 협력해나갈 것"(관방장관 정례 회견, 2000. 9.)이라는 식으로 적극적인 지원 자세를 지속적으로 지니고 있었다는 점 역시 우리에게는 생소한 이야기다.

당시 국민기금 수령자들에게는 하시모토(橋本龍太郎) 수상의 편지가 함께 전달되었는데, 그 내용은 이런 것이었다.

이번에 정부와 국민이 협력해서 추진하고 있는 '여성을 위한 아시아 평화 국민기금'을 통해, 전 종군위안부분들에 대한 일본의 국민적인 속죄가 이루어지게 된 데 따라 제 마음을 표명하고 싶습니다. 이른바 종군위안부 문제는 당시 군의 관여하에 다수의 여성의 명예와 존엄을 깊이 상처 입힌 문제였습니다. 저는 일본 내각총리대신으로서 다시, 이른바 종군위안부로서 엄청난 고통을 경험하고 몸과 마음에 치유되기 어려운 상처를 입으신 모든 분께 진심으로 사과와 반성의 마음을 전합니다. 저희들은 과거의 무게로부터도 미래의 책임으로부터도 도망칠 수는 없습니다. 우리나라로서는 도의적인 책임을 통감하면서 사죄와 반성의 마음을 발판으로 과거 역사를 직시하고 이를 바르게 후세에 전함으로써 여성의 명예와 존엄에 관한 여러 불합리한 문제에도 적극적으로 임해나가지 않으면 안 될 거라고 생각합니다.

마지막으로 여러분들의 앞으로의 인생이 편안해지기를 진심으로 기원합니다.

수상의 편지라고는 해도 보상금 자체가 '국가'가 주체가 된 것이 아닌 이상 이 사죄의 편지는 공식 문서보다 그 의미가 낮은 것만은 틀림없다. 그러나 그렇다 하더라도, 야스쿠니신사에 가는 수상이 '개인' 자격으로 참배해도 결국은 그의 참배가 '국가'적인 것이 될 수밖에 없다면, '수상'이라는 직함으로 된 이 편지에 '국가'를 대표한 성격이 아주 없을 수는 없다.

그러나 니시노는 이 편지조차 "위선으로 도배된", "진심으로 사죄할 리가 없"는 것이었다고 말한다. 물론 니시노의 말대로 이 편지는 '진심'이 담기지 않은 형식적인 것이었을 수 있다. 그러나 그것을 규명할 수 있는 방법이 없다고 한다면, 일단 보여진 '형식'(편지 자체)의 의미를 무시할 수는 없는 일이다.

그렇다고 하더라도 국회에서의 '입법'이 결국 무산된 배경에는 한일협정 때 보상을 했기 때문에 '법적' 보상을 할 수 없다는 인식뿐 아니라 식민지 지배에 대한 책임 자체를 인정하고 싶지 않은 이들의 영향도 있었을 것임은 분명하다. 또 당시의 일본 정부가 혹 과거의 정부가 한 일이 부족했다고 판단했다면, 즉 과거의 정부와 단절하는 발상이 가능했다면, 그러한 형식적인 문제로부터 자유로워질 수도 있었을 것이다.

또 '차선책'으로 '국민기금'을 만들었다면, 그 속에서라도 '도의적' 차원의 '복지'라는 형태로 도피하는 것이 아니라 당당히 '국가'도 함께 '보상'한다는 말로 참여했더라면 좋았을 것이다. 그리고 그랬더라면 일본은 아마도 출자한 금액 이상의 정치적 효과를 거둘 수도 있었음에 틀림없다. 그런 의미에서는 국회의 동의 대신 국민기금을 설립한 10년 전 일본의 선택은 역시 소극적인 것이었다고 할 수밖에 없고, 니시노가 요구하는 대로 정식으로 '국가'가 주체가 되었다면 좋았을 것이라는 것은 분명하다.

한국의 불신

문제는, 일본 나름대로의 노력, 그리고 그에 가해진 엄격한 자기비판과 자성의 목소리로서의 국민기금이 한국에서는 단지 '국가의 책임을 면하기 위'한 것으로만 간주되게 되었다는 사실이다. 1997년에 한국의 일부 위안부 할머니가 국민기금을 받겠다는 뜻을 기금 관계자들에게 전했고 이들에게 기금이 지급되었지만, 한국에서는 '정부가 사과를 하지 않은, 배상하지 않기 위한 수단'으로만 이해된 것이다. 그리고 언론은 기금 전달에 대해 '기습 지급', '도발 행위', '정치 대국이 못 되는 일본', '야비한 해결 대책'이라고 보도했고, 위안부 지원 단체인 정대협은 '집요한 회유에 속은 거다', '이중적 태도', '일본 측이 노리는 것은 금전으로 정대협과 피해자들을 갈라놓는 일'이라며 비난했다. 이런 유의 비판 논조가 이후에도 변하지 않았다는 것은 2002년에 지급이 종료되자 '막 내린 돈의 시험'(『주간 한국』, 2002. 3.)으로 보도된 데서도 알 수 있다. 그리고 이 기간 동안 국민기금에 관해서는 '발뺌, 술수, 계략, 무마, 철면피, 뻔뻔한' 등등의 원색적인 비난이 이어졌다.

1997년 5월에는 국민기금에 대항하기 위한 수단의 하나로 '강제연행된 일본군 위안부 문제 해결을 위한 시민연대'가 우리 측에서 만들어졌고, 모금이 시작되었다. 그러나 그렇게 모금된 돈이 전달될 때 일본의 국민기금을 받은 7명은 대상에서 제외되었다. 또 1998년 5월에는 한국 정부의 위로금으로 위안부 할머니들에게 3,150만 원과 418만 원이 지급되었는데, 정부는 이 할머니들에게 일본의 국민기금은 받지 않겠다는 서약서를 받았다.

이 기간 동안 정대협은 국민기금의 거듭된 접촉 시도에 전혀 응하지 않았다. 기금이 "면회를 요청했는데도 거절"하는 사태가 이어졌다는 것이다. 그뿐만 아니라 위안부 문제 해결을 위해 가장 가까이에서 헌신적으로 노력해온 이가 국민기금의 관계자라는 이유로 입국금지 조치를 당하기까지 했다. 우스키 게이코(臼杵敬子)라는 이 여성은 1990년부터 '일본의 전후 책임을 분명히 하는 모임'의 대표를 맡아 징용자 문제나 위안부 문제를 일본 사회에 알리고 지원해온 이였다. 말하자면 가장 '양심적인' 일본인이라 할 수 있는 이의 입국을 한국은 거부한 셈이다. 그는 당시 입국을 금지당한 결과로 피해자들의 '재판 활동' 등의 후원에도 "지장이 있었다"면서, "민족적 자존심이 인권보다 중요한가"(『임팩션』 107, 1998)며 항의했다.

'정의'의 폭력

정대협이 기금을 받은 이들을 한국 정부의 보상금 지급 대상에서 제외시키고 정부가 정부의 보상금을 지급한 이들에게는 일본 정부의 돈을 받지 않겠다는 서약서를 쓰게 했다는 것은, 국민기금의 정당성 여부를 떠나, 위안부 개인의 의지를 피해자 지원 단체라는 이름으로 통제하고 한국 정부로부터 보상받을 권리가 있는 그들의 권리를 빼앗은 월권적인 행위는 아니었을까.

선의와 정의감에서 시작되었을 정대협의 행위는 어느새 과거에 국가에 의해 피해를 받았던 이들을 '국가'를 대신해 통제하는 행위로 '개인'의 의지를 또 한 번 억압한 건 아니었을까. 피해자들을 위한 선의는 그렇게 해서 어느 순간 당사자들의 의지를 대변하는 일이 아니라 통제하는 일이 되어버린 것은 아니었을까. 그것이 정의를 위한 것이었다면 더욱더, 그 정의가 엘리트 여성이 자신들의 이상을 실현하기 위한 것으로 자기 목적화해버린 부분은 없었는지 생각해볼 필요가 있다.

정대협 관계자가 돈을 수령한 이들을 두고 "죄를 인정하지 않는 동정금을 받으면 피해자는 자원해나간 공창이 된다"(윤정옥, 1997년 2월의 시민연대 주최 국제 세미나)고 비난했다는 것은, 위안부를 지원하는 이들에게조차 위안부에 대한 편견이 있었다는 사실을 말하는 것이어서 서글픈 일이 아닐 수 없다. 국민기금을 '돈 때문에 받'았다고 비난한 일은 과거에 실제로 '돈 때문에' 자신의 신체를 판 처참한 경험이 있는 그들을 두 번 울린 일은 아니었을까. 설령 그들이 '돈 때문에' 받았다 하더라도, 그것을 비난할 자격이 그 누구에게 있는 것일까.

이러한 정대협의 단정은, 억압받는 하위 계층이 자신의 생각을 직접 표현하지 못하고 그들의 생각을 대변하는 것은 늘 상위 계층이라며 "서벌턴(subaltern)은 말할 수 있는가"라고 물었던 스피박(G. Spivak)의 말을 떠올리게 한다.

정대협은 기금이 '법적'인 것이 아니어서 위안부의 명예를 실추

시켰다고 하지만, 1998년 1월의 국민기금 전달식에서 수상과 이사장의 편지가 낭독되었을 때, 그에 접한 위안부의 심경은 "이렇게 우리 사정을 들어주고 우리 존재를 알아주는 사람도 있구나 하는 생각에 마음이 편안해졌습니다. 그리고 눈물이 났습니다" 하는 것이었다. 낭독과 전달의 막바지에 서로 부둥켜안고 울었다는 그 자리는 그들이 '명예'를 회복한 자리가 못 되었을까. 그때의 위안부의 눈물은 설움의 눈물인 동시에 용서의 눈물이 아니었을까.

본질주의적 불신이 낳는 것

보상금을 받는 일은 일본 정부에 '면죄부를 주는 일'이라고 생각했고 돈을 받은 이들에게 한국 측의 성금을 지급하지 않은 이유가 그 성금이 '국민기금에 반대하는 이들의 성금'이기 때문이었다는 정대협의 입장은 원칙적으로는 옳을 수 있다.

그러나 "국민기금은 일본 정부가 공식 사죄와 법적 배상을 회피하기 위해 설립한 것이어서 도덕성이 없"다거나 일본 정부가 "피해자와 국제 여론을 무시하고 법적 책임을 회피하기 위해 만든 여성을 위한 아시아평화 국민기금을 앞세워 피해자들의 명예를 훼손하는 행동을 일삼아왔"다는 표현은 기금의 선의까지도 불순한 것으로 보도록 만드는 비난이 아닐 수 없다. 동시에 한국 정부에 대해서 요구한 "국민기금의 유혹에서 피해자 할머니들을 지켜내야 할 분명한 의무가 있다. 일본 정부가 돈으로 할머니들의 명예를 짓밟으려 하는 것을 더 이상 용인해서는 안"(2002년 3월 13

일, 시위 현장에서의 성명, 강조는 필자, 이하 같음) 된다는 말 역시 일본에 대한 무조건적인 증오를 키우는 말일 뿐이다. 국민기금이 완전히 무책임한 자세라기보다는 '체념'에 바탕을 둔 '불가피한' '차선의 선택'이었고 '법적' 책임은 아니었어도 '도의적' 책임을 지려고 한 것이었다는 사실조차 보지 못하도록 만들고 있는 것이다.

정대협은 지금까지도 "일본 정부는 일본군 위안부 강제연행 사실을 시인"하지 않았고 "이에 대해 공식적으로 사과"하지 않았으며 "생존자나 유가족에게 보상"하지 않았고 "역사교육으로 이 사실을 계속 가르"치지 않았으며 "피해자 할머니들을" "유혹"하고 있다고 말한다. 그러한 정대협의 말이 이 20여 년 동안 우리 안의 일본상, 사죄도 보상도 하지 않고 과거의 자신들의 행위를 은폐하려고만 하는 '비도덕적'인 일본상 굳히기에 일조한 것만은 분명하다.

그러나 일본 정부는 '강제연행'에 관해서는 공식적으로 언급한 바 없지만 군의 관여는 '시인'했고, 위안부 문제에 관해 법적으로는 아니지만 '공식적으로 사과'했으며, '기금'을 통해 '생존자'에게 '보상'하려 했으며, 위안부 문제가 제기된 이후 일본의 교과서들은 위안부에 대해 대부분 언급했었다. 그 언급이 교과서에서 사라지려 하고 있는 것은 앞에서 본 배경으로 인한 최근의 일일 뿐이다. 그러한 사실조차 보려 하지 않는 정대협의 비난은 그나마 일본의 성의조차 짓밟는 말이 아닐 수 없다.

무엇보다도, 정대협의 발언의 문제점은 "전범국 일본의 본성인

군사 대국화 및 해외 침략 의도를 노골적으로 드러낸 것"(2002년 6월 17일의 512차 수요시위 발언)이라는 말에서 나타나는 것처럼, '일본'이라는 나라란 원래부터 '군사 대국화 및 해외 침략 의도'를 갖는 나라라고 생각하는 본질주의적인 사고에 있다. 일본을 향한 '전범국'이라는 말은 마치 '전과자'라는 말처럼 끊임없는 불신을 야기하는 폭력적인 호명이다.

그러나 '전범'이라는 말이 국제적 전쟁 규정에서 정한 최소한의 규칙마저 짓밟는 일을 행했다는 의미라면, 단지 승리를 위해 원자폭탄 투하와 대공습을 감행해 수많은 민간인을 살상한 미국도, 위안부를 모집한 또 다른 나라들인 독일이나 소련도, 무엇보다도 한국전쟁 때 위안대까지 만들어 운영했다는 한국도(김귀옥) 같은 말로 규탄될 것을 각오해야 할 것이다.

물론 현재의 일본이 '군사 대국'인 것은 사실이고, 군대를 합법화하는 방향으로 가고 있는 이상 그것이 결과적으로 다른 나라로의 파병—침략으로 이어질 가능성은 없지 않다. 그러나 '해외 침략 의도'라는 말에서처럼 그것이 처음부터 '의도'된 것이라 단정하는 담론은 우리의 근본적 불신이 시키는 말이다. '전과'가 있는 이에 대해서라면 어떤 말로 비난해도 좋다는 생각이 혹 우리 안에 무의식적으로 존재하는 것이라면(이윤기, 〈중앙일보〉, 2005. 7. 1.), 이는 또 다른 폭력이 아닐 수 없다.

국민기금은 분명 '공식 사죄'를 했다고 보기에는 부족한 부분이 있었고, '법적 배상'이 아니었음도 분명하다. 그런 의미에서는 '완벽한' 형태의 사죄를 받아내겠다는 것은 원칙적으로는 옳은 요구일 수 있다. 그러나 그것이 당분간 불가능해보인다고 한다면, 그때 취할 수 있는 선택은 어떤 것일까. 정대협의 표현처럼 '100년 걸린' 후에 승리를 얻어낼 수 있다면, 당사자들이 이미 존재하지 않는 그때의 승리는 과연 누구를 위한 것일까. 무엇보다도, 그러한 '일본'을 상정하는 것은 어쩌면 '완벽한 승리' 자체에 대한 열망의 산물일 수도 있다.

일본의 보상금을 받은 한 위안부는 이렇게 말했다. "일본 전체를 준다 해도 우리가 죽고 난 다음이면 무슨 의미가 있는가?"(김군자, 〈한국일보〉, 1997. 1. 14.)

우리 안의 책임

일본을 향한 우리의 비난에는 우리 자신은 결백하다는 확신이 있다. 그렇기 때문에 '한국'이라는 이름을 '피해자'로만 떠올리는 일은 우리에게는 너무나 당연한 일이기도 하다. 그런데 가해자로서의 '책임'은 과연 일본에만 있는 것일까.

위안부들의 증언집 『기억으로 다시 쓰는 역사』(풀빛, 2001)에는 의붓아버지에 의해 기생으로 팔리고 거기서 다시 팔려간 얘기가 나온다. 그리고 이 과정에 한국인 포주가 깊이 간여하고 있었다는 사실도 나타난다. 위안부들은 남편인 "영감한테 속아서" 가기도 했고, "집안 어머니 아버지"에 의해 팔리기도 했고, "돈 벌러" 가기도 했으며, 심지어는 "엄마가" 가라고 해서 간 이도 있었다. 그리고 그러한 그들을 이끈 것은 대부분 "쌀밥"의 유혹이었다. 이들은 한결같이 가난한 집안의 딸이었던 것이다.

이들의 증언에 등장하는 "문앞에서 돈 받은 놈" 혹은 "우리 밥 주구 옷 입히구 또 우리 데리구 거까지 간 놈", 또 데려간 비용을 요구하며 "벌어 갚으라"고 했고 "도망─폭력─감금"한 것은 누구였을까. 위안부의 "항의에도 폭력"을 행사했다는 이들은 누구였을까. 자신의 출세를 위해 딸을 팔아넘긴 양아버지(김군자, 2003년 10월의 인터뷰)나 "손목을 나꿔채며 가자고 했다"는 "조선 남자 2명"의 존재는 이른바 "강제로 끌어간" 주체가 다름 아닌 우리 안에도 있었다는 것을 말해주고 있다.

'주인댁 배운 여자'와 가난한 처녀

한 위안부는 "(정신대로) 주인댁 배운 여자들보다 자신이 가야 할 것 같았다"(황금주)고 말한다. 그녀가 말하는 '주인댁 배운 여자'란 누구였을까. 이는 위안부라기보다는 정신대 모집에서 일어난 선택이었겠지만, 가난한 처녀들을 정신대로 보내고 남아 있을 수 있었던 그녀들은 누구였을까. 이 발언은, 이미 지적되고 있는 사실, 위안부 문제가 실은 '가난한' 여성들이 그 대상이 된 '계급'의 문제이기도 하다는 것을 여실히 보여주는 말이 아닐 수 없다.

전쟁터에서의 위안부란 직접적으로는 '강간'을 막기 위해 고안된 존재였다(요시미, 1998. 27쪽). 그런 의미에서는 '허용된 강간'의 성격을 지닌 매춘은 일반인 여성을 보호하기 위한 것이기도 했다. 말하자면 위안부란 구조적으로는 일반인 여성을 위한 희생양이기도 한 것이다. 2005년 봄 집창촌 단속이 논란을 불러일으켰을 때 한 국회의원은 집창촌이 없어지면 18세부터 30세까지의 남성의 성욕을 처리할 곳이 없어진다는 웃지 못할 발언을 했는데, 그 발언은 남성의 성욕을 본질화하는 것인 동시에 매춘부의 존재가 일반인 여성의 안전을 위한 것이기도 하다는 사실을 드러낸 것이었다.

그럼에도 일반인 여성은 '매춘'을 자신과는 상관없는 일이라 생각한다. 그리고 '매춘'이 지탄받으면 받을수록 '순결'한 '정조'를 지닌 일반 여성의 가치는 상대적으로 높아진다. 정대협의 대표가 기금을 받은 이들을 '공창'이라고 말한 것은 그런 구조와 무관하지 않다. 당시 위안부로 보내지는 처녀들을 보며 묵인하거나 아예 적극적으로 나서서 보낸 이들에게는 책임이 없는 걸까. 일반적인 인식대로 강제로 길에서 끌려갔다고 한다면, 정말로 난폭한 폭력의 장이었다면, 그럼에도 아무런 반발이나 저항이 없었다면, 그렇게 상황을 보고만 있었던, 방관했던 사람들에겐 책임이 없는 걸까.

최명익의 단편 「장삼이사」(『비 오는 길』, 문학과지성사)에는 위안부가 될 여성을 만주로 데려가는 조선인 포주가 등장한다. 이 소설이 그리고 있는 것은 납치라기보다는 극히 일상적인 인신매매의 풍경이다. 그리고 작가의 시선은 나어린 처녀들에 대해 강압적이고 폭력적이었던 이들 조선인—인신매매인들에게 가 있다.

가해와 책임을 묻는 일의 어려움

무엇보다도 일본군 병사이기도 했던 조선인 병사들이 위안부 시설을 이용했다는 사실, 또 한국전쟁 때 한국군이 위안대를 만들어 경영했다는 사실은 우리를 곤혹스럽게 하는 사실이 아닐 수 없다. 위안부란 무엇보다도 '군대'라는 집단을 위한 존재였고, 그런 의미에서 위안부 문제의 일차적인 책임은 '군대'=군사주의에 있다. 그 군대와 군사주의가 기본적으로 남성의 세계라는 점에서는 '남성'에게 일차적인 책임이 있다고 해야 할 것이다. 이뿐만 아니라 일본의 탄광촌 등에서 일하는 조선인 노동자들을 위한 이른바 '기업 위안부'가 존재했다는 사실(정진성, 윤영숙, 니시다)은 위안부 문제에서 '책임'자를 묻는 일을 한층 더 어렵게 한다. 딸을 판 부모와 처녀들을 팔아넘기고 끌어간 인신매매단과 방관한 이웃과 그 처녀들을 관리한 포주들의 일을 모두 식민지인으로서 어쩔 수 없는 구조 속에서 벌어진 일로 간주할 수 없는 것은 아니다. 그러나 그렇다고 하더라도, "일본군보다 아버지가 더 미운"(김군자, 2003년 10월의 인터뷰) 위안부가 있는 이상, 그 미움에 대한 책임을 져야 하는 이가 우리 안에 있는 것은 분명하다.

딸을 팔아넘기는 아버지란 물론 가부장제가 야기시킨 존재다.

또 '조선인 노무자'와 '조선인 병사'가 일본이라는 국가와 일본 기업에 의한 피해자인 것도 사실이다. 그러나 그렇다고 해서 이들에게 위안부에 대한 '가해'의 부분이 없을 수는 없는 것이다.

남성의 '성욕'이 '해결'해주어야 하는 것이며 그 때문에 여자가 필요하다는 생각은 이미 오래전부터의 신화다. 그러나 전쟁터에서 남자들이 여자를 찾는 이유는 성욕 때문이기도 했지만 동시에 죽음을 의식한 것이기도 했다. 그들이 죽기 전에 '여자'를 알아야 한다고 생각했거나 여자에 의해 '위안'받을 수 있다고 생각했다는 것은 많은 소설과 영화가 보여주고 있는 대로다.

남성은 왜 여성을 '알아야'만 한다고 생각했을까. 그것은 '아는' 것이 지배하는 일이기 때문이다. 남성이 여성을 '아는' 일이란 이 세상에 대한 인식을 넓히는 일임에 분명했다. 남성의 '동정'이 '떼어야' 할 무엇으로 간주된 것도 그래서라고 할 수 있다.

문제는 그 앎이 남성에게만 허용된 것이었다는 점이다. 그리고 그런 한 남성은 여성의 '지배'자일 수밖에 없었다.

물론 그러한 남성 사회의 관습에 거부감을 갖는 사람도 없지 않았다. 그들은 상대의 동의를 얻지 못한 일방적인 관계의 폭력성을 본능적으로 알고 있었지만, 그럼에도 불구하고 이들이 그러한 행위에 가담하게 된 데는 따돌림 당하는 것이 두렵다는 이유도 있었다.

그렇게 해서 심약한 병사조차 남성 공동체의 유대 관계를 다져야 하는 전쟁이라는 특수 상황 속에서 폭군이 되어간다. 수많은 전쟁터에서 벌어진 무의미한 강간과 살육 뒤에는 서로를 공범화하려는 가여운 남성들이 있었다. 그것은 동지애라는 이름의 공범화이기도 했다. 그런 그들에게 전쟁터에서 그들에게 제공되는 여성이란 국가로부터 제공된 '보상'의 의미가 있었다.

식민지의 청년들이 조선 처녀들보다 먼저 자랑스러운 '대일본제국'의 '일등 국민'이 되고 싶어서 지원한 것이었다고 하더라도, 그렇게 해서 그들로 하여금 최종적으로는 누군가를 죽이는 것이 일인 '군인'으로 만들어 의도치 않은 '가해자'가 되게 만든 책임은 궁극적으로는 전쟁을 일으키고 식민지를 만든 '국가'에 있다. 그러나 그렇다고 하더라도, 그러한 구조에 저항하지 못하고 가담했던 당사자로서의 책임이 일본의 청년—군인들에게 있다면, 조선의 청년들에게 책임이 없을 수는 없다.

위안부를 둘러싼 기억

그러나 위안부를 둘러싼 우리의 기억은 아직 총체적인 피해자상이 그 중심을 이루고 있다. 요시미 요시아키가 엮은 『자료집 종군위안부』(서문당, 1993)에는 7, 8세 정도밖에 되어 보이지 않는 어린 소녀까지 포함된 '1945년 도암면의 처녀회'라는 사진이 이들이 '정신대'로 동원되었다는 설명과 함께 나와 있다. 이 자료는 인터넷에서도 유통되고 있는데, 근로대로서의 '정신대'로 보는 것도 어려울 그 소녀들이 '위안부'로 소개되는 데 대한 의구심을 방해하는 것은 우리 안에 있는 강고한 피해 의식이다. 이 자료집에는 또 밝게 웃으며 강을 건너는 위안부의 사진이 실려 있다. 물론 그들의 미소를 그대로 '위안부가 잘 지냈다'는 증거로 읽으려 하는 일본 우파의 시도는 '책임'을 부인하는 말인 만큼 거부되어야 한다. 그렇다 하더라도 그 미소는 우리 안에 존재하는 균일한 위안부상, 그 참혹상에 균열을 가하는 것이 아닐 수 없다.

다무라 다이지로(田村泰次郎)의 「메뚜기(蝗)」나 「춘부전(春婦傳)」, 그리고 후루야마 고마오(古山高麗雄)의 「매미의 추억(セミの追憶)」 등에는 병사와 위안부의 연애(필자가 만난 이들 중에는 일본군 병사와의 사랑의 추억을 가슴에 품고 살아가는 위안부도 있었다)와 위안부의, 알려진 것보다 평온한 일상이 그려져 있다. 그러한 장면들 역시 위안부에 관한 우리의 공식화된 담론, 우리의 통합적 이해에 균열을 가하는 잡음(노이즈)임에 분명하다.

'강제로 끌려가' '성노예'로 지냈다는 패턴화된 위안부 이미지는 우리에게 다른 위안부상을 허용하지 않는다. 그러나 우리의 정형적 이미지와 '다른' 위안부의 존재를 인정하는 것이 곧 일본의 책임을 면죄하는 일은 아니다. 피해를 강조하려는 피해자의 욕망과 피해를 축소하려는 가해자의 욕망은 늘 비례한다. 중요한 것은 그렇다는 사실을 보는 일이다.

이미 널리 알려진 것처럼, 위안부 문제는 '민족'의 문제일 뿐 아니라 더 본질적으로 '성'의 문제이며 '계급'의 문제이다. 현대 일본인들이 '일본'인의 후예이기 때문에 이들의 불행에 대한 '책임'이 있다면, 그때 가난한 그녀들을 위안부로 보내고 학교나 결혼으로 도피할 수 있었던 유산계급—결과적으로 정숙한 여성으로 남을 수 있었던—의 후예이며 조선인 모집책의 후예이며 그들을 유린한 조선인 남성의 후예인 한국인에게도 책임이 없을 수는 없다.

우리 안의 책임을 묻는 일이 일본의 책임을 희석시키는 일이 되는 것은 아니다. 오히려 가장 큰 책임을 져야 할 '발안'하고 '명령'한 자의 책임을 더욱 명확히 하기 위해서도, '수행'한 자에 대한 책임은 물어야 한다.

위안부와 애국

위안부의 증언에는 "정신대가 뭔가? 나는 보국대는 갔다왔는데"라는 식으로 '보국대'라는 단어가 자주 등장한다. 보국대란 무엇일까. '정신대'가 몸을 바쳐 (일하는) 사람으로 구성된 집단을 말하는 것처럼, '보국대'는 나라에 보은 행위를 하는 사람을 가리키는 말이었다.

당시의 조선인은 일상적으로 '천황'에게 '보은'할 것을 맹세해야 했는데, 그것은 자신이 소유한 모든 것이 국가와 천황이 내린 것이라는 사고를 갖도록 교육받았기 때문이었다. 위안부로서의 보국대란 그런 의미에서 국가의 이익을 지키는 군인에게 성적 서비스를 제공함으로써 '사기를 진작'시키는 것으로 '보국'을 한 셈이다. 위안부 관련 자료에 보이는 '애국식당'이라는 간판(김부자 발표 자료)은 그러한 위안부와 국가의 관계를 상징적으로 보여준다. 일본은 패전 후 점령군이었던 미군을 위해 여성을 공급하는 시설을 만들었다. 그들이 기지 주변에 위안 시설을 만들어 여성을 공급한 이유는 '일반' 여성들이 강간당할 것을 두려워해서였다. 한국 정부 역시 같은 일을 했는데, 그때 정부는 미군 기지의 매춘 여성들에게 "미군에게 만족을 드리는 여러분은 모두 애국자"(캐서린 문, 196쪽)라며 그런 만큼 "나라의 일꾼이니 긍지를 갖고 일해야 한다"고 말했다. 그 말을 들었던 여성들 역시 '애국자'로서 봉사하기도 한다며 뚜렷한 '명예 의식'(동, 180쪽)을 갖기도 했다. 그곳은 오히려 '애국'하는 장소의 의미까지 부여받고 있었고, 그런 의미에서는 1970년대에 생긴 매춘금지법이 기지촌에는 적용되지 않은 것은 당연한 일이었다. 여성들은 자국의 안보를 위한다는 명목하에 '자발적으로' 이용당한 셈이다.

앞서의 요시미 자료집에 나오는 위안소 앞에 보이는 '몸과 마음을 바치는 일본 여성의 서비스', '성전대첩의 용사 대환영'이라는 문구, '대일본 국방부인회'라는 띠를 두른 여성들의 존재는 바로 그것을 웅변하는 자료다.

위안부 문제를 단순히 '조선인' 여성의 문제로서만이 아니라 일본인을 포함한 '여성' 문제로 보아야 한다는 우에노 지즈코(上野千鶴子)의 지적(1998)에 대해, 니시노 루미코는 일본인 위안부는 애국적인 동기가 있기 때문에 구분되어야 한다고 말한다(니시노, 22~25쪽). 또 안연선은 일본인 위안부는 자신을 애국자로 자리매김할 수 있었지만 조선인은 창녀일 수밖에 없었다고 말한다. 위안부 사이에 '민족적 위계질서'가 있었다는 것이다(안연선, 251쪽).

그러나 '민족적 위계질서'가 존재한다고 해서 '애국자'가 될 수 없는 것은 아니다. 오히려 그 '민족적 위계질서'야말로 '일등 국민'을 향한 식민지인의 욕망을 강화시킨 것이었다고 해야 할 것이다. 식민지 시대의 소설에 등장하는 가난한 집안 남성들이 더 빨리 출세하는 길로 군인을 선택했던 것처럼, 조선인 위안부 역시 충분히 '일본'을 중심으로 한 '보국대'의 역할을 할 수 있었음을 자료들은 말한다.

다무라의 소설 「춘부전」에는 일본인 위안부가 주로 도회지로 나가 장교를 상대했던 데 비해 산속 부대까지 와서 병사들을 상대해주는 것은 조선인 위안부였음이 나타나 있다. 자신들을 상대하려 하지 않는 일본인 위안부들에 대한 일본인 병사의 시선은 그래서 묘한 원망감 섞인 것이었다. 일본인 위안부와 조선인 위안부의 '차이'는 그렇게 계급적인 것이었다.

훈장과 멸시

사망한 위안부들이 국립 망향의 동산에 묻히게 된 것은 그들이 전쟁 피해자라는 면에서는 타당한 처우라고 해야 할 것이다. 그러나 그곳에 안치되는 일이 '국가유공자'(안연선, 276쪽)로 전환되는 일이라고 한다면, 그런 의미에서 문제가 아닐 수 없다. 그것은 위안부의 존재가 '애국'하는 존재이기도 했음을 말해버리고 마는 일이기 때문이다. 그러나 동시에 실제로 '애국'의 틀 속에 그들이 있었다는 의미에서는 위안부 역시 당연히 국립묘지에 안장되어야 할 존재일 수 있다.

그러나 전쟁터에서 병사들을 위해 죽음보다 더한 고통을 참아낸 이들에게 돌아온 것은 훈장이나 양지바른 무덤이 아니라 더럽혀진 여자라는 오명뿐이었다. 말하자면 보이지 않는 가사노동이 평가받지 못해온 '가정'과 비슷한 구조가 병사와 위안부를 둘러싸고 존재했던 것이다.

그러나 위안부가 국립묘지에 안장된다면, 그것은 애국을 했기 때문이 아니라 '애국'이라는 이름으로 상처받고 피해 입은 한 개인이라는 측면에서 그들을 추모하기 위해서라야 한다. 역사의 한 시기에 군인들을 위해 희생된 여성으로서 국가가 어떻게 여성을 이용했는가를 되새긴다는 의미로서라야 한다.

그런 의미에서, 미군 기지촌 여성들이 위안부에게 보상한다면 자신에게도 배상하라고 말했다(캐서린 문)는 것은 어쩌면 당연한 요구일 수 있다. 그때 배상을 해야 하는 주체는 국가와, 국가의 안정 덕분에 안온했던 기업과 개인이어야 할 것이다.

그런데 '전몰 용사'들의 모임은 위안부를 위한 기념비를 세우는 계획에 반대한다(안연선, 216쪽). 그것이 위안부의 존재를 '수치'로 보는 심리에 의한 것이라면, 그 '수치'감은 이른바 '일본의 우익과 같은' 감성이라 해야 할 것이다. 그렇게 위안부에 대한 수치감은 다름 아닌 우리 군인들 안에도 있다(한 노인은 필자에게 위안부들에 대해 "그 사람들 다 돈 받으려고 하는 짓이야"라고 말한 적이 있다). 또 이 사실은 함께 '애국'이라는 이름으로 이용당했으면서도 위안부들만이 삭제되고 망각될 수밖에 없었던 구조가 왜 생겼는지를 알려준다. 그러나 위안부가 '성'적인 존재라는 점에서 수치라면, 또 그 위안부의 힘을 빌린 남성들의 존재가 수치라면, 최대의 수치는 무엇보다 전쟁 수행='살인'이라 해야 할 것이다. 병사와 위안부는 가해자와 피해자라는 대립적 위치에 있지만 국가가 (그곳에 속하는 개인의 의사를 묻지 않고) 행하는 전쟁에 의해 가장 처절하게 훼손되는 '개인'이라는 점에서는 함께, 국가 시스템이 야기시키는 최대의 전쟁 '피해자'이기도 하다.

인간으로서의 '일본군'

'일본군'에 대한 우리의 획일적 사고는, 위안부 당사자들이 기억하는, 우는 위안부를 달래는 군인(『기억으로 다시 쓰는 역사』, 84쪽)이나 먹을 것을 가져다주는 군인 혹은 일본에 휴가를 다녀올 때면 선물을 사다 주는 군인(동, 85쪽)들을 거부한다. 위안부와의 관계에 '달콤한 추억'을 갖고 있으며 '진정한 인간적 만남'이 있었다고 말하는 군인에 대해 한국인 연구자가 "상호적인 연애 관계라고 주장하는 것은 위안부 여성들이 성폭력의 피해자였다는 것을 부인할 우려가 있다"(안연선, 131쪽)고 말하는 것은 그런 현상 중의 하나다.

거기서는, 위안부가 분명 성폭력의 피해자이지만 다른 군인들에 의한 '폭력'을 또 다른 군인과의 감정적 교류에 의해 상쇄시키고 있었을 수도 있는 위안부 이전의 '개인'으로서의 '감정'이 무시되고 있다. 군인과 위안부의 로맨스에 대해 "인본주의에서 비롯된 인간적 제스처일 수 있겠지만, 또 다른 한편으로는 계산된 의도를 숨긴 채 위안부들의 행동과 감정을 통제하려는 간접적이고 눈에 보이지 않는 방식일 수도 있지 않을까"(안연선, 107쪽)라는 의구심으로 바라보는 눈 역시 '일본군'이 일본군 이전의 '인간'이기도 하다는 점을 배제한 시각이다. 그것은 또, 우리의 이해와 다른 방향으로 '위안부'를 존재할 수 없게 만든다는 점에서 '위안부들의 행동과 감정을 통제'하는 우리 자신의 모습이기도 하다.

　군인들이 전쟁 말기에 가까워짐에 따라 '더 친밀한 연애 관계'가 있었다고 말하는 데 비해 '폭력이 더 심해졌다'는 위안부의 기억(안연선, 133쪽)은 결코 모순되지 않는다. 군인과 위안부의 연애란 죽음을 앞둔 군인들의 생에 대한 절박한 갈망의 표현이었을 테지만, 그런 감정을 공유할 대상이 없는 군인들은 그 절박한 절망의 감정을 폭력으로 표현했을 테니까.

우리 안의
가해성

　　우리는 식민지 시대에 이른바 친일파 이외의 모든 조선인이 일본인과 자신을 구별하고 있었고 의식적으로 저항했을 거라고 생각하고 싶어 한다. 그러나 우리의 기대/상상과는 달리 그 시대에는 조선인으로서 꿋꿋하게 선 이들뿐 아니라 중국을 전쟁 상대로 돌리고 중국인 앞에서 '일본인'으로서 군림하려 한 이들 또한 적지 않았다.

"중국 사람들이 너희들이 일본놈하고 한 편 해먹었다고 그래가지고 많이들 죽였"다거나(『기억으로 다시 쓰는 역사』, 107쪽) '함부로' 사람들을 죽였고(동, 130쪽), 사정해서 겨우 목숨을 건졌다는 얘기들은 당시에 중국인을 차별하는 오만한 조선인이 적지 않게 있었음을 보여주는 증언이다.

일본이 전쟁에 패한 뒤 고국으로 되돌아가던 많은 일본인 여성들은 만주와 조선 땅에서 강간을 당했다(동, 129~130쪽, 요시미, 1998, 222쪽). 그들은 일본에 도착해 중절 수술을 받아야 했고, 긴 세월 동안 상처를 간직하고 살아야 했다. 그러나 그들의 고통은 그들이 '가해국' 여성이었기 때문에 주목받지 못했다. 그리고 그러한 현상은 여성이라고 하는 섹슈얼 아이덴티티보다 '일본인'이라고 하는 내셔널 아이덴티티가 20세기 내내 우리에게 늘 우선시되어 왔음을 보여주는 상징적인 일이기도 하다.

민족이라는 단위로 가해자와 피해자를 획일적으로 구분하는 일은 그 단위에 포함되지 않는 또 다른 피해자와 가해자를 은폐한다. 또 민족 내부의 가해자와 피해자의 관계를 정확히 보는 일을 방해한다.

물론 우리 안의 책임을 말하는 일은 『친일파를 위한 변명』을 쓴 한국인 김완섭이 위안부에 대한 부모의 책임을 거론하자 새역모의 중심 멤버인 니시오 간지가 이를 환영하는 데서 볼 수 있듯이 (『일한 대토론』), 새역모를 비롯한 일본의 우파들을 기쁘게 하는 이 야기이기도 하다. 그런 의미에서는 중요한 것은 사실 자체가 아 니라 '누가' '왜' 그런 이야기를 하는가다. 같은 '사실'이라도 누가 왜 그 말을 하는가가 문제인 것이다.

우리 안의 차별

그러나 현재의 한국에서 '우리 안의 책임'에 대해 '말 하는' 일은 결코 쉬운 일은 아니다. 2004년 9월에 일어난 이른바 '서울대 교수 망언 사건'은 그것을 극명하게 드러낸 사건이었다.

한 교수가 과거 청산과 친일파 진상규명법을 둘러싼 텔레비전 토론에서 위안부에 관해 언급하면서 그 '강제'성을 부정했다. 그 교수가 말한 것은, 친일파 진상규명법이라고 하는 것이 그 대상 으로 규정되는 이들에 포함되지 않는 다른 이들을 면죄할 수 있 다는 것과 위안부 문제에 관해서 일본만을 비난하지만 당시 위안 부를 모집한 조선인 모집책, 위안소를 이용한 조선인 병사, 나아 가 한국전쟁 때 위안소를 만들었고 현재까지도 미군 부대 주변에 기지촌을 두고 있는 '한국' 역시 자성이 필요하다는 것이었다. 그 러나 일반 상식화된 '강제' 이미지에 대한 부정과 해방 후 한국의 기지촌과 도심 윤락가에 관한 언급이 곧바로 '공창'과 동일시하는 것으로 이해되면서, 그 발언은 '일본의 우익'과 같은 것으로 간주 되었다. 수많은 인터넷 사용자가 '위안부 할머니를 창녀에 비교'

하는 데에 분노했고, 몰려드는 비난 공세에 이 교수는 잠시 잠적해야 했다.

정대협 역시 토론 다음 날인 9월 3일의 성명을 통해 "일본에서도 우익 중의 극우익에서나 나올 수 있는 주장"이라며 '공개 사과'와 '교수직 자진 사퇴'를 요구했고, 사과하지 않으면 연구실로 찾아가겠다고 했다. 결국 이 사건은 교수가 며칠 뒤 나눔의 집을 찾아 할머니들 앞에서 사과하는 것으로 종료되었다.

그런데 이 사건에서 위안부가 '공창'이 아니라고 강조되었다는 것은 한국의 시각에도 '공창'에 대한 차별적 시선이 존재한다는 것을 말한다. 위안부가 이른바 '상업적' 여성과 자신들을 구별하는 것 역시 이러한 차별적 시선의 소산이다. 말하자면 그들은 어디까지나 어느날 갑자기 끌려간, 순결한 딸이어야 하는 것이다. 문제는 이른바 정숙한 여성—여염집 처녀와 창녀를 본질주의적으로 구별하는 이러한 시선이야말로 해방 후 50년이 지나도록 그녀들을 침묵하게 만들었고, 따라서 해방 후에도 그들에게는 과거의 고통으로부터의 '해방'을 허용하지 않았던 시선이었다는 점이다.

처음부터 '매춘'녀였던 여성은 없다. 미군 기지 주변의 매춘녀 중 '강간'이 계기가 되었다는 증언 등은 그것을 여실히 보여주는 사례. 그들 역시 가난 혹은 그 밖의 이유로 어느날 매춘을 하게 되었을 뿐이다. 그리고 강간이건 납치건 인신매매건, 어느 날 '주변 사람의' 폭력에 의해 몸을 팔게 되었다는 의미에서는 위안부 역시 매춘부일 수밖에 없다. 문제시되어야 할 것은 '매춘부'라는 단어 자체가 아니라 매춘에 대한 차별적 시선인 것이다.

군사기지 주변의 이른바 기지촌 여성들도 '국가'의 안보―'전쟁 억지'의 명목으로 주둔하는 '군인'을 위해 제공되는 여성들이라는 점에서는 역시 '위안부'일 수밖에 없다. 그들의 차이는 그들이 몸 담고 있는 공간과 시간이 전시인가 평상시인가의 차이일 뿐이다. 앞에서 본 것처럼 1970년대에 매(賣)춘금지법이 실시되면서도 그 법이 기지촌에는 적용되지 않았던 것은, 한국이 국가 차원에서 '미군'을 위해 여성의 성적 유린을 묵인한 결정적 증거라고 할 수 있다.

위안부 문제의 본질은 그들이 수입을 얻었는가 아닌가, 즉 '공 창'인가 아닌가에 있지 않다. 중요한 것은 위안소라는 장소가 '국 가'의 묵인―공인하에 만들어지고 운영된 장소였다는 점이다. 그 리고 바로 이 점이 일본의, '국가'로서의 보상이 필요한 이유다.

한국의 미군 기지 주변의 '공창' 역시 기본적으로는 일본이 묵 인한 위안소와 그 구조는 크게 다르지 않다는 점, 즉 '국가'가 용 인했다는 점에서는 한국과 일본은 공범 관계일 수밖에 없다. 한 국 역시 '책임'의 문제에서 결코 자유롭지는 않은 것이다.

사건의 주인공 서울대 이영훈 교수는 일반인이 이용하는 윤락 가를 언급해 오해의 소지를 크게 만들었지만, 민간인을 위한 윤 락가 역시 근대 이후 늘 '국가'가 관리해왔다는 점에서는(후지노) 아주 틀린 말은 아니었다. 위안부가 '공창'이기 때문에 일본에 책 임이 없다고 말하는 일본 우익의 모순은, 위안부를 공창 취급했

기 때문이 아니라 그 '공창'이야말로 국가가 깊이 관여하고 있었
다는 점을 모르고 있다는 점에 있다.

우리 안에 위안부에 대한 차별이 있다는 것을 인식하는 일은
문제를 다시 원점에 서서 바라볼 수 있게 한다는 점에서 중요하
다. 그리고 그 원점에서의 불편함을 참아내는 일이, 또 다른 폭력
을 부르지 않기 위해서 필요하다.

이승연 사건과 이영훈 교수 사건에서 그들이 무조건 '사과'하
지 않을 수 없었던 것은, 그들의 잘못 이전에 2000년대 한국에
서 '정대협'과 위안부의 발언이 특권적인 정치적 올바름(political
correctness)이 되어 있었기 때문이다. '약자'의 보호를 말하는 일은
어떤 경우 권력화되고 절대적 정의로 군림하기도 한다. '친일적인
발언'을 처벌하는 법안을 만들자는 의견 역시 정치적 올바름의 폭
력이 만든 발상이었다고 해야 할 것이다.

'국가'를 넘어서

국민기금을 만든 와다 교수를 두고 일본의 지식인들(스
즈키, 국민기금 홈페이지)은 '시민'의 입장에서 국가'권력'의 입장으로
전향했다고 비판한다. 그렇게 일본의 시민과 지식인은 정부를 비
판해왔지만, 그 후 10년 동안 정부는 바뀌지 않았고 오히려 강경
해졌다. 그들의 비판은 정부를 바꾸는 것이 아니라 오히려 강화

시킨 것이다. 그렇다면 그 비판의 효용성과 한계에 대해서도 다시 논의해볼 필요가 있다.

그런데 이 기금에는 일본 국민이 낸 개인의 돈이 포함되어 있었다. 그 돈을 낸 일본인의 마음은 어떤 것이었을까.

"일본 민주 국민의 사죄와 보상 의무로서 모금 모집이 발표되기를 기다리고 있었습니다. 이번 문제를 계기로 일본은 인도적 평화 노선을 관철하고 과거의 반성과 사죄하는 마음을 증명할 수 있으면 좋겠습니다. 얼마 안 되지만 갹출금의 일부를 담당할 수 있다면 기쁘겠습니다."(가고시마 현의 여성)

"'민중 쪽의 전쟁 책임'을 자각하는 표시로 참가합니다."(익명)

"저희는 국가 보상을 위해 계속 싸워야 하지만, 다른 한편으로 한 사람의 일본인으로서 사죄의 마음을 표시하고 그 마음이 받아들여지도록 노력해나가고 싶습니다. 100년이 걸리건 200년이 걸리건, 자손들에게 전해가야 할 일본인의 책임입니다."(시조의 여성)

"전쟁 중에 저는 아직 어렸지만, 나중에 종군위안부의 존재를 알고 희생된 그 여성들의 억울함이 느껴지면서 그런 비인도적인 정책을 실시한 일본군에 대한 분노로 몸이 떨렸습니다. 이 죄의 책임은 일본인 한 사람 한 사람이 져야 하는 일이라고 생각합니다."(히로시마의 남성)

"돈으로 보상이 될 일은 아니지만, 일본인이 미안하게 생각하는 마음이 전해졌으면 합니다."(익명)

"국민 한 사람 한 사람의 사죄의 마음이 피해자의 가슴에 가 닿기를 바라며."(오사카의 여성)

"원래는 일본 정부가 해야 할 일이지만, 여러 가지 정치적 제약하에서 발기인과 임원 여러분이 어려운 상황 속에서 사업을 진행시키시는 데 대해 감명을 받고 있습니다. 한국 등 각국 정부의 대응에 문제도 있는 것 같습니다만, 조금이라도 이해를 얻어 사업이 원활하게 진행되기를 기대합니다."(가와사키의 남성)

"인도네시아에서 종군한 경험이 있습니다. 매스컴이 말하는 만큼 강제 매춘이나 강간이 많지 않았다는 것만은 단언할 수 있습니다. 그러나 스리랑카 위안소 사건이 보여주는 것처럼 절대 없었다고 말할 수도 없다고 생각합니다."(조후의 남성)

"이 나라 사람인 이상, 이 나라의 과거의 잘못, 역사로부터 도망칠 수는 없습니다. 군 위안부가 된 여러분께 일본인으로서, 인간으로서 진심으로 사죄합니다."(전쟁을 모르는 27세 젊은이)

"아르바이트해서 번 돈이 들어왔기에, 소액이라 송구스럽지만 전달합니다. 과거의 일본인의 '죄'를 우리 젊은 일본인들은 져나갈 생각입니다. 결코 잊지 않을 것입니다. 저는 장래 사회 선생님을 지향하는 학생입니다."

"금년에 90세가 되는 어머니가 이전부터 정부를 기다리지 말고 국민이 돈을 내서 기금을 만드는 게 좋겠다고 말해왔습니다. 노령이신 피해자분들께 하루라도 빨리 전달되기를 바랍니다."

"일본이 범한 죄에 대한 사죄가 되면 좋겠다는 생각."

"받아주시기를 바라며."

"교과서에서 배웠다. 눈물이 흘렀다."(중학 3학년생)

"학교 축제에서 모금. 우리가 살아 있는 한 미래의 책임, 그리고 현재의 책임이 아주 크다."(고교생) (이상, 국민기금 홈페이지 및 와다)

이밖에, 자신의 아버지가 위안부를 샀다는 얘기를 듣고 "아버지의 죄에 대한 속죄를 하고 싶었"다는 이도 있다. 모금에 참여한 이들의 의견은, 정부보다도 국민 한 사람 한 사람, 즉 국가뿐 아니라 개인으로서의 보상이 중요하다는 생각, 혹은 정부의 보상이 중요하지만 언제 이루어질지 모른다는 것을 충분히 이해하고 피해자들이 '고령'임을 배려한 기부였음을 보여준다.

그렇게 참여 계기는 결코 단일하지 않지만 그럼에도 공통되는 것은, 전쟁에 직접적인 관여를 하지 않았던 아직 어린 학생부터 직접 관여했던 노인까지, 또 남성도 여성도, 일본인이 각자의 위치에서 그들 나름대로 '일본'에 속하는 한 개인으로서의 '책임'에 대해 진지하게 생각했다는 사실이다. 기금에 '국회의원, 자위대원, 외무성 직원'도 성금을 냈다는 것은(『임팩션』, 107, 1998) 그들이 '개인'이면서도 좀 더 '국가'에 가까운 입장에서 책임을 지려 한 일로 받아들여야 할 것이다.

기금에 대한 비판은 그것이 '국가'가 주체가 되지 않은 것이라는 이유에서였다. 그러나 이들 보통 일본인에게는 그들 나름대로 '국가'를 대변하려는 뜻이 있었다. '나눔의 집'을 늘 지키고 있는 자원봉사자는 한국인이 아닌 일본인인 경우가 많다. 한 사람의 '개인'이지만 '일본인'으로서 자신들의 속죄하는 마음을 표하는 그들의 행위는 '국가'를 대표한 것이 아니어서 의미가 없는 것일까.

일본 국민이 후소사(扶桑社)의 교과서를 거부한 것은 정부가 허용한 교과서를 거부한 일이기도 했다. 그것은 거꾸로, 이미 정부나 국가의 형태나 행동이 꼭 국민의 의사를 대표하고 있다고만 말하기는 어려운 시기가 왔다는 것을 말한다. '국민'이 자신들의 의사를 대변하지 못한 국가—정부를 넘어 '말'하기 시작한 것이다.

책임 주체를 분명히 하는 일은 필요하지만, 위안부의 피해가 복합적인 구조를 가지는 만큼 책임을 '국가'에게로만 돌리는 일은 어떤 의미에서 일본 '국민'을 면죄하는 일이 될 수도 있다. 우리의 문제인 친일파 청산과 마찬가지로, '주체'의 호명은 필요하지만, 그것은 늘 다른 누군가를 면죄할 수 있는 것이다. 일본 국민은 피해자이지만 동시에 가해자였다. 혹은 가해자였지만 피해자였다. 그러나 '정부'와 '국가' 배상만을 주장하는 목소리는 그러한 복합적 구조를 은폐한다. 또 기금에 기부한 일본인의 목소리, 국가를 넘어 '개인'으로서 책임을 지려 하는 의식을 외면하는 일이 되는 것이다.

전후에 '새로운' 출발을 했음에도 불구하고 '아무것도 변하지 않은 일본 사회'(니시노, 23쪽)라는 일본 지식인의 인식과 이러한 '보통' 일본인의 존재는 어떻게 상존하는 것일까. 전후의 일본을 자민당이 장기 집권해왔다는 점에서, 또 몇 번씩 교과서를 둘러싼 반발이 있었다는 점에서는 분명 안 변했다고도, 반성하지 않고 있다고도 말할 수 있다. 그러나 기금에 기부한 시민의 목소리는 분명 전전의 군국주의 국가의 '국민'의 목소리는 아니다. 그렇다면 역시 '변화'는 있었다고 해야 할 것이다. 그 '변화'를 보지 않는 자세는 지극히 도덕적이지만 원리주의적 모럴의 경직성을 드러내는 것이기도 하다.

기업과 국가가 함께하는 보상

수요일마다 행해지는 일본 대사관 앞 시위는 일본 정부에게는 아마도 '이미 해결된' 문제에 연연하는 행위로 보일 것이다. 또 국민기금에 대해 알고 있거나 참여한 이들이라면 당혹스러울 수 있다.

그러나 이제 한일협정 문서가 공표된 것을 계기로 협정 때의 처리가 과연 충분한 것이었는지, 다시 한 번 논의될 필요가 있다. 그러나 그 논의는 어디까지나 일본이 주체가 되는 것이어야 한다. 한국 역시, 그동안의 비판과 거부 방식이 과연 옳았는지 생각해볼 필요가 있다. 무조건적인 비난과 못 들은 척 무시하는 지리한 대립의 틀을 이제 함께 깰 필요가 있다.

한일협정에서 실제로는 피해자에 대한 논의가 있었고 그들에 대한 '보상' 문제 또한 거론했으면서도 명목상으로는 경제협력 자금과 '독립 축하금'으로 했다는 점은 역시 당시의 일본에 식민지 지배에 대한 '사죄'와 '보상'의 마음이 없었거나 최소한 명확히 나타내고 싶지는 않았다는 것을 말해준다. 그리고 이러한 처리야말로 결국 실제로는 '보상금'일 수밖에 없는 돈을 건네면서도 기금을 공식적인 '보상'이 될 수 없게 만든 이유이기도 하다. 말하자면 식민지 지배의 '책임'에 대한 의식을 명확히 하지 않은 탓에, 실제로는 사죄도 하고 보상도 하면서도 한 만큼조차 인정받지 못했다고 할 수 있다. 또한 위안부 문제가 한일협정 이후에 나온 문제이니 일본에 다시 보상을 청구해야 한다는 주장은 타당한 부분이 없지 않다. 그러나 그렇게 말할 때 위안부 문제가 가려졌던 것이 그들을 차별한 한국 자신의 가부장적 사고에 있었다는 점을 잊을 수는 없는 일이다.

그뿐만 아니라 김영삼 대통령도 김대중 대통령도 또 노무현 대통령도, 한 번씩은 더 이상 과거를 문제삼지 않겠다고 말한 바 있다. 그런데 '한국 정부'의 책임 의식을 보여주는 일로 '일본에 대한 도덕적 우위'를 과시하기 위한 측면이 없지 않았던(특히 김영삼 대통령) 대통령들의 발언은 개인의 청구권을 동의 없이 빼앗은 가부장제적 사고가 드러난 것은 아니었을까. 오빠나 아버지나 남편이 여성 구성원의 권리를 대변할 때처럼 그때 위안부의 '말할' 권리는 철저히 무시되었다고 해야 할 것이다.

논란을 불러일으키면서 결국 절반의 실적을 거두는 데 그친 국민기금은 2007년에 해산된다고 한다(예정대로 해산됨). 그리고 이제 한국 측이 보상을 새롭게 강구하고 있다는 소식이다. 과거에 국가가 보호하지 못했던 이들에 대한 보상에 한국이 나섰다는 것은 고무적인 일이다. 그리고 여기에는 국가적 인프라를 만들기 위해 개인에게 돌아갈 보상금을 써버린 포항제철을 비롯한 기업들도 나서야 할 것이다. 일본이 자발적으로 함께 참여한다면 더욱 바람직한 형태가 될 수 있다. 그리고 그때 이들 주체가 함께 취해야 할 입장은 개인으로서의 '일상'을 각자의 이익을 위해 교란시킨 주체로서다. 특히 국가는 국가의 호명에 호응하도록 세뇌시켜 개인의 행복을 앗아버린 데 대한 사죄의 주체가 되어야 할 것이다.

그런데 새롭게 시도될 한국 측의 구상이 이전에 한 번 보상을 한 적이 있기 때문에 법적인 차원이 아니라 '도의적'인 차원의 보상이 될 것이라는 점은(외교부 관계자), 한일협정과 '여성을 위한 아시아평화 국민기금'을 둘러싼 일본의 입장을 답습하는 것이어서 시사적이다. 그런 의미에서는, 일본에 '법적 배상'을 요구한다면 그 '법적 배상'의 대리인이었던 한국 정부에 대해서도 '법적 배상'을 요구해야 할 것이다. 그것이 불가능한 것이라면, 일본에 대한 지난 10년의 요구에 대해 이제 다시 재고할 필요가 있다.

〈참고 문헌〉

김귀옥(金貴玉),「韓國戰爭と女性: 軍慰安婦と慰安所を中心に」,『東アジアの冷戦と國家テロリズム: 米
　　日中心の地域秩序の廢絶をめざして』, 御茶の水書房, 2004.

김부자(金富子), 國際共同研究プロジェクト『變容する戰後東アジアの時空間』シンポジウム 資料, 2003.
　　1. 11.

니시노 루미코(西野瑠美子),『元「慰安婦」元軍人の證言錄 敗戰50年目』, マスコミ情報センター, 1995.

니시다 히데코(西田秀子),「戰時下北海道における朝鮮人'勞務慰安婦'の成立と實態－强制連行との關係
　　性において」,『女性史研究』創刊號, 2003.

스즈키 유코(鈴木裕子), 아시아 여성기금 홈페이지(www.awf.or.jp)

와다 하루키(和田春樹) 외 편,『慰安婦』問題とアジア女性基金』, 東信堂, 1998.

요시미 요시아키(吉見義明),『자료집 종군위안부』, 서문당, 1993.『일본군 군대 위안부』, 소화, 1998.

요시미 요시아키·가와다 후미코(川田文子) 編著,『從軍慰安婦をめぐる30のウソと眞實』, 大月書店, 1997.

우에노 지즈코(上野千鶴子),『ナショナリズムとジェンダー』, 青土社, 1998.

정진성(鄭鎭星),「强制動員期の企業慰安婦研究」,『女性·戰爭·人權學會第 回大會資料集』, 2003. 6. 15.

크리스타 파울(クリスタ·パウル),『ナチズムと强制賣春』, 明石書店, 1996.

하타 이쿠히코(秦郁彦),『慰安婦と戰場の性』, 新潮選書, 1999.

후지노 유타카(藤野豊),『性の國家管理』, 富士出版, 2001.『インパクション』107, 1998.

나눔의 집 역사관 후원회,『나눔의 집 일본군 '위안부' 역사관을 찾아서』, 역사비평사, 2002.

안연선,『성노예와 병사 만들기』, 삼인, 2003.

윤영숙,「기업 위안부에 대한 연구실태와 과제」,『군산대 환황해연구원 제3차 학술회의 발표자료집』, 2004.

캐서린 문,「한미관계에 있어서 기지촌 여성의 몸과 젠더화된 국가」,『위험한 여성』, 삼인, 2001.

정대협 2000년 일본군 성노예 전범 여성국제법정 한국위원회 증언팀,『기억으로 다시 쓰는 역사』, 풀빛,
　　2001.

*위안부 할머니에 대한 경칭은 생략했다.

야스쿠니

'사죄'하는
참배

고이즈미 수상의
'반전' 의지

2005년 6월 20일에 열린 한일 정상회담에서 노무현 대통령은 야스쿠니신사가 아닌 별도의 추모 시설을 만들어줄 것을 정식으로 요청했지만, 고이즈미(小泉純一郎) 수상은 검토해보겠다는 우회적 표현으로 완곡한 거부의 뜻을 나타냈고, 실제로 그 직후 야스쿠니 대체 추도 시설에 대한 예산을 거부하기도 했다 (〈중앙일보〉, 2005. 6. 24.).

그런데 고이즈미 수상은 다른 시설이 생긴다 해도 야스쿠니에 가겠다고 말하고 있다. 설령 야스쿠니 아닌 별도의 시설이 생긴다 해도 야스쿠니 문제가 해결되는 것은 아니다. 차기 수상 후보로 거론되는 아베(安倍晋三) 자민당 간사장 역시 야스쿠니신사를 참배하겠다고 공언하고 있으니(〈중앙일보〉, 2005. 4. 30.), 자민당 집권이 계속된다면 야스쿠니 문제를 둘러싼 갈등은 계속될 수 있다.

"전쟁을 않겠다는 맹세를 다지면서 참배했다"

그런데 이들이 외교적인 마찰을 빚을 것을 알면서도 참배를 고집하는 이유는 어디에 있을까. 2001년 8월 13일에 수상 자격으로는 처음으로 야스쿠니신사를 참배한 고이즈미 수상은 담화에서 이렇게 말하고 있다.

우리나라는 모레 8월 15일에 56회째 종전기념일을 맞게 됩니다. 21세기 초반에 서서 지난 전쟁을 회고하자니, 저는 숙연한 마음이 되지 않을 수 없습니다. 이 전쟁에서 우리는 우리나라를 비롯해 세계의 많은 사람에 대해 커다란 참화를 초래했습니다. 특히 아시아의 이웃나라들에게는 과거의 한 시기에 잘못된 정책에 기반한 식민지 지배와 침략을 행해, 이루 말할 수 없는 참혹한 위해와 고통을 강요했습니다. 그 사실은 아직껏 그 땅의 많은 분에게 씻기 어려운 상처로 남아 있습니다. 저는 이 자리에서, 이러한 우리나라의 회한의 역사를 진지하게 받아들이고 모든 전쟁 희생자께 깊은 반성과 함께 삼가 애도의 염(念)을 표하고 싶습니다.

저는 두 번 다시 우리나라가 전쟁으로 가는 길을 걸어서는 안 된다고 생각합니다. 저는 저 난관의 시대에 조국의 미래를 믿고 전장에서 산화해간 분들의 영전에서, 오늘날의 일본의 평화와 번영이 그 숭고한 희생 위에 이루어졌음을 다시 생각하고, 해마다 평화에 대한 맹세를 새로이 해왔습니다. 저는 저의 이러한 신념을 충분히 설명하면 우리 국민이나 근린 국가의 여러분께 꼭 이해를 얻을 수 있

을 것으로 생각하고, 총리 취임 후에도 8월 15일에 야스쿠니 참배를 하겠다는 뜻을 밝혀왔습니다.(중략)

이러한 상황 속에서 종전기념일에 행하는 제 참배가 제 의도와는 달리 국내외 사람들에게 전쟁을 배격하고 평화를 중시하는 우리나라의 기본적 사고에 대한 의구심을 갖게 할 수도 있는 것이라면, 그것은 결코 제가 원하는 바는 아닙니다.

저는 이러한 국내외의 상황을 진지하게 받아들여 이참에 저 자신의 결단하에 날짜를 선택해 참배를 하고 싶다는 생각입니다. (중략)

저는 상황이 허락한다면 가능한 한 빨리 중국이나 한국의 요인들과 무릎을 맞대고 아시아 태평양의 미래의 평화와 발전에 대한 의견을 교환하고 또 앞서 말씀드린 저의 신념에 대해서도 설명하고자 합니다.

또 앞으로의 문제로서, 야스쿠니신사나 지도리가후치(千鳥ヶ淵) 전몰자묘원에 대한 국민의 심경을 존중하면서도 국내외 사람들이 꺼림칙함 없이 추모의 마음을 바칠 수 있게 하려면 어떻게 하면 좋을지 논의를 해나갈 필요가 있다고 생각하고 있습니다. 국민 여러분께서 저의 진심을 이해해주시기를 간곡히 부탁드리는 바입니다.(《아사히신문》, 2001. 8. 13.)

그런가 하면 참배 후에 이어진 기자들의 인터뷰에서는 이렇게 응답했다.

오늘의 일본의 평화·번영은 앞서의 전쟁에서 뜻하지 않게 목숨을 잃지 않을 수 없었던 전몰자의 희생 위에 이루어진 것입니다. 가족을 떠나 사랑하는 이들에 대한 정을 끊으면서 조국을 위해서 산화한 것입니다. 통한의 심경이었을 거라고 생각합니다. 그분들의 희생 위에 오늘이 있다는 사실을 잊어서는 안 됩니다. 그분들에게 마음속 깊은 곳으로부터 경의와 감사의 마음을 바치고 싶어 오늘 참배했습니다. 동시에 앞으로도 그러한 전쟁을 두 번 다시 일으켜서는 안 됩니다. 일본은 금후에도 세계를 위해서도 일본 국민을 위해서도 평화 국가로서 발전해나가지 않으면 안 됩니다. 그런 의미에서 전쟁을 하지 않겠다는 맹세를 다시금 다지면서 오늘 참배했습니다.(《아사히신문》, 2001. 8. 18.)

또 한국과 중국의 반발에 대해 묻는 질문에 대해서는 이렇게 대답했다.

일찍부터 저는 야스쿠니 참배가 일본이 평화 국가로서 맹세하는 하나의 표현이라고 생각해왔습니다. 또 오늘의 평화의 기초를 쌓은 전몰자에 대해서 경의와 감사의 마음을 느끼는 것이 인간의 자연스러운 감정이라고 생각해왔지만, 8월 15일이 가까워지면서 국내외에서 제 의도와는 다르게 인식하는 사람들이 있다는 것을 알게 되었습니다. 앞으로도 한국, 중국, 다른 주변국과 우호적인 관계를 맺고 싶다고 진심으로 생각하고 있지만, 15일에 가는 것이 제 의도와 다르게 인식되는 경향이 있다는 사실이 점점 분명해졌습니다. 그것은 제가 바라는 바가 아닙니다.

일찍부터 주변국들과의 우호를 꾀한다는 마음으로 참배를 해왔던 것인데 그 반대로 인식되는 것은 총리대신으로서 바람직하지 않다고 생각했습니다. 8월 15일에 참배하고 싶은 것은 이전부터의 제 생각이지만, 제 생각보다는 지금은 겸허하게 제 모든 것을 쏟아 총리대신의 직책을 어떤 식으로 해나갈 것인지를 최우선시하지 않으면 안 된다고 생각했습니다. 여러 의견을 듣고 다른 사람 의견에 귀를 기울이는 것도 총리대신으로서 필요하다고 생각했습니다. 제 의도와는 다른 식으로 인식된다면 그 오해를 풀어나가지 않으면 안 됩니다. 그러면서도 일본 국민의 감정에도 배려한다고 하는 그런 측면에서 오늘이 좋지 않은가 생각하여 오늘로 정했습니다.(《아사히신문》, 2001. 8. 13.)

이상의 발언들에서 고이즈미 수상이 말하고자 하는 바를 요약한다면 이렇게 정리할 수 있을 것이다.

(1) 일본은 과거의 식민지화와 전쟁으로의 길을 걸었던 역사에 대해 참회하고 있으며, 피해를 입은 국가에 대해 사죄하는 마음을 갖고 있다.

(2) 일본의 현재의 평화는 과거의 전쟁에서 사망한 이들의 희생에 기반하여 구축된 것이다.

(3) 그들은 '조국의 미래를 믿고 전장에서 산화해간', '앞서의 전쟁에서 뜻하지 않게 목숨을 잃지 않을 수 없었던', '가족을 떠나 사랑하는 이들에 대한 정을 끊으면서 조국을 위해서 산화한' 이들이다. 그들은 '통한의 심경'이었을 것이고, 그러므로 그러한 그들에게 경의와 감사를 느낀다. 야스쿠니 참배는 그러한 마음을 표현하기 위한 것이다.

(4) 동시에 일본이 평화 국가로서 다시는 전쟁을 일으키지 않겠다는 결의의 표명이기도 한 만큼 야스쿠니 참배는 주변 국가들에게도 우호적 자세를 표현하는 의미가 될 수 있다.

이제까지 고이즈미 수상의 참배란 우리에게는 '침략주의'이거나 '전쟁 미화'의 행위일 뿐이었지만, 그는 과거의 전쟁은 잘못이었고 '그러한 전쟁을 두 번 다시 일으켜서는 안' 된다고 생각하고 있다고 말한다. '그런 의미에서 전쟁을 하지 않겠다는 맹세를 다시금 다지면서' 참배했다는 것이다.

'참회'의 말과 '반전' 의지. 그러나 그동안 야스쿠니신사 참배를 '군국주의를 찬양'하는 것이고 전쟁을 '미화'하는 행위로만 이해해온 이라면, 고이즈미 수상의 말은 단순한 수사에 지나지 않는 것으로 여겨질 수도 있다. 자신의 참배를 "불안이나 위협으로 느낄 필요가 없다"(2002. 4. 21.)는 직접적인 언급을 듣는다 해도 의구심이 쉽게 사라지지는 않을지도 모른다.

그러나 고이즈미 수상이 자신의 참배를 한국이나 중국이 이해

해줄 거라고 말하는 근거는 바로 여기에 있다. 일본은 결코 전쟁을 할 의사는 없고 야스쿠니 참배는 그 의지를 새로이 하기 위해 하는 것이니, 그런 마음을 표현한다면 이해받을 수 있을 거라는 생각인 것이다.

고이즈미 수상은 과거의 전사자들에 대해 "조국의 미래를 믿고 전장에서 산화해간", "앞서의 전쟁에서 뜻하지 않게 목숨을 잃지 않을 수 없었던", "가족을 떠나 사랑하는 이들에 대한 정을 끊으면서 조국을 위해서 산화한" 이들로 이해하고 있다. 고이즈미 수상에게는 그들이 전쟁에서 가해자였다는 사실 이전에 어디까지나 일본이라는 "조국을 위해서" 목숨을 바친 이들이라는 사실이 더 중요한 것이다. 고이즈미 수상이 "경의와 감사"를 느낀다는 것은 그런 맥락에서의 말이다. 그런 그들의 죽음이 "뜻하지 않게 목숨을 잃지 않을 수 없었던" 것이고 "가족을 떠나 사랑하는 이들에 대한 정을 끊으면서"의 것이었다는 말에서는 그들의 죽음을 마음 아프게 생각하는 심경이 묻어나 있고, 그런 고이즈미 수상이 그들을 죽음으로 몰아넣은 '전쟁'에 대해 '참회'한다는 것은 진심일 것이다. 그런 의미에서는 고이즈미 수상의 '참회'와 '전사자에 대한 추모'는 모순되는 것은 아니다. 어느 쪽도 그에게는 진실일 수 있는 것이다.

타자에게는 가해국인 일본이지만 그들에게는 일본군이란 단지 '국가를 위해' 싸워준 이들인 이상, 고이즈미 수상이 그런 그들의 '희생'에 대해 '경의'를 표명하고 '감사'하는 것은 국가를 대표하는 이로서 당연한 일일 수 있다. 동시에 고이즈미 수상의 참배는 타국에게는 가해국의 군인이지만 자국 내에서는 영웅이 되는 구조를 보여주고 있는 것이기도 하다.

그런 의미에서는 과거의 전쟁을 참회하고 있으며 다시는 전쟁을 일으키지 않겠다는 고이즈미 수상의 발언의 진실성을 의심할 필요는 없다. 당연히 야스쿠니 참배를 직접적인 '과거에의 회귀'라거나 '전쟁 찬미'로 받아들일 일도 아니다. 물론 후에 언급하는 것처럼 고이즈미 수상의 참배는 결과적으로 전쟁을 '촉발', '유지'시키는 행위이기는 하다. 그러나 그것은 일반적으로 생각되는 것처럼 야스쿠니신사에 있는 군인들이 '가해자'이기 때문은 아니다.

고이즈미 수상의 참배를 비판하기 위해서는 더더욱, 그 참배에 '반전'에의 의지가 동반되고 있다는 점을 먼저 인식할 필요가 있다. 왜냐하면 그럼에도 불구하고 그 '반전' 의지가 왜 결과적으로는 전쟁을 '미화'하는 것이 되고 마는지에 대해 생각할 계기를 주기 때문이다.

야스쿠니와 전후 일본

전사자 유족과 국가의 60년 줄다리기

고이즈미 수상이 1985년 이후 중단되었던 참배를

2001년에 새삼스럽게 시작한 배경에는 우선 태평양전쟁에서 숨진 군인 유족의 강력한 요구가 있다. 말하자면 이 역시 '전후'의 긴 역사가 관계된 사항인 것이다. 1945년에 일본이 패전한 후 연합국총사령부는 일본의 민주화 정책의 하나로 정치와 종교를 분리하도록 했다. 국가와 신도(神道)를 분리하는 지령을 내린 것이다. 이때부터 야스쿠니신사는 국가가 관리하지 않는 민간 종교 법인이 되었다. 헌법 20조는 정치와 종교의 분리를 규정했고, 89조는 종교 단체에 대한 공금 지출을 금지했다. 이에 따라 일본에서는 패전 이전에 있었던 신사의 특권이 사라지고, 신사참배가 강요되는 일도 없어지게 되었다.

패전 전에는 육군성과 해군성의 관할하에서 전사자의 합사(合祀)를 해오던 야스쿠니신사가 민간단체가 됨에 따라, 전후에는 전사자에 관한 위령제 등을 독자적으로 치르지 않으면 안 되게 되었다. 이 때문에 전사자 유족들은 1947년에 '일본유족후생연맹'이라는 단체를 조직하고(1953년부터 '일본유족회'로 명칭 변경), 1952년에는 야스쿠니신사의 위령 행사 비용을 국가에서 부담하도록 요구하게 된다. 유족회는 자신들의 가족이 국가를 위해서 죽었는데도 국가가 아무런 보상도 하지 않고 관심도 보여주지 않게 된 데 대한 불만을 품고 야스쿠니신사에 대한 국가의 관심과 보호를 촉구한 것이다.

'일본유족후생연맹'이 원래 목표로 삼았던 것은 '전쟁 방지, 평화, 복지'였다. 즉 전쟁을 미화하거나 찬양한다기보다는 가족들이 희생된 전쟁을 막고 평화를 이루자는 생각도 없지 않았다. 그런 점에서는 이들도 처음에는 전후 일본의 기본적인 사고 틀을 공유하고 있었다고 해야 할 것이다.

그러나 이들은 후에 '재단법인 일본유족회'가 되면서 '영령의 현창'을 최우선 목표로 내걸게 된다. '현창'이란 국가를 대표하는 이가 감사하고 경의를 표하고 칭송하는 일을 말한다. 그러나 그 요구는 정교분리 원칙(우파들은 이러한 사고 자체가 서양의 사고를 무비판적으로 받아들인 것이라고 비판한다)에 위배될 뿐 아니라 전쟁을 반성하는 시각에서 출발한 일본 정부라는 입장에서도 쉽게 들어줄 수 있는 일이 아니었다.

1956년에는 유족회와 일본 전국의 신사가 조직한 종교 단체인 신사 본청과 보수 세력이 국가가 야스쿠니신사를 보호해야 한다고 하는 운동, 즉 '야스쿠니신사 국가호지(護持)운동'을 시작하게 된다. 그리고 같은 해 자민당이 이에 호응하여 1956년 '야스쿠니신사법 초안 요강'이 만들어진다. 이후 이들은 본격적인 야스쿠니신사 보호 운동을 펼치기 시작했고, 1964년에는 전사자 추모식 장소를 야스쿠니신사로 변경시키는 데 성공한다. 1969년에는 '야스쿠니신사법안'을 국회에 제출했는데, 법안의 목적은 "전사자 및 국가에 몸 바친 이들의 영혼을 위로하고 국민의 감사와 존경의 뜻을 나타내는 것"이었다. 유족회의 호소가 받아들여진 결과였다. 그러나 야스쿠니 법안은 국회에 다섯 번 제출되어 다섯 번 모두 폐기되고 만다.

다섯 번씩이나 법안이 폐기되자, 관계자들은 방향을 바꿔 수상과 각료의 공식 참배 실현을 목표로 세우게 된다. 수상이 공적인 자격으로 참배하게 되면 '공무'가 되고, 그것은 곧 야스쿠니신사의 국영화를 기정사실화하는 것이 되기 때문일 터이다. 현재 수상이 야스쿠니신사를 참배할 때마다 기자들이 공직자로서 왔는지 개인으로서 왔는지를 묻는 이유 역시 거기에 있다.

1975년에 미키(三木武夫) 수상이 패전 이후로는 처음으로 참배하게 되는데, 그는 이때 공용차를 이용하지 않고 헌금을 국고에서 지출하지 않고 또 방명록에 직함을 명기하지 않으며 공직자를 동행시키지 않는다는, '공적 참배'가 되지 않는 조건을 지킨 '사적 참배'를 행했다. 그러나 그다음에 참배한 후쿠다(福田赳夫) 수상은 이런 조건을 전부 지키지는 않아 점차 공적인 색채를 강하게 띠게 된다.

1976년, 유족회는 '영령에게 응답하는 모임'을 결성하고 각 지방의회에 호소하여 공식 참배를 실현하는 운동을 본격적으로 시작했다. 그리고 1979년에는 태평양전쟁 당시 수상이었던 도조 히데키(東條英機)를 비롯한 도쿄재판에서 A급 전범의 판결을 받은 14명이 '쇼와(昭和) 수난자'라는 이름으로 야스쿠니신사에 합사되게 된다.

1980년에 자민당은 공식 참배를 선거공약으로 하기로 결정하고, 다음 해엔 자민당 소속의 '모두 함께 야스쿠니신사에 참배하는 국회의원 모임'이 결성되게 된다.

1985년 7월 27일, 나카소네 수상은 야스쿠니 문제에 관해 "미국에는 알링턴 묘지가 있고 소련에도 무명용사 묘지가 있다. 즉 나라를 위해 죽은 사람들에 대해 국민이 감사를 표하는 장소가 있다. 이것은 당연한 일이다. 그렇지 않으면 누가 나라에 목숨을 바치겠는가. 이런 점을 고려해 헌법상 위반이 되지 않도록, 즉 종교와 정치의 분리에 어긋나지 않도록 하여 해결해나가겠다"면서 공식 참배 실현에 대해 긍정적인 발언을 하게 된다. 그리고 '각료의 야스쿠니 참배 문제에 대한 간담회'를 발족시키고 공식 참배는 사회 통념상의 헌법이 금지하는 종교적 활동에 해당되지 않는다면서 공식 참배를 하게 된다. 그러나 중국과 한국이 거세게 반발했고, 나카소네 수상은 다음 해부터 야스쿠니신사에 가지 않았다. 그리고 이후 16년 동안 끊겼던 수상의 공식 참배를 부활시킨 것이 바로 2001년의 고이즈미 수상이다.

야스쿠니 문제의 본질을 이해하기 위해서는 이 문제가 일본과 타국 간의 문제이기 이전에 이처럼 전쟁에서 가족을 잃은 유족들과 정부—국가 간의 문제라는 사실에 대한 인식이 먼저 필요하다. 그리고 일본은 전후 60년 동안 야스쿠니를 둘러싸고 내부적 줄다리기를 계속해왔다.

피해 의식으로서의 야스쿠니 지지

국가를 위해 죽은 이들의 가족이 국가에 대해 보상과 추모를 요구하는 것은 어쩌면 당연한 요구일 수 있다. 그런데 유족을 포함한 야스쿠니 지지자들의 참배 요구는 꼭 국가에 대한 피해자로서의 입장에서만 나오는 것은 아니다. 여기에는 교과서 문제와 아주 비슷한 '전후 일본'의 역사가 결부되어 있다.

예컨대 그들은 이렇게 주장한다. "1960년에 미국과 체결한 안전보장조약은 독립국으로서의 일본의 명분을 훼손하는 군사적 성격이 강한 조약이었다. 그 때문에 좌파 혁명 세력은 반미, 민족 독립이라는 표어를 들고 나서서 원래의 공산주의와는 전혀 입장을 달리하는 일본인까지도 자신들의 깃발 아래로 끌어들이는 데 성공했다. 그러나 일미안전보장조약 개정 반대 투쟁에서 좌파 혁명 세력은 좌절했다."

그런 의미에서 전공투―일본의 좌파 세력이란 '유럽의 반체제'의 '아류'일 뿐이고, 신좌파의 등장은 단순한 '유행성 열병'일 뿐이다. 그리고 야스쿠니신사에 "쇼와 천황이 참배하지 않게 된 것은 이런 정치 때문"이다(이상, 고보리, 1998).

우리는 일본이 '우경화'하고 있다고 말하지만, 그들은 일본이 '좌경화'하고 있다고 말한다. 그들이 1982년에 벌어진 교과서 사태에 대응하여 근린 제국 조항을 만든 것을 비난(고보리, 1997)하는 것도 그러한 태도가 일본의 '좌경화'의 결과로 보였기 때문이다. 야스쿠니신사를 둘러싼 일본 내의 공방은 교과서 문제와 마찬가지로 좌파와 우파, 진보와 보수의 싸움이기도 한 것이다.

교과서를 둘러싸고 전후의 새로운 교육에 의해 기존의 교육과 체제가 부정된 데 대한 불만을 갖고 있는 것처럼, 그들은 "야스쿠니신사가 일개 종교 법인이 되고 만" 데 대해 불만이 크다. 패전 후 야스쿠니신사가 그렇게 된 것은 미국이 "미국제 헌법을 강요"한 연장선상에서 "국민들에게 치명적인 타격을 주려고 기도"한 "미 점령군의 전략"이었다는 것이다(고보리, 1998, 198쪽).

현재의 일본이 야스쿠니신사 참배는 위헌이라는 판결을 내린 데 대해서도, 이들은 그런 판결이 '재판관의 세대교체'(동, 216쪽)에 따라 그들이 야스쿠니신사에 대한 공감이나 존경의 마음을 갖고 있지 않기 때문에 나온 것이라고 생각한다. 이 모든 것은 1945년 이후 50여 년 동안 일본 정부가 "미국이 강요한 서양사상―민주주의 세력에 지배당하"고 있었고 그 때문에 "역사 인식이 오염"되어 일본을 침략국으로 생각하는 '침략국 사관'에 물들어버린 결과라는 것이다. 이들에게는 과거에 대한 반성을 기조로 하는 '일본의 전후 사상'은 "전후 민주주의라는 수입·배급품의 사상"일 뿐이고 "일본인을 비굴하고 추하게 만"든(동, 4쪽) 주범일 뿐이다.

패전한 일본이 미국의 점령 기간을 거쳐 이른바 '독립'한 것은 우리보다 몇 년 늦은 1952년이었다. 그 과정에서 미국이 야스쿠니신사를 그때까지의 특별한 위치에서 보통 신사로 끌어내리기 위해 행한 정책 '국가 신도, 신사 신도에 대한 정부의 보장·지원·보전·감독 등의 폐지에 관한 건'에 대해서 그들은 "50여 년이 지난 지금까지 심각한 악영향을 끼치고 있는 재앙적 문서"라고 탄식한다. 미국이 행한 정교분리란 '서구 기독교 문명 제국'이 '강요'한 서양의 제도일 뿐이며, 일본이 패전했다는 사실 때문에 '그들의 문명에 굴복'한 것이라고 생각하는 것이다. "정신적으로 야스쿠니신사를 완전히 없는 것으로 만들어버리자는 '음험악질'적 행위"(동, 134쪽)였다는 것이 그들의 생각이다. 또 미국이 '군국주의적 내지 과도한 국가주의적 이데올로기를 선전, 홍보하는 것을 금지한다'고 말한 데 대해서도 '신도'만을 목표로 해서 "종교와 신앙, 교육, 철학, 물적 상징에까지 규제와 압박을 가했다"(동, 135쪽)고 비난한다.

이뿐만 아니라 그들은 이른바 전쟁을 이끈 이들에게 내려진 '전범' 판결 역시 이와 같은 문맥에서 이해하고 있다.

일본이 패전한 후 연합군은 도쿄재판을 열어 '평화에 대한 죄, 인도에 대한 죄'라는 명목으로 28명을 기소했고, 25명에게 유죄 판결을 내렸다. 그런데 일본의 우파들은 이 판결에 대해 "패자에 대한 승자의 일방적 보복 재판"이며 "국제법을 무시한 재판"이라고 주장하는 것이다. 그들은, 전범으로 규정된 이들이 평화조약이 발효되기도 전에 연합국에 의해 목숨을 잃은 것은 부당한 일이었고, 그러한 '전범'이라는 규정 자체가 전쟁이 끝난 후 재판 때 비로소 만들어진 것이어서 "죄형법정주의라는 문명의 대원칙에 위배"되기 때문에 "재판으로서 성립할 수 없"다고 말한다(고보리, 131쪽). "전쟁범죄인이란 어디까지나 구 적국에서 본 호칭"일 "뿐만 아니라 부당 불공정한 심리"나 "단순한 복수심의 발로로서의 형벌, 사형이 많았"고(동. 148쪽), 따라서 야스쿠니신사의 영령은 어디까지나 '국사 순난자(國事殉難者)'라는 개념으로 이해해야 한다는 것이 그들의 생각이다.

그들은 이처럼 A급 전범들의 사형 집행을 "적의 손에 의해서 살해당한 것"(동)이라고 생각한다. 이들에게 도쿄재판은 이긴 자들에 의한 불공정 재판일 뿐이다. 그리고 이러한 생각을 공유하는 이들이 야스쿠니 참배 지지파가 되고 있는 것이다.

야스쿠니신사와 일본의 우파가 전범을 '전범'이라 말하고 싶어하지 않는 데에는 이러한 배경이 있다. 그들은 "시대의 가치관에 따라 국가를 위한 일을 했을 뿐인" 자국 지도자들에 대한 처벌을 부당하다고 느끼는 것이다. 실제로 재판에서는 인도인인 팔 판사가 이들에게 무죄를 선고하기도 했는데, 우파들은 그의 판결이야말로 옳은 것이었다고 주장하며 그것을 교과서에도 싣고 있다.

야스쿠니 지지자들의 사고의 근간을 이루는 것은 이처럼 '타자'가 자신들을 일방적으로 재단하여 야스쿠니라고 하는 '전통'을 훼손시켰다고 생각하는, 피해 의식에 기반한 민족주의적 반발이다. 교과서 문제와 극히 비슷한 심성이 '야스쿠니'라는 문제를 만들어내고 있는 것이다. 이러한 일본인들의 요구에 부응해 이루어진 것이 2001년 8월 13일의 고이즈미 수상의 참배라고 할 수 있다.

고이즈미는 야스쿠니 참배를 공약으로 내걸었고 이후 "일본유족회와 군인은급(恩給)연합 등이 지지 기반이 약했던 고이즈미 지지로 돌아섰다"(히로하시). 고이즈미로서는 적어도 수상 재임 기간 중에는 참배를 계속하지 않을 수 없는 것이다. 현재 이루어지고 있는 '군국주의 찬양'이라거나 '전쟁 미화'라는 비판은 이러한 일본 전후의 역사와 정치적 구조, 그리고 그런 역사가 만든 민족주의적 심성을 파악하지 못한 말일 뿐이다.

'국가를 위한 죽음'에 대한 추모

자기희생에 대한 추모

야스쿠니 문제는 단적으로 말하자면 '국가를 위해' 죽은 이들에 대한 추모를 어떤 방식으로 해야 할 것인가의 문제라고 할 수 있다. 이와 관련하여 '영령에게 보답하는 모임'이 수상의 참배를 당연시하며 주장하는 내용은 이런 것이다.

전 세계 어떤 나라에서도 전사자에 대한 위령과 현창이 국가의 가장 커다란 규모를 갖춘 국제적 의례다. 야스쿠니신사의 영령에 대해 국가의 이름으로 가장 적절한 의례를 갖추는 것은 지극히 당연한 일이다. 군국주의 부활 등과 결부되어 논의되는 것 자체가 본질을 벗어난 것이다.

이것은 앞에서 본 수상의 담화와 본질적으로 같은 말이다. 말하자면 그들이 야스쿠니 참배를 지지하는 것은 무엇보다도 '나라를 위해 몸 바친 이들에 대한 추모가 필요하다'고 생각하기 때문이고 '전 세계 어떤 나라'든 하고 있는 그 일을 일본만 금지당하는 것은 부당하다고 생각하기 때문이다. 1981년에 열린 '전몰자 추도의 날에 관한 간담회'에서는 다음과 같은 말을 볼 수 있다.

"국가 사회를 위해 생명을 바친 동포들을 추모하는 것은 종교, 종파, 민족, 국가의 구별을 넘는 인간의 자연적이고 보편적인 정감이다. 이를 바탕으로 추도 행사를 갖는 것은 다른 나라에서도 많은 예를 볼 수 있는 일이다."
"야스쿠니신사는 국가를 위해 생명을 바친 전국의 전사자를 모신 곳이다. 전몰자 유족뿐만 아니라 많은 국민이 이곳을 찾는다. 이것은 오로지 전몰자가 국가를 위해 고귀한 생명을 바쳤다고 하는 사실에 대해 감사의 뜻을 나타내고, 영혼을 위로하며, 방문하는 사람들의 결의를 표하는 등의 의도에서 나온 것이다."

문제는, 고이즈미 수상과 마찬가지로 국가를 위해 생명을 바친 이들에게 '감사'를 드리는 것은 당연한 일이며 야스쿠니신사란 단순히 그런 추모를 하는 곳일 뿐이라고 생각하는 부분이다. 그들은

"국가 사회를 위해 생명을 바친" 것을 '헌신과 자기희생'이라고 생각하고, 그런—인간의 에고이즘을 넘어선—그들이 '신'으로서 모셔져 있는 것은 당연한 일이라고 생각한다. 그리고 야스쿠니신사가 그런 추모의 주체가 되고 있다는 것은 "헌신의 덕의 존귀함을 결코 잊지 않고 있다는 사실"을 말하는 것이며, 그런 '성스러운 유적'에 대한 '사람들의 존경심'은 '지속'되어야 한다고 생각하는 것이다. 말하자면 그들에게는 각박한 현대—자기만 생각하는—에도 "정신의 고귀함이라는 가치를 인정하고 존중하는 감각이 아주 사라져버린 것은 아"니고, 현대 일본에서 "그러한 신조를 지탱시켜주는 가장 견고한 한 기둥이 야스쿠니신사"인 것이다.

이렇게 이들은 국가를 위해 몸 바친 이들의 '희생'이 고귀한 것이고 그 희생에 가장 고귀한 의미를 부여하고 있는 곳은 자기희생이라는 '정신의 고귀함'의 가치를 인정해 전사자를 '신'으로 대우하는 야스쿠니신사라고 생각한다.

'조국을 위한 죽음'의 가치화

일본 군국주의 시절, 야스쿠니신사는 사람들에게 이렇게 가르쳤다.

'우리들 일본인은 자기 생명보다 일본국의 생명이 더 소중하다는 것을 확신하고 있다.'
'나라를 위해서 바친 우리들의 목숨'은 그냥 없어지는 것이 아니라 또 다른 생명이 되어 '일본이라는 또 다른 생명 속에 살아 움직이는 것이다'.

그런 의미에서는 '영구하게 살아남는 것'이어서 결국 죽음에 의해 '웃음과 만족과 영광을 찾아볼 수 있는 것이 우리 일본인이며 일본 정신의 진정한 모습이다'.

그러므로 가족이라 해도 군인의 죽음은 '보통의 죽음이 아니니 슬퍼하면 안 된다'. 그들은 이미 '인간의 지위를 떠난 고귀한 국가의 수호신이 되어 있다'.

그리고 그렇게 '나라에 몸을 바친 사람'을 '신으로 모시는 것은 일본 이외에는 절대 없다'.

일본이 그렇게 할 수 있는 것은 '일본이 원래 신국이기 때문이고, 따라서 일본이라고 하는 국체의 다른 곳에서 찾아볼 수 없는 숭고함을 절실하게 나타내고 있는 것이다. 이런 고귀한 나라에 우리는 태어난 것이다'(『야스쿠니신사 이야기』, 1941).

여기서 강조되는 것은, 나라를 위해 목숨을 바치는 일이 숭고한 자기희생이며, 그 때문에 가치 있는 일이며, 그렇게 하면 개인의 생명이 소멸되는 것으로 끝나는 것이 아니라 '일본'이라는 생명체 속에 다시 태어나는 일이며, 일본이 그들을 '신'으로 모시는 것은 일본이 원래 그런 일의 의미를 아는 특별한 나라이기 때문이라고 하는 점이다. 1941년, 미국과의 전쟁을 일으킨 해에 일본의 청년들은 학교에서도 직장에서도 비슷한 말을 들으며 전쟁터로 떠났다. 앞서의 '영령에게 보답하는 모임'의 말은 이런 것이라 해야 할 것이다.

그런데 패전 이후 미국이 주도한 교육이 일본인에게 '권리의식'을 고양시켰고, 그 때문에 상황이 예전 같지 않게 되었다는 것이 야스쿠니 지지파의 우려다. 1장에서 본 것처럼 패전 이후 일본이 이른바 '전후 민주주의'를 채택하면서 이전 '일본의 미덕'이 부정되었고, 그 과정에서 국가(천황)를 위해 죽은 이들이 소홀히 다루어지게 되었으며, 그들의 정신이 잊혔고, 그 결과로 현대 일본의 젊은이들에게 애국심이 없고 전쟁에 나가지 않겠다는 의식이 강해졌다는 것이다. 이 지점이 바로 새역모 지지파와 야스쿠니 참배 지지파가 만나는 자리다.

또 그들은 전후의 교육은 "가정이라는 휴식과 단란의 장에서까지 당당히 권리를 주장하는 일을 가르치고 배웠고, 어느새 그것이 마치 사회적 본능이라도 되는 것처럼 타고난 버릇으로 몸에 배게 되었다"(고보리)고 말한다. 여기서 그들이 '권리'만 주장한다고 말하는 것은 '헌신'을 하지 않게 되었다는 생각의 표현이다. 이렇게 국가에 대한 청년의 헌신과 가정에 대한 여성의 헌신을 미덕으로 강조하고 있는 것이 현대 일본 우파의 특징이기도 하다.

그들은 "일본이란, 국가와 일본 민족이라는 그릇과 그 안에 담기는 내용물처럼 어느 한쪽이 결여되어서는 의미를 갖지 못하는 하나의 유기체인데, 이러한 유기체의 생명성을 가능케 하는 세포에 해당하는 것이 가정"(고보리, 1998, 227쪽)이라면서 '가정'의 가치를 강조한다. 그 때문에 페미니즘을 배격해야 할 사상으로 공격하기도 한다. 그들에게는 페미니즘은 그저 이기적인 권리 주장을 하는 사상일 뿐이며, 그것을 받아들이는 것은 '헌신'의 미덕을 잃은 결과일 뿐이다. 여기에는 가정이 흔들리게 되면 민족과 국가의 유지도 어렵다고 생각하는 가족주의에 바탕한 국가주의적 사고가 깔려 있다.

그들에게 야스쿠니신사는 이처럼 단순한 전사자 추모의 장소에 그치지 않고 "헌신의 덕을 보여준 영령이 신이 되어 계시는 곳"(동, 5쪽)이며 "주는 일, 베푸는 일, 바치는 일에 가치를 둔 사람들"이자 "사적 욕망을 포기하고 그런 포기의 궁극적 가치로서 타자를 위해 결연히 내 생명을 희생한 이들이 신으로 모셔져 있는 곳"이다. 야스쿠니신사는 "지금은 없어진 것으로 보이는 헌신"의 사고를 키워줄 수 있는 교육의 장이어야 하기 때문에 그들은 양보할 수가 없는 것이다.

실제로 야스쿠니신사 안에 만들어져 있는 전쟁박물관 '유슈칸(遊就館)'에는 이러한 그들의 생각이 뚜렷하게 나타나 있다.

'무인의 정신', '일본의 무의 역사'에서 시작해 이어 메이지유신 이후의 역사를 전쟁을 중심으로 설명하고 있는 전시관은 '무'의 정신의 위대함과 국가를 위한 '헌신'의 미덕을 강조한다. 마지막 장소에는 '야스쿠니의 신들'이라는 표제하에 전쟁 때 숨진 이들의 사진이 전시되어 있는데, 그런 의미에서는 그들이 말하는 '자기희생'의 정신이란 결국 전쟁에 나가 생명을 바칠 수 있는 정신으로 집중되고 있다고 해야 할 것이다.

야스쿠니신사를 '숭경'하는 모임인 '야스쿠니신사 숭경봉찬회'가 '유슈칸 친구의 모임'이라는 모임의 가입을 권유하는 전단에는 다음과 같은 글귀가 보인다.

> 야스쿠니신사 숭경봉찬회에서는 25세 이하 젊은이와 유슈칸의 관계를 심화시켜주는 유슈칸 친구의 모임을 만들었습니다.
>
> 유슈칸 친구의 모임은 야스쿠니신사에 모셔져 있는 영령의 유품, 유서, 사진 등을 비롯한 유슈칸의 전시를 견학하는 일을 통해 나라를 위해 소중한 목숨을 바친 고귀한 '정신'과 올바른 일본의 근대사를 배우기 위한 장소입니다. 영령들은 나라를 생각하고 고향을 사랑했으며 가족을 사랑하는 마음으로 조국을 위해 산화했습니다. 유슈칸에서 그 '정신'에 접하고 '나라란 무엇인가', '산다는 것은 무엇인가'라는 것에 대해 함께 생각해보지 않으시겠습니까.

이처럼 야스쿠니신사는 단순히 중일전쟁이나 태평양전쟁에서 희생된 이들이 안치된 장소를 넘어 총체적으로 '나라를 위해' '목숨을 바친' 이들을 현창하는 곳이 되고 있다. 그러한 '정신'을 '25세 이하'의 젊은이를 대상으로 강조하려 하는 것은 이들 역시 새 역모가 지향하는 '교육'의 장으로 야스쿠니를 상정하고 있다는 것을 말해주는 것이기도 하다.

전시관 곳곳에 놓여 있는 다른 팸플릿 역시 '미군을 떨게 한 정진 폭뢰정'이라거나 '인간 어뢰'의 '업적'을 전하는 내용으로 채워져 있다. '가족과 국가를 생각하는 순수한 마음'이 강조될 뿐, 그것이 결국은 가해행위였다거나 나아가 그들 자신에 대한 가해행위일 수도 있다는 인식은 보이지 않는다.

고이즈미 수상의 모순

고이즈미 수상은 자신의 참배가 전쟁을 하지 않겠다는 맹세를 확인하는 의식이라고 말했지만, 야스쿠니신사가 이처럼 전쟁이 났을 때 나가 싸우는 것―'희생의 정신'을 당연시하고 그것을 고귀한 가치로 여기고 있는 이상 전쟁을 하지 않겠다는 그의 '맹세'＝약속은 모순에 부딪힐 수밖에 없다. 야스쿠니 사상 자체가 이렇게 국가를 위해 죽는 일을 당연시하고 있는 이상 그러한 장소에 참배한다는 것은 그러한 사상에 동의한다는 뜻이 될 수밖에 없는 것이다. 그리고 그런 한 수상의 참배는 수상이 의도하는 것처럼 '전쟁'을 막을 수는 없다.

야스쿠니신사는 죽은 자들을 위대한 영혼, '영령'으로 칭송한다. 물론 죽은 이들의 원혼을 위로하는 일 자체가 문제가 될 수는 없다. 그러나 그 죽음을 '영웅'의 행위로 신성화하는 행위는 다른 죽음 역시 그렇게 신성화될 것이라고 약속하는 행위이기도 하다. 그 위무의 내용이 '감사'이고 '경의'인 이상 추모는 필연적으로 그러한 의미를 띨 수밖에 없는 것이다. 야스쿠니신사와 유슈칸이 전쟁을 위해 목숨을 바친 이들을 '그저' 추모의 뜻에서 '칭송'하는 것이라 해도, '칭송'이라는 것이 그 행위에 긍정적인 의미를 부여하는 것인 한 그것은 결과적으로 전쟁을 '미화'하는 일이 되고 만다.

야스쿠니 지지파가 죽은 이들의 '희생'을 당연시하는 것은 '민족'과 '국가'가 그 '희생'에 의해 이어진다고 생각하기 때문이다. 그러나 이러한 발상, 민족=유기체라는 발상에서는 어디까지나 전체=공동체의 유지가 중요할 뿐, 개인은 어디까지나 전체를 위한 하나의 부품에 지나지 않는다. 그 부품은 당연히 '나'가 아닌 다른 이로도 대체될 수 있다. 전쟁이나 국가에게 고유명, 즉 이름을 가진 '개인'보다 '번호'로 식별될 수 있는 군번이 더 중요할 수 있는 것은 바로 그 때문이기도 하다.

일찍이 쇼펜하우어는 남녀의 사랑조차도 집단을 유지시키려는 무의식의 발로라고 보았다. 그리고 이후 그런 사고는 일본에도 영향을 끼쳐 민족을 유기체로 보는 민족주의 사상을 뒷받침했다.

개인보다 집단을 우선시하는 이러한 사고의 문제점은 언제든 집단을 위한 개인의 희생을 당연시한다는 데 있다. 그리고 그러한 사상에 반하는 사고를 이기주의/개인주의로 지칭하여 규탄한다는 데 있다.

한국의 모순, 국립묘지

　　그런데 조국에 대한 '헌신'이 필요하다고 가르치는 것은 일본만은 아니다. 군인들이 묻힌 대부분의 나라의 국립묘지가 그렇고, 우리의 국립묘지(현충원) 역시 예외는 아니다.

　국립묘지에서 배부되는 팸플릿에 따르면, "국립묘지는 조국의 수호와 발전을 위하여 고귀한 생명을 바친 순국선열과 호국 영령이 잠들어 계시는 민족의 성역으로서 국난을 극복해온 민족의 얼과 호국의 의지가 가득히 서려 있는 곳"이다. 그리고 국립묘지의 설립 목적은 "선열들의 숭고한 희생과 애국 애족의 정신을 국민들이 기리고 계승하여 조국을 굳건히 지키고 일류 국가로 발전하는 초석을 다지는 호국 정신 함양의 교육 도량이 되도록 현충·선양 활동을 실시"하는 데에 있다.

　이 시설은 단순히 추모만을 위한 공간이 아니다. "특히 자라나는 청소년들에게는 올바른 국가관과 나라 사랑의 참된 의미를 깨달을 수 있도록" 하며 "선열들의 정신을 알고 호국 의지를 다질 수 있는 호국 영화 관람, 그분들의 활동상과 배경을 사진과 영상으로 담은 전시관 관람, 생전에 사용하던 유품과 전리품을 볼 수 있는 유품 전시관, 그리고 현충탑 참배 및 묘역 돌아보기 등으로 구성된 학생 정기 참관 프로그램을 운영"하고 있는 데서 알 수 있는 것처럼, 적극적인 '교육'기관이기도 하다.

　여기서 사용되는 단어들, 수호, 발전, 민족의 성역, 호국, 국난

등이 야스쿠니신사 참배 지지자들이 말하는 단어와 흡사한 것은 민족주의와 국가시스템을 우리가 일본과 함께 공유하는 이상 당연한 일이기도 하다. 또 그런 의미에서는 국립묘지의 역할 역시 야스쿠니신사의 역할과 기본적으로는 다를 바가 없다.

물론 일본은 어디까지나 가해자이고 한국의 경우는 그렇지 않다고 생각할 수는 있다. 그러나 국립묘지에는 표면적인 가해자—전쟁을 먼저 일으킨 쪽—가 아니라 하더라도 베트남전쟁에서처럼 결과적으로 가해자일 수밖에 없었던 이들 역시 함께 안치되어 있다. 이뿐만 아니라 개별적 죽음에서 그 가해성과 피해성을 엄밀히 구별하기는 쉽지 않다. 베트남은 한국에 대해 가해성을 공식적으로 묻고 있지 않지만 그것은 경제 논리를 우선시한 결정이었다는 것도 이미 알려진 바 있다.

야스쿠니신사와 국립묘지가 함께 지향하는 것은 '국가'에 몸 바친 '선열'들을 통해 '국가'가 그만큼 가치 있는 것이며 후손인 관람자들도 그들을 본받아야 한다는 사상이다. 특히 국립묘지가 '학생'을 중요한 참관 대상으로 삼는 것은 어렸을 때부터 이러한 사상을 불어넣어 살아 있는 교과서로서 '교육'의 장으로 삼기 위한 것이다. 야스쿠니신사에서 '25세 이하'를 특별히 교육 대상으로 간주하는 것과 마찬가지 사고인 것이다.

'호국 정신'이란 무엇일까. 두 말할 것도 없이, 국가를 보호하고 지키자는 정신이다. 그리고 그 궁극은 위기의 순간에 기꺼이 국가를 위해 몸 바치자는 정신이다. '국민'이란 그렇게 생각하도록 길들여진 사람의 이름이기도 하다.

그래서 국립묘지라는 추모의 장소는 그 앞에 선 사람들을 다시 한 번 '국가'를 중심으로 통합시키는 역할을 한다.

그리고 그때 필요한 것이 '국가'에 대한 기억이다. 국가를 어떻게 기억할 것인지, 국가를 위해 죽은 이들을 어떻게 기억할 것인지, 혹은 어떻게 기억시킬 것인지가 그곳에서는 중요해진다. "전쟁에 관한 '역사 해석'을 둘러싼 항쟁으로 화하는" 것이다(오타니, 2004).

그래서 이들은 가능한 한 아름다운 수식어로 치장되어야 한다. 때문에 그들이 혹 누군가를 죽였을 수도 있다는, 가해자일 수 있다는 기억은 당연히 배제된다. 그들은 다만 '가족'과 '국가'를 위해 '적'을 퇴치한, '순수한 마음'을 가진 위대한 영웅일 뿐이다. 그렇게 전사자를 칭송하는 일로 "새로운 전쟁으로 국민을 동원해 나가는 메커니즘은 근대 일본 국가만의 것이 아니라 오히려 서양 국민국가로부터 일본이 모방한 것"(다카하시, 2003)이기도 했다.

국립묘지에는 친일파를 비롯한 지배자와 피지배자가 함께 있지만, 그러한 국가 내부의 분열이 표면적으로 드러나는 일은 없다(물론 친일파 또한 민족주의적이었다는 점에서는 국가의 공공시설에 함께 묻히는 일이 모순은 아니겠다). 제일 전망 좋은 곳에 묻힌 대통령도, 조그맣게 한쪽 귀퉁이를 차지하고 누운 병사도, 살아생전 그들이 각기 지배하고 지배당하는 구조 속에서 한쪽의 명령으로 또 다른 한쪽이 하나밖에 없는 생명을 버려야 했을 뿐 아니라 지배자의 명령에 따라 이국의 젊은 목숨을 빼앗기도 했다는 기억은, 그곳에서는 망각된다. 대통령도 장군도 병사도, 그들이 누운 곳의 높이와 크기의 확연한 차이에도 불구하고, 그들은 그저 '애국'한 존재로서 동일한 집단으로 보일 뿐이다. 국립묘지는 그러한 모순적인 구조를 갖고 있다.

이렇게 해서 사람들은 학교에서 교육받은 대로, 평상시에는 기억하던 국가 내부의 온갖 억압과 지배에 대해서는 잊은 채, 애국심을 새롭게 하고 '희생정신'을 다짐하며 돌아선다.

국립묘지에서 상영되는 '호국 교육 영화'가 전쟁에서 죽은 이들뿐 아니라 '일본의 우리말 말살 정책에 맞선 춘천고보 학생들의 우리말 사랑을 통한 항일 독립운동'을 소개하는 내용까지 포함하는 것도 바로 그 때문이다. '일본'이라는 타자야말로 한국에서는 '한민족'으로서의 정체성을 확인하기에 가장 효과적인 매체이기 때문이다. 이러한 영화가 '한국어를 세계어로 발전시키자는 내용'으로 끝맺고 있는 것 역시 국립묘지가 애국심을 교육하는 장소임을 보여준다(영화 〈우리들의 전쟁〉, 2003).

한국전쟁 때 자신을 구하고 전사한 전우의 아들을 찾아 편지를 전하는 내용의 또 다른 영화에서는 함께 등장한 남매가 나라를 위해 꼭 필요한 사람이 될 것을 다짐하는데(〈50년 만의 편지〉, 2000), 이러한 내용 역시 해방 이후 한국이 자기─'국가'를 인식하기 위해서는 늘 '일본'과 '북한'을 필요로 했던 구조를 보여주는 것이다.

국립묘지의 사진 전시관 중 제1 전시실은 '호국 영령과의 만남'

을 준비하는데, 주요 내용은 "당시의 모습으로 등장한 무명의 호국 영령이 활동상 및 국난 극복의 정신을 설명"하는 것이다. 어쩌면 의구심을 가질지 모르는 애국심을 위해서는 당사자의 말과 생각을 직접 들어보는 것이 신빙성이 있을 것이라는 생각에서일 터이다. 국가를 위해 직접 목숨을 던진 이의 '활동상'은 그곳에서 찬연히 빛 나고 '국난 극복의 정신'은 당위로서 강조된다. 국난이란 물론 전쟁 을 말하는 것이고, 목숨 바쳐 그것을 '극복'해야만 평화가 보장되는 것이다. 그 당사자의 '무명'성은 특별한 이가 아니라도 누구나가 그 런 '호국 영령'이 될 수 있다는 인식을 심어줄 것이다.

제2 전시실은 항일 독립운동과 광복을 담은 장소로, "선열들의 숭고한 애국정신을 되새기고 나아가 우리 민족사에 대한 올바른 인식을 정립하는 데 작은 밑거름"이 되자는 인식을 갖도록 만들 어진 곳이다.

유품 전시실은 역사 속 선열들의 '희생과 위업'을 느낄 수 있도 록 한다는 취지로 '충렬', '충무', '충훈'의 세 주제로 구분되어 있 다. 그중 '충렬'은 일본과 관련된 자료가 모아져 있고, '충무'는 국 군 창설 후의 한국전쟁이 중심이 되는데, '적으로부터 노획한 전 리품' 35점에 '호국 기록화'가 있다. 그 내용은 예컨대 '중공군 2 개 대대 병력을 섬멸'한 일에 관한 전시다.

'섬멸'은 인간의 목숨에 대한 무감각을 키우는 단어다. 이른바 '호국'이라는 것이 대량 살상 없이는 불가능하다는 것을 보면서도 그렇다는 사실을 잊게 하는 단어인 것이다.

'충훈'의 주제에서는 이승만과 박정희 등 역대 대통령의 치적이 강조되고 있다. 물론 이곳에 그들에 대한 부정적인 자료는 없다. 말하자면 이들에 대한 부정적이고 모순적인 기억은 사라지고 긍정적이고 획일적인 기억만을 재구축하는 곳이 되고 있는 것이다.

　현충탑은 '국가와 민족을 위해 산화한 호국 영령께 참배'하는 곳인데, 탑 내부 위패 봉안관에는 '호국 용사'들의 위패와 무명 용사의 유해가 있다. 그런 의미에서는 한국의 국립묘지는 일본의 '무명' 병사를 추모하는 지도리가후치 전몰자묘원과 야스쿠니신사의 역할을 함께 맡는 곳이기도 하다. 국립묘지에서 개최하는 '호국문예백일장'이란 이렇게 학생들에게 주입시킨 '호국 사상'이 얼마만큼 내면화되었는가를 확인하는 행사이기도 하다.

　한국전쟁 직전에 송악산 고지를 육탄으로 탈환했다고 되어 있는 장병 묘역에는 '육탄 10용사 현충비'가 서 있다. 인간의 신체가 '탄환'이 되어야 하는 당위성을 강조하고 있는 것이다. 이 역시 야스쿠니신사가 '인간 어뢰'를 칭송하는 사고와 같은 지점에 있다.

　또한 그때 "군번도 없는 4만여 북한 청년 학생들이 북한의 각 지역에서" 감행했다는 '유격 작전'이 소개되는데, 그것은 군인이 아니어도 자발적으로 '예비 군인'이 되어야 한다고 강조하는 것이기도 하다. 따라서 '학도의용군'은 "5만여 학생들이 교복을 입은 채 군번도 없이 참여하여 전공을 세"운 이들로 소개된다. '군번도 없이', '교복을 입은 채'라는 표현은 자신의 경황을 돌아보지 않고 즉각적이고 적극적으로 대응했다는 적극성과 순발력을 강조하는 말이다. '재일 학도의용군 전몰 용사 위령비'에서는 "자진하여 현해 탄을 건너와 각 지구 전투에서 젊음을 바친" 이들의 '구국 정신'에 찬사가 바쳐진다. 그곳에 있는 분수의 이름은 '충성분수대'다.

물론 국립묘지는 이른바 '전범'으로 규정된 이들이 없다는 점에서, 또 일본과의 관계에서 피해자라는 점에서 야스쿠니신사와 완전히 같을 수는 없다. 그러나 야스쿠니의 문제가 '전범'이나 가해자의 합사 여부보다도 국가를 위해 몸바치는 일을 찬양하는 구조 자체에 있다고 한다면 그 본질에서는 다를 수 없다는 것을 국립묘지의 건축물과 전시물과 묘비는 말해주고 있다.

전쟁박물관 역시 국립묘지와 마찬가지로 전쟁에 대한 비판보다는 전쟁을 위해 몸 바친 이들에 대한 칭송을 중심으로 꾸며져 있다. 전쟁이 얼마나 비참한 것이었는지에 대한 설명은 그곳에는 전무하다. 그들이 어떤 심경으로 전쟁터에 나갔으며, 그들에 의한 민간인 희생자가 얼마나 많았는지, 또 멀리 이역에서 베트남인을 얼마나 살상했는지, 또 베트남 여성을 얼마나 강간했는지에 대해서, 국립묘지나 전쟁박물관은 침묵하고 있는 것이다.

피해자로서의 군인

그러나 '국가를 위해 몸 바치는' 일에 대한 추모가 결국 또 다른 전쟁을 준비하는 것이라고 해도, 그 행위의 이데올로

기성을 알지 못하고, 혹은 알면서도 거부하지 못하고 전쟁에 나가 숨진 이들을 무관심이나 망각의 대상으로 삼을 수는 없는 일이다. 그들은 가해자였을 수 있지만, 국가와의 관계에서는 분명 피해자였다. 그것은 그들이 설령 '자발적으로' 자원해 나간 군인이라 해도 마찬가지다. '자원'했다는 점에서는 그들 자신의 책임인 부분이 없지 않지만, 위안부 문제와 마찬가지로 이 역시 '전쟁' 발생이라고 하는 커다란 구조 속에서 벌어진 일인 한, 그 구조를 만든 책임자가 명확히 존재한다면 그 책임자와의 관계에서는 그 자원은 강제성을 띤 것일 수밖에 없다.

일본군 중에도 나라의 부름에 대해 회의하며 마지못해 전장으로 나갔던 이들은 적지 않았다. 패전 후에 묶여 나온 일본군 학도병들의 수기/편지모음인 『들어라 바다신의 목소리』에는 '군인'이나 '일본인'이기 이전의 한 사람의 개인으로서의 고뇌와 두려움, 군대 생활과 전쟁에 대한 회의가 남김없이 드러난 글들이 실려 있다.

소집령에 응하는 이들이 많아지고 있다.

닥친 비상시를 생각한다. 한 순간 한 순간이 나락으로 떨어지는 전락의 순간이다. 언제인가. 지금이 그 순간인지도 모른다. (중략) 뭔지 알 수 없는 것이 소용돌이처럼 온몸을 휘감는다. 그것이 나를 미지의 세계로 끌어낸다.

이 얼마나 가혹한 시대인가. 인간이란, 역사란, 세계란, 도대체 무엇인가. 누가 역사를 움직이는 것인가. 격한 파도에 휩싸인 듯한 환영의 수레바퀴 소리가 들린다. 눈에 보이지 않는 바퀴 소리가 들린다. 역사란 무엇인가, 인간이란 무엇인가, 도대체 나를 어떻게 하려는 건가.(『들어라 바다신의 목소리』 1, 69쪽)

군대. 그것은 예상했던 것보다 몇 배나 끔찍한 곳입니다. 1년 동안의 군대 생활은 결국 모든 이들로부터 인간성을 빼앗아버립니다.
(중략)
병영 내에는 한 사람도 인간다운 인간은 없습니다. 저 자신도 인간에서 멀어졌다는 느낌입니다.(86~88쪽)

지난밤부터 적기의 공격이 심해 어젯밤은 1시간 정도 갑판에서 잤을 뿐이다. 오늘 아침도 오전 중엔 적기의 공격이 끊이지 않았다. 상륙부대도 상당한 피해를 입었을 것이다. 귀중한 동포의 피가 여기에도 흐른다. 국가의 생존, 아니 몇 백 만이라는 일본인의 생존을 앞에 둔 개인적 희생에 대한 반응은 의외로 차갑다. 그러나 저 중에는 남편의, 아버지의, 형의 출정에 의해 이미 거리를 헤매게 된 부인이나 아이가 있지 않은가? 국가는 이런 개인적 희생에 대해 완전히 눈을 감아도 좋은가?(103쪽)

필기시험.
대충 0점에 가깝다. 어쨌건 떨어져야 한다. 인원수 때문에 (잘못 붙어)

간부후보생으로 걸리기라도 하면 큰일이다. 그다음은 소집 해제의 꿈을 꿀 뿐.(121쪽)

그런데 꿈은? 소집 해제는 드디어 꿈으로만 끝나버리고 또다시 울상을 지어야 하나. 정말이었던 걸까, 거짓이었던 걸까.(123쪽)

살고 싶다,고 이렇게까지 생각하면서, 죽음에 직면했을 때의 고통은 생각만 해도 외면하고 싶을 만큼 끔찍한 것일 터이다.(126쪽)

'살아서 돌아간다.' 내겐 아직 산과 같은 인생이 있다. 아니, 나뿐이 아니다. 살고 싶고 살아 있는 모든 만물이 다 마찬가지다. 그런데 모두가 죽음 속에서 자라고, 진짜 죽음으로 들어가지 않으면 안 되다니.(126쪽)

'전쟁!' 괴테의 파우스트는 '아아 또 싸움인가, 싸움이란 지성인은 듣고 싶어 하지 않는 단어다'라고 했지만, 우리에겐, 듣고 싶지 않다고 말하면 되는 일이 아닐 뿐 아니라 육체만 무료로 제공하는 것으로 끝나지 않는 일이고, 가장 중요한 인간성 자체를 송두리째 뽑아 바치는 일이다. 게다가 우리의 목숨이 있는 동안은 전쟁이 끝나리라고는 생각되지 않는다.(127쪽)

도조 수상이라는 사람은 수염을 기른 모시조개 같은 얼굴을 하고 있습니다. 이 조개껍질 속에서 역사의 무지개가 그려지는 것입니다. 도조는 시인이라 해야 할까요, 하하.(168쪽)

최근 서적들에 자주 보이는 것은 전쟁의 윤리성이라는 말이다. 전쟁의 윤리성 따위가 있을 수 있는 것일까. 사람을 죽이면 당연히 사형을 당한다. 그것은 사람을 죽였기 때문이다. 전쟁이란 분명 사람을 죽이고 있다. 그런 전쟁을 윤리상 시인하다니, 도대체 윤리란 사람을 죽이는 일을 시인한다는 말인가. 대승적 입장, 대승적 입장, 하고 강조하지만, 대승적 입장에서 전쟁을 본다면 왜 사람을 죽이지 않아도 되도록 하지 않는가. 사람을 죽이는 일에 어떻게 대승, 소승 따위 구별이 가능한가. 모든 것은 악일 뿐이다. 죽은 인간에게 생명을 부여하다니, 근대 철학의 현실에 대한 아첨에 지나지 않는다. 철학은 어디까지나 앞에서 리드해야 하는 것이다. 이미 생을 잃은 이에게 도덕성을 부여하다니. 문화의 치욕, 인간의 자기 행위의 기만이다.(215~216쪽)

일반적으로 '국가를 위해' 기꺼이 생명을 바친 것으로 되어 있는 이들, 일본군들은 실은 이렇게 전쟁과 군대 시스템을 회의했고, 관계없는 타자를 죽이는 일에 회의를 품었다. 물론 이들이 당대의 최고 엘리트였던 대학생이었다는 사실이 그런 회의를 가능하게 한 것이었음은 물론이다. 어쨌거나 그들은 이토록 '살고' 싶어 했지만 살 수 없었고, 이들의 대부분은 전사했다. 그런 그들을 '자기희생' 정신이라는 이름으로 찬양하는 야스쿠니의 말은 이러한 그들의 회의를 은폐하는 것일 뿐이다.

물론 국가가 종용하는 일을 별 회의 없이 받아들인 이들도 적지는 않았다. 그러나 전체적으로는 회의가 훨씬 진하게 깔린 이 수기집은 일본의 전후 60년 동안 반전사상을 뒷받침해온 가장 중요한 책이 되었다(후에 이 수기집을 편찬하는 과정에서 노골적으로 군국주의를 찬양하는 글이 삭제되었다는 것이 밝혀져 논란을 부르기도 했다).

이러한 그들에게 다시 목소리를 내게 한다면, 그들은 무슨 말을 할까. 분명 그들은 두 번 다시 전쟁에 나가 살상하는 일은 하지 말라고 말할 것이다. 국가에 의해 '적'으로 규정된 이들을 살상하는 일이 얼마나 고통스러운 체험이었는지, 또 자신의 죽음 역시 얼마나 큰 고통이었는지를, 수기에 썼던 것처럼 그들은 다시 말할 것이다. 혹은 어느샌가 그것을 '고통'으로도 느끼지 않게 만들어버린 전쟁의 잔혹성에 대해 말할 것이다.

야스쿠니신사가 그들의 희생을 마치 그들의 '자발적인' 의사에 따른 것처럼 말하는 일은 그들의 죽음을 왜곡하는 일일 뿐이다. 그들의 희생을 '희생정신'으로 기리는 고이즈미 수상의 '감사'와 '경의' 역시 마찬가지다.

그들 중 자신의 행위에 대한 확신을 가졌던 이라 해도, 패전 후에 자신들이 염려했던 것과는 달리 일본이 '적국'의 소유로 넘어간 것도 아니고 여자들이 모두 '적국 남자'의 소유가 된 것도 아니며 오히려 민주국가가 되고 전쟁 포기를 헌법으로 규정한 나라가 된 것을 알게 되었다면, 오히려 전쟁에 진 것을 다행으로 생각하지 않았을까. 실제로 패전을 맞은 일본인의 반응은 우리에게 알려진 것과는 달리 안도의 목소리가 훨씬 컸다.

'사죄'하는 추모

그러나 '국가를 위한 희생'을 숭고한 행위로 생각하며 죽어간 이건 회의하며 죽어간 이건, 이들에 대해 그들을 내보낸 국가에 의한 모종의 '응답'이 있어야 함은 물론이다. 그들을 전쟁에 동원해 희생시켰던 국가가 그들의 존재, 그들의 죽음에 대해 모른 척하는 일은 오히려 무책임한 일일 수도 있다. 그들의 죽음에 대해 생각하지 않는 일―야스쿠니에 가지 않는 일―은 오히려 일본이 '전전'과 '단절'했다는 생각을 안이하게 가질 수 있는 일이기도 하다.

고이즈미 수상은 야스쿠니신사를 참배하는 이유를 "국가를 위해 고귀한 희생을 한 이들에 대한 추도의 대상으로서 오랫동안 많은 국민에게 중심적인 시설이 되어왔던 야스쿠니에 참배해 추모의 염을 바치는 것은 자연스러운 일"(2002년 4월 21일의 참배 소감)이기 때문이라고도 말한다. '오랫동안 많은 국민들에게 중심적인 시설이 되어왔던'이라는 말에는 앞에서 보았던 것처럼 야스쿠니신사 참배가 이들에게는 우선 '전통'의 의미를 갖고 있음을 보여주는 말이다.

그러나 전사자들의 '희생정신'을 생각하고 '감사'와 '경의'를 바치는 것은 예전부터의 '자연스러운 일'이 아니라 국가를 위한 '희생'에 대해 감사하고 숭고한 것으로 이해하도록 교육받아온 근대 이후의 '인위적인 일'이었다.

또 그들이 일본이라는 '국가'와의 관계에서는 피해자였던 이상, 그 추모의 내용을 '감사'로 하는 것은 국가가 그들을 의식적 혹은 무의식적으로 세뇌해놓고 그들을 국가를 위해 기꺼이 몸 바쳤다고 '기억'하는 일로 그들을 모독하는 일이기도 하다. 이는 위안부를 그들이 '자발적으로' 갔다고 기억하는 일과 마찬가지 구조를 갖는다.

무엇보다도, 그들은 전쟁이 끝나면 평화가 돌아올 것으로 생각하고 싸웠지만, 그들의 평온한 일상을 위해서는 일본인 이외의 타자들의 '일상'―'평화'가 유린되어야 했다. 타자를 죽여야 지켜지는 '평화'의 모순을 이미 깨닫고 있던 그들에게 '감사'가 적절한 '응답'일 수는 없다.

그런 의미에서는 고이즈미 수상이 그들에게 표하고자 하는 '경의와 감사'는 그들에게는 불편한 것일 수밖에 없다. 정확히 말하자면, 수상이 표하고자 하는 것은 단적으로는 그들 자신에 대한 감사라기보다는 '국가를 위한' 일에 목숨을 바쳤다는 사실에 대한 '경의'와 '감사'일 수밖에 없다. 그들에 대한 '감사' 표명은 결국은 국가를 위한 살인에 대한 현창 행위일 수밖에 없고, 바로 그렇기 때문에도 '전쟁을 하지 않겠다는 맹세'는 참배 행위와 모순될 수밖에 없는 것이다. '감사'와 '경의'의 참배가 직접적으로 군국주의를 미화하는 것이 아니면서도 결과적으로는 조장하는 것일 수밖에 없는 이유는 거기에 있다.

참배하고 추모하되, 감사가 아니라 사죄를

그렇다면 전쟁을 일으키지 않겠다는 고이즈미 수상의 뜻을 나타내면서 전사자와 유족의 감정을 무시하지 않는 추모의 방식은 어떤 것이 있을 수 있을까.

그것은 참배―추모하되 그 내용을 '감사'가 아니라 '사죄'로 채우는 일로 가능해질 수 있다. 전사자들에 대한 '사죄'는 후대에게 국가를 위해 싸우는 것이 아니라 국가 때문에 싸운다는 의식과, 전쟁이란 죽음을 각오하는 것이기 이전에 죽으러 가는 일이라는 의식을 심어줄 수 있다. 그리고 그 '사죄'야말로 앞에서 본 전사자들의 회의를 담아낼 수 있는 방식이다. '국가'라는 시스템 때문에, 특히 일본의 경우 천황제라는 종교적 수준의 믿음에 바탕을 둔 국가 시스템을 지킨다는 명목으로 일상의 평화를 떠나 잔혹한 가해자가 될 수밖에 없었던 그들에게 보내져야 할 것은 '감사'가 아니라 '사죄'여야 한다. 그리고 그렇게 할 때 이들의 '희생'은 진정한 의미의 '희생'이 될 수 있을 것이다.

국가뿐 아니라 살아남은 이들은, 전사자들에게 '감사와 경의'를 바치는 것이 아니라 그들로 하여금 전쟁에 나가는 일을 회의하지 않게 하고 이웃을 '적'으로 규정지어 살해하도록 만든 데 대해, 혹은 저항하지 못할 만큼 억압적이었던 사회구조에 대해, 그래서 끔찍한 가해자가 되고도 가해자의 의식조차 없이 잠들게 한데 대해 '사죄'해야 할 것이다. 가족들은 그들을 보호하지 못한 데 대해서, 결과적으로 소극적으로 가담하고 만 죄에 대해서, 국가는 그들을 호명한 데 대해서, 그리고 그렇게 모두가 함께 심약한 보통 청년들을 끔찍한 가해자로 만든 데 대해서.

물론 현재의 야스쿠니신사는 '헌신'을 찬양하고 있기 때문에 그런 '사죄'의 장소로는 적합하지 않다. '국가를 위해' 죽은 이들의 추모 장소라고 하는 '전통'을 지키는 데 의의를 둔다면, 야스쿠니신사 자신의 '단절'의 의지와 표현이 필요할 것이다. 당연히 유슈칸의 전시도 전쟁을 미화하는 것이 아니라 전쟁을 일으킨 일과 그들을 전쟁으로 몰아간 데 대한 반성이 기반이 되어야 할 것이다.

'야스쿠니(靖國)'란 나라를 평안하게 한다는 뜻이다. 그러나 야스쿠니신사의 그것은 어디까지나 사람들의 피를 필요로 하는 평안이었다. 그러나 진정한 평안이란 무엇보다 일상의 지속에서 찾아지는 것이다. 국가가 개인의 이익을 대표하는 기관이라면, 국가는 무엇보다도 편안한 일상과 행복 추구의 권리를 만족시키는 의무를 지닌다. 전쟁은 그 어떤 정의의 전쟁일지라도 일상을 파괴하는 것일 수밖에 없다. 야스쿠니신사가 진정으로 국가의 평안을 생각하는 장소가 되려면 국가에 몸 바치는 일이 정말은 누구를 위한 것인지 생각케 하는 장소로 거듭나야 할 것이다. 전사자들의 죽음, 국가와 민족을 위한 죽음에 의미를 부여하는 한 야스쿠니 참배 문제는 장소를 바꾼다 해도 해결되지 않는다.

한국의 모순
야스쿠니신사에 대한 비판은 필요하지만, 대부분의 국

민들이 필요하다면 국가를 위해 몸 바치는 일을 당연시한다는 점에서는(물론 가고 싶지 않은 이, 보내고 싶지 않은 이도 많지만, 그들 역시 다만 자신이 아닌 다른 이가 가주기를 바랄 뿐 국가를 위해 몸 바치는 일 자체를 의문시하는 것은 아니다), 군국주의화하고 있다고 늘 비난받고 있는 일본보다 한국 쪽이 훨씬 더 많이, 그리고 훨씬 더 깊이 일상 깊숙이 군사주의적 사고방식에 물들어 있다고 말할 수도 있다. 그런 의미에서는 야스쿠니에 대한 한국의 비판은 근본적인 모순을 안고 있다.

그뿐만 아니라 한국이 일본과 '함께' '중국을 상대로' 전쟁을 했다는 점에서는, 그 결과로 중국인을 참혹하게 살해한 B급, C급 전범 중에 한국인이 있었다는 점에서는, 그 사실을 망각하고 있는 현재 한국의 비판은 더더욱 모순을 안은 것이 될 수밖에 없다.

한국의 유족들은 조선인 병사를 분사해달라고 야스쿠니신사에 요구하고 있다. 그에 대해 야스쿠니신사는 그들이 '일본인'으로서 나갔다는 이유로 거부하고 있다.

분명 조선인 병사들이 식민지 지배하에서 어쩔 수 없이 전쟁터에 나간 것이라고 생각하는 한국인 유족들의 생각은 옳을 수 있다. 그러나 그러한 생각만 고집하는 것은 그들 중에는 '천황 폐하를 위해' 공헌하는 일에 의해 '진짜' 일본 국민으로 인정받기를 원하던 이도 적지 않았다는 사실을 은폐한다. 말하자면 조선인 병사 문제는 광의의 '친일파'이면서 바로 그 '친일' 때문에 죽음이라는 피해를 입은 이들을 어떻게 이해할 것인가의 문제이기도 한 것이다.

만약 야스쿠니신사가 그들을 분사한다면, 그들은 어디에서 받아들여야 하는 것일까. 국가가 보호하지 못한 죄로 엉뚱하게 전쟁터에 나가 생명을 잃었으니 한국의 국립묘지에서 맞아야 하는 것일까. 혹은 '친일파'였으니 한국에 그들이 안주할 땅은 없는 것일까.

　그들의 행위가 이른바 '자발적'인 것임에 틀림없다 해도, 결국은 그들 역시 일본이 전쟁을 일으켰기 때문에 전쟁터에 나가게 된 것이라는 점에서는 역시 피해자일 수밖에 없다. 그리고 살아생전 '국가'의 부름에 의해 '국민'이 되어 '국가'를 위해 목숨을 바친 그들을 이제는 '일본인'이라는 국민의 틀에서 해방시켜야 한다는 것은 당연한 생각일 수도 있다.

　하지만 그것은 어쩌면 당사자들의 1차적 욕망―야스쿠니신사에 모셔지는 일로 자기실현을 하고 싶었던―을 고려하지 않은 판단일 수도 있다. 그들 역시 일본 수상의 '감사'와 '경의'를 불편해하겠지만, 그럼에도 그들이 '일본'을 위해 싸웠다는 사실만은 분명하다. 그렇다면 그들의 넋에 대해 '일본'이라는 주체가 어떤 '말'을 보내야 하는 것만은 분명하다. 그들이 겪은 이중 삼중의 기만에 대해 일본인도 한국인도 함께 위로할 수 있는 '말'이 그들에게도 필요한 것이다. 그리고 그것이 '사죄'의 말이 될 때 '분사'를 둘러싼 갈등은 해결될 수도 있다.

전범의 목소리

그렇다면 야스쿠니 문제 해결책으로 대표적으로 거론되는 'A급 전범'은 어떻게 생각해야 할까. 야스쿠니신사를 비롯해 지지파는 여전히, 이른바 '전범'을 전범으로 간주하고 있지도 않고, 따라서 결코 분사할 수 없다는 입장을 취하고 있다.

그러나 그들에게 설령 국가를 위한 충정밖에 없었고 그래서 그들이 헌신적으로 국가를 위해 노력했다고 하더라도, 즉 그들의 뜻이 설사 선의에서 시작된 것이었다고 하더라도, 그 결과가 내부적으로도 외부적으로도 막대한 피해를 초래한 이상 그에 대한 '책임'이 없어지는 것은 아니다. 말하자면 어떤 이유에서이건 '전쟁을 일으킨' 데 대한 죄는 물어야 하는 것이다. 누군가 말했듯이 '정의의 전쟁'이란 존재할 수 없고 그런 한 전쟁을 막기 위해서는 '전쟁을 일으킨' 책임이 가장 무겁게 다루어져야 함은 물론이다. 무엇보다도, 전쟁에 나간 병사가 지도자를 비판하는 앞서의 말이 그것을 말해준다.

그러나 그렇다고 해서 A급 전범만을 분사하는 것은, 다카하시 데쓰야(高橋哲哉)가 지적했듯이(「야스쿠니와 식민지주의」), 우선 B급, C급 전범 문제를 은폐하는 일이기도 하다. 그러나 동시에 B급, C급 전범이 명령자라면 전쟁 발안자인 A급 전범과의 관계에서는 이들 역시 피해자일 수 있다.

1946년에 사형당한 한 일본군 '전범'은 다음과 같은 말을 남겼다.

나는 죽어야 할 만한 아무런 나쁜 일을 한 적이 없다. 악을 행한 것은 다른 사람들이다. 그러나 이제는 변명할 수도 없다. 남이 한 일로 엉뚱하게 복수당하는 것처럼 전 세계의 관점에서 보면 그들도 나도 똑같이 일본인이다.

그들의 책임을 내가 지고 죽는 일은 일견 커다란 불합리처럼 보이기도 하지만, 이런 불합리는 과거에 일본인이 지겹도록 타국인에게 행해온 일이니 꼭 불평할 수도 없는 것이다. 그들의 시야에 들어온 내가 불운하다고 할 수밖에 달리 불평할 곳도 없는 것이다. 일본 군대 때문에 희생되는 거라고 생각하면 편히 눈을 감을 수 있을 것 같지 않지만, 일본 국민 전체의 죄와 비난을 이 한 몸에 받고 죽는다 생각하면 화도 나지 않는다. 웃으면서 죽을 수 있다.(『들어라 바다신의 목소리』 1, 445쪽)

그때는 일본국에게는 대공훈이었던 것이 가치판단의 기준이 바뀐 지금은 거꾸로 화의 근원이 되고 있는 것이다. 그러나 일본 항복이 전 일본 국민을 위해 필수적인 것이었다면, 나 한 사람의 희생에 대한 불평은 참아야 할 것이다. 불평을 말한다면, 패전할 것을 알면서 이 전쟁을 일으킨 군부로 가져갈 수밖에 없다. 그러나 동시에 더 생각한다면 만주사변 이후 군부의 행동을 용인해온 전 일본 국민에게 먼 책임이 있다는 것을 알아야 할 것이다. (중략)

만사에 우리가 다른 나라 사람보다 훌륭하다고 생각하도록 만든 우리의 지도자, 그저 그 지도자의 존재를 허용해온 일본 국민의 두뇌

에 책임이 있다.(446~447쪽)

이 글은 이른바 B급, C급 '전범'에게도 그들에게 책임을 져야 하는 이가 있음을, 즉 그들에게도 피해자적 요소가 있음을 알려주고 있다. 그런 의미에서는 이들 역시 그 누군가에게 위로받고 '사죄'받아야 하는 사람일 수 있다. 물론 그들의 '죄' 자체가 용서되어야 한다는 것은 아니다. 그러나 인간 심리상 '억울함'의 구조에 대해 충분히 보지 않는 처벌은 또 다른 문제를 후대에 남길 수 있다.

이 글에서 무엇보다도 주목해야 할 것은 '지도자'와 '군부'에 대한 비판과 함께 그런 지도자와 군부의 존재를 용인해온 '국민'의 책임을 묻고 있다는 점이다. 물론 그 자신 말하고 있듯이, '국민'의 책임이란 어디까지나 간접적이라는 의미에서 '먼' 책임이다. 그러나 '국민'이라는 존재가 어쩌면 전쟁에 직접 참가하지 않으면서 전쟁에 따른 이익을 결과적으로 향유한다는 점에서는, 그럼에도 표면적으로는 그것이 드러나지 않는다는 점에서는, 어쩌면 가장 이기적인 '책임자'일 수 있다. 전쟁에 나가 참혹하게 죽거나 죽여야 하는 젊은 남성에 대한 책임이 그들을 내보내는 데 동의한 여성과 중장년층 남성에게 없다고는 할 수 없는 것이다.

물론 이러한 사고는 패전 후에 일본에서 있었던 것처럼 '일억총참회론'으로 이어져 군부와 지도자의 책임을 희석시키는 일이 될 수도 있다. 그렇다고 하더라도, '만사에 우리가 다른 나라 사람

160

보다 훌륭하다고 생각하도록 만든 우리의 지도자'의 민족주의적 사고뿐 아니라 그런 사고를 강요하는 '지도자의 존재를 허용해온 일본 국민의 두뇌'에 책임이 있다는 말은 전쟁을 막아낼 수 있는 것이 다름 아닌 그 '국민'이라는 점을 웅변하는 말이기도 하다.

야스쿠니신사에서 A급 전범을 분사하는 일은 국립묘지에서 '친일파'—그들 역시 젊은 생명을 현혹해 전쟁에 보냈다—를 이장 시키자는 발상과 비슷한 맥락의 것이라 할 수 있다. 그러나 과거의 대통령을 '이장'시키는 논란이 인다고 한다면 엄청난 파장이 일 것임은 보지 않아도 뻔한 일이다.

그런 의미에서는 성급한 비난보다는 여유를 갖고 바라보는 자세가 필요하다. 그리고 그동안, 또다시 일본의 대표자가 'A급 전범' 앞에 서는 일이 있다면, 그가 과거에 전쟁을 일으킨 데 대한 추궁과 함께여야 할 것이다. 고이즈미 수상이 '반전'의 맹세를 한다고 하면 A급 전범 앞에서라야 그 의미가 커질 수 있다.

추모의 행위는 '기억'하는 일을 통한 역사교육의 장이기도 했다. 그렇다면 추모 자체를 거부하기보다 이제 다른 추모의 방식을 모색할 필요가 있다. 이제까지 요구된 기억—국가를 위해 몸 바친 행위를 '희생'으로 기억하고 '숭고'한 것으로 생각하는—을 거부하고 그들의 행위가 그들 나름의 확신에도 불구하고 어떠한 가해의 구조를 지녔는지, 그로 인해 어떤 피해자를 만들었는지, 그럼에도 불구하고 그 사실이 어떻게 은폐되거나 망각되어 그들이 다시 그 자리에 있게 되었는지에 대해 생각할 수 있는 장소가 된다면, 죽은 이에 대한 추모는 새로운 의미를 띨 수도 있다. 한국과 일본, 혹은 한국 내의 과거의 기억을 둘러싼 분열과 갈등은 그때 치유의 실마리를 찾을 수 있을 것이다.

〈참고 문헌〉

고보리 게이이치로(小堀桂一郎), 『靖國神社と日本人』, PHP選書, 1998. 『日本における文明の衝突』, 國民
　　會館, 1997.

다카하시 데쓰야(高橋哲哉), 『'心'と戰爭』, 晶文社, 2003. 「靖國と植民地主義」, 연세대·도쿄대 국제심포지
　　엄 『역사인식의 공유는 가능한가』, 2004. 12. 9. 『靖國問題』, 筑摩選書, 2005.

스가와라 노부오(菅原伸郎), 「悲しみの空間を作ろう」, 『戰爭と追悼』, 八朔社, 2003.

야스쿠니신사 사무소(靖國神社社務所), 『靖國神社のお話』, 1941.

역사교육자협의회, 『Q&A, もっと知りたい靖國神社』, 大月書店, 2002.

오에 시노부(大江志乃夫), 『靖國神社』, 岩波新書, 1983(한국어판은 『야스쿠니신사』, 소화, 2001).

오타니 에이이치(大谷榮一), 「追悼施設の歷史と現狀」, 『新しい追悼施設は必要か』, ぺりかん社, 2004.

유키 히데오(幸日出男), 「追悼懇の'報告書'を考える」, 『戰爭と追悼』, 八朔社, 2003.

일본전몰학생기념회 편, 『きけわだつみのこえ』, 岩波文庫, 1995. 『きけわだつみのこえ 第二集』, 岩波文庫,
　　2003.

하스이케 다카히로(蓮池隆廣), 「新國立追悼施設構想とその反響」, 『新しい追悼施設は必要か』, ぺりかん
　　社, 2004.

히로하시 다카시(廣橋隆), 「ドキュメント·靖國參拜と千鳥ケ淵」, 『戰爭と追悼』, 八朔社, 2003.

이 밖에 야스쿠니신사의 역사에 관한 정보는 모두 기존 연구서에 의거했음을 밝혀둔다.

독도

다시 경계민의
사고를

두 개의 독도 이야기(1)
근대 이전

독도가 한일 간에 문제화된 것은 1952년에 한국이 이른바 이승만라인을 선포하면서 독도에 경비대를 보내 한국 땅임을 선언한 시점에서부터다. 말하자면 패전국 일본이, 미국이 대표하는 연합국의 지배 체제로부터 벗어나 독립국가가 되어 주권을 갖게 되기 시작한 바로 그때, 한국이 독도를 한국 땅으로 선언하면서 벌어진 일인 것이다. 양국이 함께 새롭게 출발하는 시기였다는 점에서는 독도 문제 역시 다른 문제와 마찬가지로 제2차 세계대전 이후—해방 이후에 일어난 문제이면서 실은 그 이전 양국의 역사가 남긴 문제라고 하겠다.

이때 일본은 한국의 이런 행위가 "공해 자유의 원칙에 위배되는 것으로 국제법상 무효이며, 대일 평화조약의 해석상 일본 영토로 인정된 다케시마(竹島)를 '평화선' 내에 넣는 것은 일본의 영토에 대한 침범"이라고 말했고, 한국이 점거를 시작한 1954년 9

월에는 독도 문제가 국제법상의 영유권에 관한 분쟁이니만큼 양국 정부가 합의하여 이 분쟁을 국제사법재판소로 가져가자고 제의했지만 한국은 이를 받아들이지 않았다.

한일협정 때도 독도 문제는 논의되었지만 결국 합의를 보지 못했고, 이승만라인은 폐기되었지만 한일 양국은 독도 문제에서 다른 합의에 도달하지 못했다. 일본은 독도 문제를 한일협정에 명기하거나 국제사법재판소 제소에 합의하기를 원했지만, 한국은 독도 문제는 "분쟁 문제가 아니어서 교환공문의 적용 대상이 아니"라는 이유로 거부했다. 중요한 것은 그렇게 그때 합의를 보지 못한 탓에 한일 양국이 이후 40년 동안이나 독도를 둘러싸고 지리하고도 소모적인 대립을 거듭해왔다는 사실이다.

한국은 독도 문제가 "분쟁 문제가 아니"라고 말하지만, 독도는 늘 한일 간의 분쟁과 대립의 씨앗이었다. 그리고 그동안 그 '분쟁'이 크게 눈에 띄지 않았던 것은 일본 측이, 이제는 잘 알려진 대로, 일본의 영토라고 생각하면서도 한국 정부의 "다케시마의 불법점거를 지속하고 있는 사태"에 대해 "거듭 엄중 항의"하고 "다케시마로부터의 한국 관리 즉시 퇴거 및 건조물 철거를 강력히 요구"하면서도 그 이상의 강력한 행동을 취하지는 않았기 때문이라고 말할 수 있다. 일본이 그렇게 해온 것은 이 문제가 "평화적으로 해결되어야 하며, 정부로서는 외교상 경로를 통해 본건 분쟁의 해결을 꾀하겠다"는 방침을 세웠기 때문이었고, 일본도 독도를 일본 영토로 믿어 의심치 않았던 것이라면, 그 주장의 정당성 여부를 떠나 그러한 평화적 자세를 견지해왔다는 사실 자체는 평가되어야 할 것이다.

우리는 독도를 '당연히 우리 땅'이라고 생각한다. 길어지지만, 그 근거를 요약하자면 대략 이렇다.

신라가 우산국을 정복했는데, 그 우산국에 독도가 포함되어 있었다. 우산국이란 우산도와 무릉도라는 두 섬이었고, 두 섬은 서로 바라볼 수 있는 위치에 있었다. 말하자면 우산도야말로 오늘의 독도였다. 『고려사 지리지』 등 각종 사료들은 한국이 예전부터 독도를 인지하고 있었다는 사실을 보여준다. 일본은 지도에 있거나 사료에 언급된 것이 독도가 아니라 울릉도 옆의 죽서도라고 하지만, 울릉도에서는 독도가 보이니 이 두 섬은 인접한 모자 관계의 섬이라고 할 수 있다. 조선은 태종 때부터 울릉도에 대해 공도(空島) 정책, 즉 사람을 거주시키지 않는 정책을 썼지만, 그것은 당시 왜구들의 노략질이 심했기 때문에 취약한 자국민을 보호하기 위한 정책이었다. 그러나 조선은 정기적으로 관리를 보내 관리했고, 이 관리의 직함이 '우산무릉등처안무사(于山武陵等處按撫使)'인 것을 보아 무릉도, 즉 울릉도 이외에 또 다른 섬 독도까지 대상으로 했음을 알 수 있다. 『신증 동국여지승람』은 우산도와 울릉도를 강원도 울진현에 속하는 조선 영토라고 규정하고 있다. 독도의 명칭에 혼란이 있는 것은 같은 이름이 쓰이다가 분리되는 경우가 많았기 때문이고, 독도의 경우도 울릉도가 우산도와 함께 우산국을 형성하다가 후에 우산도라는 이름으로 바뀐 것이다. 일본은 우산도는 무인도인 독도가 아니라 울릉도라고 말하지만, 신라시대 때의 우산국을 고려 시대에 와서 우산도라 하게 되었고 그러다가 우산도를 울릉도라 칭하게 되었을 뿐이다.

17세기에는 허가 없이 울릉도에 와서 조업하는 일본인들과 조선인들이 만나게 되었는데, 이를 계기로 안용복이 일본에 건너가 독도의 영유권을 둘러싸고 영웅적인 담판을 벌였다. 그때 뱃머리에 쓰여 있던 '조울(朝鬱) 양도(兩島)'라는 말은 울릉도와 우산도를 말하니, 이는 안용복이 독도의 존재를 인지하고 있었다는 사실을 말해 준다.

에도막부가 일본인들에게 울릉도에 가는 허가증을 발급한 것은 사실은 울릉도가 일본이 아닌 조선 영토였기 때문이다.

안용복이 행한 일련의 담판의 결과로 에도막부도 울릉도는 조선의 영토임을 1699년에 정식으로 인정했다. 이러한 승인 문서에 독도에 대한 언급은 따로 없지만, 독도는 울릉도의 부속 도서이므로 당연히 일본은 이때 독도의 조선 소유를 인정한 것이 된다. 또한 일본인이 독도에서 행한 어업이란 울릉도에 진출하기 위한 부수적인 작업이었으므로, 일본이 울릉도에 대한 권리를 포기했다는 사실은 당연히 독도에 대한 권리도 포기한 것으로 간주해야 한다. 그 증거로 에도막부의 울릉도 도항 금지 이후 일본인이 독도만을 목적으로 도항한 적은 없었다. 그리고 일본의 많은 자료는 울릉도와 독도를 함께 조선의 영토로 표기하고 있다.

그러면 일본 측은 어떤 근거로 독도를 일본 땅이라 하는 것일까. 그들의 주장을 종합하면 다음과 같은 또 다른 독도 이야기를 만들 수 있다.

일본은 예전부터 독도의 존재를 알고 있었다. 그것은 많은 문헌과 지도 등에 명확히 나타난다. 예를 들면 1779년에 만들어진 지도에는 독도가 이미 그 위치까지 정확히 표기되어 있다. 일본은 78년 동안이나 울릉도를 실제로 경영했고, 독도는 그때 울릉도를 오가며 들르던 곳이었다.

한국은 '무릉'이라는 이름의 섬이 독도라고 하지만, 한국 측이 독도를 실제로 인지하고 있었다는 직접적인 증거는 없다. 사료에 나오는 문장은 어디까지나 "일설에 이르기를……"이라는 표현이므로 확인된 것은 아니라고 보아야 한다.

또 한국 측은 우산도가 독도라고 하지만, 우산도는 독도가 아니라 울릉도만을 지칭하는 것이거나 울릉도 옆의 작은 섬만을 포함한 것이라고 보아야 한다. 왜냐하면 우산도가 언급되어 있는 문헌에는 사람이 많이 살고 있고 대나무가 많다든가 하는 기술이 나오는데, 독도에는 사람이 살지 않았기 때문이다. 『신증 동국여지승람』에는 우산도의 위치가 울릉도와 거의 같은 크기로, 그것도 울릉도와 한반도의 중간에 그려져 있는데, 그것은 그 위치조차 제대로 인식하지 못했다는 증거다.

또한 독도와 울릉도가 서로 바라볼 수 있는 위치에 있다고 하지만,

울릉도에서는 아주 높은 곳에 가지 않는 한 독도가 보이지 않는다. 따라서 울릉도에서 보였다고 자료에 나오는 섬은 어디까지나 울릉도 바로 옆의 섬인 죽서도다. 우산도나 삼봉도가 독도라는 증거는 없다.

조선이 400여 년에 걸쳐 울릉도에 대한 공도 정책을 펴는 동안 에도 시대 초기(1618년)에 일본인 오타니(大谷)와 무라카와(村川) 양 집안은 에도막부로부터 도해(渡海) 허가를 받아 매년 교대로 울릉도에서 조업하기 시작했다. 이들은 전복을 막부에 헌상하기도 했는데, 독도는 이때 울릉도로 가는 기항지이자 어로지였다. 이들은 1661년에 막부로부터 독도를 정식으로 이양받았다. 에도막부가 울릉도에 가는 허가증을 발급한 것은 일반인들이 마음대로 영해 밖으로 나가는 것을 금지하는 정책 때문이었을 뿐, 한국이 말하는 것처럼 울릉도를 조선 소유=해외 지역으로 생각했기 때문은 아니다.

조선은 1438년부터 1881년까지 400년 이상 울릉도에 사람이 살지 못하게 하는 공도 정책을 시행했는데, 울릉도를 비워둔 것은 외적으로부터 조선인을 보호하기 위해서라기보다는 세금을 피해 도망친 사람들이 끊이지 않았기 때문이었다.

오타니가 울릉도에서 조업하게 된 1618년부터 80년 동안 에도의 도쿠가와 막부는 울릉도가 비어 있었고 조선인을 만나는 일도 없었기 때문에 울릉도를 일본 영토로 생각하고 도해 면허도 내주었다. 그러다가 조선인 어부들이 일본인 어부들이 사용하고 놔두었던 어구를 무단으로 사용하게 되는 일이 일어나 어민들 간에 충돌이 발생하게 되었다. 막부는 즉각 조사에 나섰는데, 조선이 오랫동안 공도 정책으로 섬을 비워두었고 일본인이 조업했다는 이유로 울릉도는 일본 땅이라고 주장하는 이들이 없지 않았지만 이로 인해 불화를 빚는 것은 좋은 일이 아니라고 판단해 울릉도를 조선령으로 인정했다.

에도막부가 일본인에 대해 울릉도 도항을 금지한 이유는 '일본령이라고 할 수도 있지만 일본인이 살고 있는 것도 아니고 그저 출어를 허용했을 뿐이며, 위치도 조선 쪽에 가깝다. 따라서 울릉도는 조선 땅이다. 막부가 군사력을 쓰려면 쓸 수도 있겠지만, 대단치 않은 작은 섬 때문에 이웃나라와의 우호를 잃는 일은 어리석으니 서로 대립하지 않도록 하는 게 좋다'고 생각했기 때문이었다.

에도막부는 그렇게 울릉도를 조선의 영토로 인정했지만, 독도까지 조선 영토라고 생각한 것은 아니었다. 울릉도 주변의 조업을 둘러싼 일조 간의 교섭 결과 막부는 1696년 울릉도 도항을 금지하게 되었지만, 독도 도항은 금지되지 않았다.

그 무렵 안용복이 나타나 존재하지도 않는 직책을 사칭하면서 울릉도와 우산도를 감시하러 왔다고 말하는 사건이 일어났다. 이때 그가 말한 우산도란 죽서도였을 것으로 보아야 하는데, 그의 이 착각이 에도막부와 조선 간의 영토 인식을 혼란시키는 원인을 제공했다.

안용복이 말한 우산도란 독도가 아니고 울릉도 옆의 작은 섬이다. 에도막부가 일본인에게 도해 면허를 내준 것은 일본인들이 독도에서 이미 고기잡이를 하고 있었기 때문이다. 당시 조선이 "귀국(貴

國)의 죽도(竹島, 다케시마), 폐경(弊境)의 울릉도"라고 한 표현도 독도를 일본 땅으로 생각했다는 증거다.

안용복은 울릉도로 갈 때 독도의 존재를 알았다고 하지만, 그러려면 독도는 울릉도의 북동쪽에 있어야 하는데 독도는 남동쪽에 있다. 북동쪽에 있는 건 죽서도이니, 그가 본 것은 독도가 아니다. 당시 교섭 후 돗토리(鳥取) 번의 영주가 조선령으로 인정한 두 섬이란 울릉도와 독도가 아니라 울릉도와 죽서도였다.

울릉도에서 안용복은 일본 어민과 만났다고 말했지만, 그때는 이미 도항을 금지시킨 이후였으니 있을 수 없는 일이다. 또 그 일본 어민이 자신들이 독도에 살고 있다고 대답했다지만, 독도는 사람이 살 수 없는 곳이니 안용복의 진술에는 허위가 많았다. 그는 허가를 받지 않고 외국으로 건너가 중죄에 처해진 죄인이었던 만큼 그런 식으로 말해 죄를 가볍게 하려 했을 것이다. 조선 역시 안용복을 국경을 마음대로 넘나든 죄인으로서 감금했는데, 조정의 세력이 바뀜에 따라서 안용복을 신뢰하는 분위기가 생겼고 우산도가 조선령이라는 안용복의 말이 조선 내에서 영향력을 갖게 된 것이다.

조선의 당시 항해술로는 설사 독도를 알고 있었다 하더라도 직접 독도에 갈 수는 없었을 것이다. 그것은 후에 조선이 울릉도 이민을 계획하고 이주시켰지만 조선에서 가기가 용이하지 않아 결국은 다시 복귀시킨 사실로도 알 수 있다. 그러나 오키(隱岐) 섬에서 독도까지는 쓰시마 해류가 흐르고 있는 해역이어서 조선반도 본토에서 독도까지 가는 해역보다도 해상과 기상 상태가 훨씬 안정되어 있어

항해가 용이했다. 이처럼 일본은 17세기 중반 무렵까지 실제로 다케시마의 영유권을 갖고 있었다.

소유의 정치학
이름·일탈·식민지

　　일본 측 주장을 다소 더 길게 소개한 것은 우리에게는 일본 쪽의 의견이 자세히 알려지는 일이 별로 없기 때문이다. 그리고 바로 그 때문에 일본이 독도에 대해 영유권을 주장하는 것은 언제나 남의 땅을 빼앗으려는 '야욕'으로만 치부되어왔다. 그러나 독도를 '우리 땅'으로 주장하고 싶다면 더더욱, 그들의 주장을 제대로 들어볼 필요가 있다.

　　이른바 '역사적 점유'에 대해 말하는 근대 이전에 관한 양쪽의 주장에서는, 한국이 울릉도의 '부속 도서(屬島)'라고 생각하는 섬이 진짜 독도인지 혹은 일본이 말하는 대로 울릉도에 더욱 가까운 죽서도인지를 판별하는 것이 중요한 포인트로 보인다.

　　그런데 서로가 지도나 각종 사료에 나와 있다고 주장하는 그 섬은 정말 오늘날 우리가 문제삼고 있는 그 섬일까. 양측의 주장은 그 점에 관해 신빙성이 다소 약해 보인다. 울릉도를 포함해 이들 섬이 몇 번씩이나 이름이 바뀌었고 심지어는 동시에 몇 개의 이름을 가진 적도 있었다는 점은 혼란을 가중시킨다.

같은 지역이 이름이 바뀌었다는 것은 대상을 본 사람이 각자 마음대로 이름을 붙였다는 얘기이기도 하다. 하나의 대상의 이름이 달라졌다는 것은 같은 주체가 하나의 대상에 다른 이름을 붙인 것이 아니라 그때마다 이름을 붙인 주체─소유자가 달라졌다는 사실을 말하는 것이다.

신라 시대와 조선 시대에 독도의 이름이 달랐다는 것은 바로 그것을 말해준다. 명명 행위란 자신 이전의 사람 또는 국가가 그 대상을 인지하고 있었는지 아닌지와 상관없이 이루어진다. 말하자면 정말 '새로운' 발견이건 이미 다른 이가 인지하고 있었던 대상이건, 이름을 붙인다는 것은 그 대상이 이름을 붙이는 자신의 '소유'임을, 즉 자신이 그 주인임을 대외적으로 공표하는 일이기 때문이다. 오늘날 하나의 지역을 두고 각기 자국 언어의 특성을 반영한 이름을 붙여놓고 있는 것도 바로 그러한 현상이라 할 수 있다. 그렇다고 한다면, 한국과 일본이 거론하는 자료에 나타난 이름들이 다케시마라고 해서 혹은 독도라고 해서 그 이름만으로 소유자를 판단하기는 어려워진다.

일탈과 송환

그런데 지금도 쾌속선으로 네 시간이 걸리는 거리에 있는, 따라서 당시의 항해술로는 울릉도에서 적지 않은 시간이 걸렸을 독도를 당시 사람들이 '부속 도서'로 인식하는 일은 과연 가능했을까. 독도를 울릉도의 '부속 도서' 혹은 '모자 관계'에 있는 섬이라고 생각하기에는 거리가 너무나 멀리 떨어져 있는 것은 아닐까. 독도를 '부속 도서'나 '모자 관계'로 표현하는 일은 너무나 자의적이고 인간 중심적인 사고다. 독도는 그저 독도일 뿐, 자신이 울릉도에 '부속'되어 있다거나 울릉도의 '자식'이라고 생각해본 적은 없었을 터이다.

설사 독도의 존재를 알고 있었다 하더라도, 조선에 있어 울릉도가 단순히 백성들이 '도피'하는 땅으로서의 의미밖에 없었다면, 당시의 조정이 사람이 살 수 없는, 즉 관리하의 백성이 도피하는 곳도 아니었던 독도에까지 관심을 가졌을 가능성은 적어 보인다.

그런데 이들 섬이 본토로부터의 일탈자가 끊임없이 건너가는 곳이기도 했다는 점은 무엇을 말하는 것일까. 『성종실록』에 나온다는 "동해 한가운데 삼봉도라는 누구도 한 차례도 가보지 못한 수수께끼 같은 섬이 있었는데, 병역과 세금에서 벗어나려는 강원도와 함경도 유민들이 바로 그 섬으로 들어간다는 말이 있어서 조정은 수토군을 조직해 그 섬을 찾아내려 했지만 수토군은 한 차례도 그 섬을 찾지 못했다"(김학준, 67쪽)라는 서술은 정든 땅을 떠나 머나먼 섬으로 들어간 것이 다름 아닌 '병역과 세금'으로부터 벗어나기 위해서였다는 중요한 사실을 보여준다(김학준은 이 섬이 독도라고 말하지만, 독도는 사람이 살기 어려운 환경인만큼 이 섬은 울릉도일 가능성이 더 높다). 말하자면 그들은 '국민'으로서의 의무로부터 벗어나려 한, 즉 국민으로부터의 일탈을 꾀한 사람들이었던 것이다. 섬은 그때 그들에게는 국가의 법이 닿지 않는 '치외법권'의 영역으로 기능했다고 볼 수 있다.

이렇게 '조선' 공동체의 일원이기를 포기한 울릉도 정착민들은 때로 강원도나 경상도를 습격하기도 했다는 말이 『태종실록』에 나온다(시모조, 23쪽). 이른바 '왜구'에는 일본인뿐 아니라 한반도 출신자나 중국인도 포함되어 있었다는데(『세종실록』에는 왜구를 잡아보니 일본 옷을 입은 조선인이었다는 서술이 나온다. 동, 22쪽), 그런 의미에서는 조선이 바다로 나가는 것을 금지하는 해금령을 내린 것은 그들을 왜구로부터 보호하기 위해서라기보다는(동, 23쪽) 국민의 의무로부터 일탈하려는 이들을 관리하기 위한 것이었다고 보아야 할 것이다. 조정이 울릉도로 도망간 이들을 본토로 이주시키는 수고(『태종실록』에는 우산도에서 남녀 86명을 본토로 송환했다는 기술이 나온다. 동, 23쪽)를 마다하지 않은 것도 그 때문이 아니었을까.

한국은 일본이 도해 면허를 발급했다는 사실을 놓고 일본의 영토가 아니라 조선의 영토라고 말하지만, 조선 역시 조선인들이 본토 밖으로 나가는 것을 이렇게 허락하거나 금지했다. 안용복이 허가 없이 나간 것에 대해 국외도망죄로 처벌했다는 얘기도 그것을 증명하는 것이라 해야 할 것이다.

식민지, '정복'된 섬

독도가 '우리 땅'인 첫 증거로 말해지는 신라의 우산국 정벌이란 신라의 이찬 이사부가 속임수를 써서 우산국＝울릉도를 정복했다는 사실을 말한다. 그런데 그 속임수인즉 나무로 만든 사자를 많이 만들어 위협하면서 항복하지 않으면 그 맹수들을 풀어놓겠다는 것이었다(김학준, 50쪽). 이것이 한국 측이 말하는 '우산국이 신라에 귀속되는 과정'(동)이기도 한데, 그렇다면 미개인들을 연상케 하는 이 우산국 사람들이란, 신라 사람들에 의해 '정복'당한, 즉 신라 사람들과는 다른 '이민족', 최소한 다른 부족이었다고 보아야 할 것이다.

그나마 평화로운 정복이었으니 다행이지만, 이 '정복'이 말하고 있는 것은 신라가 지배자였고 우산국 사람들이 피지배자였다는 사실이다. 즉 원래는 분명히 신라와는 다른 형태의 독립적인 삶을 살았던 울릉도 지역 공동체가 '정복'에 의해 '신라'에 '부속'된 것이다. 말하자면 울릉도는 신라의 '식민지'였던 셈이다. 이후 우산국은 고려와 조선에 복속되어 조공을 바쳤고 왕건은 우산국 사람들에게 관직을 내렸다고 하니(김학준, 51쪽), 이 역시 '속국' 내지는 '식민지' 관계임을 말하는 것이 아닐까. 11세기 초엽에 동북쪽의 여진이 우산국을 침략했고 우산국 국민이 여진에 잠시 항복했을 때 고려의 현종이 군대를 보내 여진 사람들을 내쫓고 '우산국민을 구출'했다고 하는 이야기 역시(동) '우산국'이 다름 아닌 식민지였음을 말해주는 일화일 수밖에 없다.

그런 의미에서는 울릉도에 살았던 이들은 원래는 '신라인'이라는 정체성을 갖지 않았다고 보아야 한다. 그러나 시간이 지나면서 그들은 원래 신라 아닌 '우산국' 사람이었음을 잊고 대신 '신라인'으로서 자신을 인식하게 되었을 것이다. 우리에게 예전에 정복당한 기억이 남아 있지 않은 것은 그러한 사실이 이후의 국가/정권—중심부가 확장된 경계선 내의 구성원에 대한 교육을 통해 그 기억을 지워버렸기 때문이다. 이를테면 백제의 후손조차도 오늘날에는 멸망과 피정복에 따른 피지배와 폭압의 기억을 잊고 있는 것처럼. 오늘날의 전라도 사람들이 근현대 이후에 경험한 경상도에 의한 차별의 기억은 갖고 있을지언정 이전의 지배나 정복에 관한 기억을 갖고 있지 않은 것도 그 때문이다. 그리고 오늘날 '단일민족' 신화가 여전히 공고한 것 또한 바로 그러한 사실이 잊혔기 때문이라 할 수 있다.

이러한 가정이 곧 울릉도나 독도의 현실적 영유권에 영향을 미치는 것은 아니다. 그러나 울릉도가 원래는 다른 부족이 살았던 땅일 수도 있음을 기억하는 것은 영유권 싸움의 이면에 정복과 일탈의 역사가 있었다는 사실을 기억하기 위해서도 중요하다. 그리고 그러한 기억은 울릉도나 독도에 대한 소유 의식이 어디까지나 현대인(현대 국가)의 자기(자민족)중심적인 사고에서 나오는 것임을 깨닫게 해줄 수 있다.

현재는 '일본'인 홋카이도와 류큐(오키나와)는 원래 언어적/혈연적으로 다른 민족/부족이 살던 땅이었음은 이미 잘 알려진 사실이다. 그러다가 근대 초기에 야마토인(일본 본토인)들에 의해 정복되었던 것이다. 그러나 이후 언어적 표준화를 강요당하고 '천황'을 중심으로 한 단일민족 신화를 공유하게 되면서 그러한 기억은 이제 적어도 표면적으로는 사라지고 없다.

두 개의 독도 이야기(2)

근대 초기

그렇다면 근대 초기는 어떨까. 근대 초기의 상황에 관한 한국 측 생각은 이런 것이다.

근대 조선 초기의 지도가 정확하지 않은 것은 아직 지식이 체계적으로 발달하지 않았던 시대였기 때문이고, 지도 제작이 미숙했기 때문이다. 말하자면 현지에 가보지 않은 문관들이 지도를 만들면서 착오를 일으켰을 것이다.

1876년에 일본 내무성은 울릉도와 독도에 대한 소유권 확인을 청원한 시마네 현 소속 일본인에게 '다케시마(울릉도) 외 1도의 건'에 관해 일본과 관계 없다는 결론을 내림으로써 조선령으로 확인한 바 있다. 조선 조정은 1882년에 울릉도에 개발 정책을 펴기로 하고, 일본에 대해 울릉도에 들어와 있던 일본인들의 벌채와 조업을 금지해달라고 요청했다. 이에 따라 일본이 본국으로 데려간 사람이 254명이었다. 그 후 조선은 꾸준히 울릉도 이주 정책을 실시하여 이주민이 250여 명에 이르렀다. 그런데 그 후에도 울릉도로 들어오는 일본인들은 끊이지 않았고 '일조의 잡거(雜居) 문제가 심각'해졌다. 그리하여 조선은 1900년에 울릉도를 울도군으로 승격시키고 군수를 상주시키면서 '울릉도 전도와 죽도, 석도'를 조선 영토로 정식 편입했다. 여기서 말하는 석도가 바로 독도다. 이때 독도를 석도라고 한 것은 울릉도에 이주하여 살고 있던 전라도 사람들이 독도를 돌섬이라는 뜻에서 독섬이라고 했는데, 이때의 '돌섬'을 한자로 바꿔 석도(石島)라고 한 것이다.

이 사실은 당시의 관보에 게재했으므로, 일본공사관에서는 당연히 이를 볼 수 있었을 것이다. 이것을 대외적으로 공포하지 않은 것은 "특수 강역으로 취급받던 울릉도와 그 부속 도서인 죽도와 독도를 관제하에 편입시킨 것은 너무나 당연한 일로서 보고할 가치조차 없었기 때문"이다.

이렇게 한국이 먼저 정식으로 독도를 영토에 편입시켰는데 일본이 1904년 시마네 현으로 편입시킨 것은 명백히 카이로선언에서 말하는 '폭력 및 탐욕에 의해 강탈'한 도취 행위이며 불법행위이다. 또한 근대에 들어와 일본이 새삼 편입한 것이야말로 그때까지 일본의 땅이 아니었다는 증거다. 원래부터 일본 영토였다면 왜 새삼 편입할 필요가 있었겠는가. 독도는 어디까지나 "모도(母島)인 울릉도의 속도로서 한국령"이다.

더구나 주인이 없는 무주지라야 선점(先占)이 가능한데, 독도는 무주지가 아니었다. 그뿐만 아니라 일본이 조선의 외교권을 거의 장악한 때의 편입이어서 더더욱 무효다. 또 일본은 1905년의 시마네 현 편입을 대외에 공포하지 않았다. 시마네 현이 공포했다지만, 지방정부는 외교 관계 업무의 관장 능력이 없고, 공포의 효력은 중앙정부에 한정된다.

이에 대한 일본 측의 주장은 다음과 같다.

1876년에 조선과 일조수호조약 및 일조통상장정을 맺으면서 '일본인 어민 처우 규칙'이 만들어졌다. 조선반도와의 왕래가 용이해지자 울릉도에는 일본인 상인들이 많이 건너가게 되었고, 특히 시마네 현과 돗토리 현 사람이 많이 이주하여 상업과 어업에 종사하게 되었다. 이때 시마네 현은 울릉도의 소유권에 대해 메이지 정부에 문의했고 메이지 정부는 울릉도와 다른 한 섬이 조선령이라는 판단을 내렸는데, 이때 언급한 다른 한 섬이란 독도가 아니라 울릉도 옆에 있는 작은 섬이었다.

1881년, 조선은 일본배가 많고 무단으로 벌채를 한다는 보고를 받고 이규원을 울릉도검찰사로 파견해 일본에 항의했고, 일본은 1883년에 일본인 254명을 송환했다. 그러나 이때 이규원은 독도에는 가지 않았고, 따라서 독도의 존재를 인식하지 못했다고 봐야 한다.

이후 조선은 울릉도에 자국민을 이주시켰는데, 1894년 당시의 울릉도 주민의 생활은 농업이 중심이었고 어업은 해초를 채취하는 정도였다. 조선인들이 어업을 시작한 것은 1903년에 일본인들이 어획을 시작한 이후다.

한국 측은 당시의 자료에 독도가 언급되어 있다고 주장하지만, 거기서 말하는 섬이 실제로 어디인지는 불확실하다. 당시의 독도는 1849년의 서양인들의 명명에 따라 리양코(리앙쿠르) 섬으로 불렸고, 조선에는 독도를 지칭하는 이름이 없었다. 독도에 조선 측이 독도라는 이름을 붙인 것은 1904년 이후의 일이고, 이것은 당시에는 독도가 조선령으로 인식되지 않았다는 증거이다. 만일 한국 측이 말하는 대로 리양코 섬을 알고 있었고 조선이 편입한 '석도'가 독도라면, 왜 리양코 섬을 석도라고 표기했는지에 대해 설명해야 할 것이다. 독도가 리양코 섬으로 불렸던 역사적 사실을 무시하고 '석'과 '독'이 연관이 있다고 하는 주장은 견강부회일 뿐이다. 한국이 말하는 석도란 죽서도일 것이다.

1899년에 나온 자료에도 동경 130도의 울릉도를 '조선 동쪽의 극한'이라고 표기하고 있다. 독도는 동경 131도 55분이다. 그 밖의 다른 지리지도 울릉도의 속도는 우산도, 즉 죽서도라고 표기하고 있으니, 당시 조선은 독도를 자국의 영토로 인식하지 않았다고 봐야 한다. 또한 한국이 독도를 편입했다는 칙령 41호가 나오기 한 달 전의 〈황성신문〉은 "울릉도에 부속하는 소육도 중 가장 눈에 띄는 섬은 우산도와 죽도"라고 보도하고 있지만 리양코 섬은 언급하지 않고 있다. 오늘날의 독도(다케시마)가 독도로 불리게 된 건 이로부터 5년 후이므로, 이때의 조선의 인식은 독도의 존재를 몰랐던 이규원의 울릉도 인식과 같았다고 보아야 한다. 조선 정부가 울릉도를 조사했을 때 '울릉도 외 죽도'로 지칭된 대상은 설명된 위치, 일정, 지도로 보아 죽서도이다.

1904년, 시마네 현에 사는 한 일본인이 울릉도와 독도의 '영토 편입'에 관한 청원서를 냈다. 일본은 울릉도는 조선 땅임을 알고 있었지만 독도에 대해서는 무주지로 판정했다. 이때 시마네 현의 '송도

(松島, 마쓰시마)와 죽도(다케시마)'에 관한 문의에 대해 정부는 죽도는 일본령이 아니라고 말했지만, 이때 말한 죽도는 다케시마가 아니라 울릉도다. 독도에 조선인이 가게 된 건 나카이(中井養三郞)라는 어민이 물개 조업을 할 때 다른 현의 일본인이 조선인을 고용하게 된 이후였다.

1905년 1월, 내각의 결정에 따라 일본은 근대국가로서 다케시마를 영유할 뜻을 확인하고 시마네 현 고시 40호로써 다케시마를 시마네 현에 편입시켰다. 다케시마에서의 물개 조업은 이때부터 허가제가 되었으며, 제2차 세계대전 발발 이후 1941년에 중지될 때까지 이어졌다. 독도에서 물개를 보기 어려워진 것을 두고 한국은 일본이 씨를 말렸다고 말하지만, 그것은 해방 이후에 독도가 미 공군의 폭격 연습장이 되었고 한국이 경비원을 상주시킨 까닭에 물개가 접근하지 않게 된 것으로 보아야 한다.

일본이 독도를 새삼스럽게 영토로 편입한 것은 일본 정부가 근대국가로서 독도를 영유할 뜻을 재확인한 것일 뿐 이전에 일본이 독도를 영유하지 않았다거나 다른 나라가 독도를 영유하고 있었다는 사실을 말하는 것은 아니다. 또한 당시 신문에도 게재되었으니 비밀리에 행해진 것도 아니다. 한국은 그 경우 영토 편입 조치를 외국 정부에 통고해야 한다고 말하지만, 그것은 당시 국제법상의 의무는 아니었다.

이렇듯 일본은 적법한 방식으로 다케시마를 점유했고, 이 섬을 실효적으로 지배해왔다. 따라서 독도는 1943년의 카이로선언에서 말한 '폭력 및 탐욕에 의해 탈취'한 곳에 해당되지 않는다.

영토 확장의
욕망과 근대

법과 소유

근대 이후의 독도를 둘러싼 논쟁에서 중요한 쟁점은, 한국이 편입했다는 석도가 과연 독도인지, 그리고 이 조치가 국제법상으로 실효성이 있는 것이었는지, 또 일본이 독도를 제국주의적 야욕으로 편입했는지가 될 것이다.

일본은, 역사적으로 일본인이 독도에서 자원을 획득했으니 실효적 지배를 한 셈이고 근대 이후 다른 주인이 없음을 확인하고 자신의 소유를 '법'적으로 확인하기 위해 편입했다고 말한다. 이른바 '무주물 선점'이 그것이다. 이 무주물 선점이라는 의식은 국제적으로 통용되는 법과 타국을 의식한 것이었다고 해야 할 것이다. 일본은 이미 에도막부 말기부터 만국공법의 실천을 '문명'국으로 가는 지름길로 생각해 적극적으로 받아들인 터였다. 그런 의미에서는 1905년의 시마네 현 편입은 '아는' 자로서 먼저 이 '법'의 행사에 참여해 그 효력을 쟁취한 것이라고 볼 수 있다. 일본이 '근대국가로서' 소유권을 확인했다고 말하는 것은 그런 의미이기도 하다.

문제는 그것이 국제적으로 통용되던 규칙에 근거한다는 의미에서 합'법'적이었다는 점이다. 물론 만국공법은 문명국을 중심으로 한 '그들만의' 법이었다. 따라서 그 법은 아직 그 규칙의 행사의 의미를 잘 알지 못했던 국가에 대해서는 폭력일 수 있었다. 말하자면 한국이 그러한 규칙의 존재에 무관심했고 그 법의 행사 자체가 하나의 특권일 수 있음을 알지 못했던 결과가 독도 문제로 나타난 것이라고 할 수도 있다.

　한국 측은 일본이 새삼스럽게 시마네 현 편입 조치를 취한 것이야말로 그때까지 일본 땅이 아니었다는 증거라고 말한다. 그것은 타당한 이야기지만, 더 정확히 말한다면 '일본의 땅이 아니었기 때문'이라기보다는 일본 측에 '일본의 땅'이라는 확신이 없었고 그런 속에서 그 '확신'을 만들어내기 위해 '법적인 편입'이라는 방식을 선택한 것이라고 해야 할 것이다. 편입의 '효력'은 '법적'으로는 인정될 수밖에 없겠지만, '법'이 폭력일 수 있다는 점에서는 이 부분은 윤리적인 판단이 필요한 부분이다.

'개척'의 욕망

　　근대 이후에 일본이 독도에 관심을 갖게 된 것은 1877년에 한 시마네 현 사람이 울릉도에 도항하고자 하는 청원을 낸 데서 시작된 것으로 보인다. 그는 고향집에서 집에 전해 내려오던 울릉도 도항 기록을 보고 '마쓰시마(울릉도) 개척 청원안'을 내게 되었다고 한다(오쿠마, 220쪽).

그런데 이 시기의 일본은 국가와 개인이 함께 나서서 미개지 개척을 하겠다는 명목하에 더 넓은 영토를 획득하는 데에 관심을 높이고 있던 때였다. '미개지'에 대한 '개척'의 꿈을 실현하는 일은 남아로 태어나 한 번쯤 시도해볼 만한 일이라는 의식이 사회에 확산되었고, 이러한 꿈을 부추기는 소설이 '해양소설'이라는 이름으로 유행하기도 했다. '남아들의 피를 끓게 하는 모험'이라는 이름으로 '일본인의 진취적인 기상'을 확인하려는 민족주의가 드높아지던 시기였는데, 그것은 다름 아닌 제국주의적 욕망의 발로이기도 했다.

실제로 일본은 1872년에는 류큐 열도를 접수, 류큐 번으로 만들어 지금의 오키나와를 소유하게 되었고, 1875년에는 러시아의 사할린과 지시마를 교환했으며, 1876년에는 오가사와라 열도를 국제사회에서 일본 영토로 인정받았다. '새로운 땅의 발견과 국토의 확장은 메이지 정부의 대외 정책'(동, 221쪽)이기도 했던 것이다.

1876년에 제출되었다는 '마쓰시마 개척 청원안'은 이러한 시대적 배경 속에서 나온 것으로 보아야 한다. 그것은 말하자면 험한 바다를 건너면서까지 '발견'과 '개척'이라는 이름으로 자기 소유의 영역을 넓혀갔던 서양 제국주의를 모방한 과정의 하나였다.

그런데 일본은 1905년 5월에 러일전쟁에서 승리, 7월에는 가쓰라-태프트 조약을 맺었다. 한국은 일본이 '몰래' 편입했다고 비난하지만, 설사 일본이 공개적으로 편입했다고 하더라도 일본에 한반도의 소유권을 인정한 미국이나 영국이 독도에 대한 일본의 욕망을 부정했을지는 의심스럽다. 혹 일본이 누군가를 의식하여 '몰래' 한 것이라면, 그것은 미국이나 조선보다는 러시아를 의식한 것이었을 가능성이 더 크다.

조선의 삼림 벌채권을 둘러싼 일본과 러시아의 경쟁은 당시의 상황을 잘 보여준다. 러시아는 이 무렵 조선으로부터 압록강, 두만강 및 울릉도의 목재 벌채권을 따냈는데, 이후 조선에 대해 일본의 삼림업자들의 강제 퇴거를 요구했다. 1899년경에는 울릉도는 사실상 러시아의 세력권 하에 있었고, 벌채된 목재는 블라디보스토크 항의 건설 등을 위해 수송되었다(동, 235쪽). 그밖에도 다른 러시아 상인이 포경업의 권리를 얻어내는 등 러시아 세력이 조선 깊숙이 미쳤으니, 러일전쟁의 발발은 필연적인 것이었다고 해야 할 것이다.

대상이 울릉도가 되었건 독도가 되었건, 이미 홋카이도와 류큐를 '일본'으로 만들었고 중국과 전쟁까지 치러가며 '타이완'이라는 섬을 손에 넣은 이후인 당시의 일본으로서는 바다에 떠 있는 섬들에 관심이 없을 수 없었을 것이다. 그런 의미에서 이 시기의 일본은 '주인 없는 땅' 무주지에 대한 욕망을 가지고 있었고, 독도가 실제로 무주지였는가 아닌가와는 상관없이 독도에 대한 욕망이 없지 않았을 것이다. 일본 측이 말하는 대로 그 이전에 독도를 알고 있었고 조업을 했다고 하더라도 그러한 사실이 국가나 국민에게 아직 알려지지 않은 상태에서 독도는 일본에게 '새로운' 땅으로 다가왔을 확률이 크다. 또 1904년은 이미 한국을 둘러싼 일본과 러시아의 각축전이 시작된 시기였다. 일본이 이때 울릉도에 해저 전선을 깔고 망루를 설치했다는 것은 독도 역시 자국 영토에 넣을 필요가 있었음을 시사한다. 그런 의미에서는 독도 편입은 일본이 말하는 '법적' 선점일 수 있지만, 동시에 그것은 류큐나 홋카이도와 마찬가지로 '제국주의적' 선점이었다고 해야 할 것이다.

그런 의미에서는, 일본 외무성이 말하는 "이전에 일본이 다케시마를 영유하지 않았다거나 다른 나라가 다케시마를 영유하고 있었음을 말하는 것은 아니라"는 것은 타당한 부분이 없지 않지만, 그 사실이 곧 일본이 '다케시마'를 영유했다거나 다른 나라가 영유하지 않았음을 말해주는 것으로 이어지는 것은 아니다.

그러나 그렇다고 해서, 독도 편입을 곧바로 '폭력 및 탐욕에 의해 약탈한' 것으로 단정지을 수 있는 것은 아니다. 이러한 단어가 타당성을 가지기 위해서는 독도에 명확한 주인이 있어야 하고, 조선이 과연 독도를 인지하고 있었는지에 관해서는 의문의 여지가 없지 않기 때문이다.

경계 · 금긋기 · 지도

이에 반해 한국 측이 독도를 편입한 계기는 실은 '일제가 한일통어장정'을 적용하는 과정에서 '울릉도와 독도가 분명치 않았'기 때문이었다. 특히 1900년 2월 14일에 일본원양어업회사에게 체결해준 포경업 약정서에서 강원도, 경상도, 함경도 구역을 허가하면서 "역시 울릉도와 독도의 소속이 분명치 않아 이를 명확하게 하기 위"해서였다고 한다.

이것은 당시에는 한일 간의 경계가 모호했다는 사실을 말해준다. 근대 국민국가를 기반으로 하는 '국경'이란 현재 상상되고 있는 것처럼 명확한 것이 아니었다(기든스 외). 힘 있는 중심부가 아닌 주변부이자 모호한 '경계' 지역에 사는 이들이 중심부에 존재하는 이들에 의해 배제당하거나 포섭당하면서 새롭게 중심부의 힘이 미치는 것으로서의 '경계'를 만들었을 뿐이다(테사 모리스 스즈키 외). 그때 경계민들은 원래대로 자신들만의 공동체로 남아 있을 수 없었고, 그 후에는 자발적으로 지역어를 버리고 중심의 언어, 즉 표준어를 사용함으로써 '국가'—중심부의 '국민'으로 통합되었다.

'영토'란 지배하는 자의 관심 영역으로서의 의미를 갖는다. 오늘날 모든 국민이 자국의 '영토'에 대해 관심을 갖는 것은 국가의 이익이 곧바로 자기 자신의 이익으로 연결되는 것으로 생각하기 때문이다. 그러나 근대 이전, 국민국가가 확립되기 전에는, 영토란 국가나 군주가 그 존재를 인지하고 지배할 수 있는 영역을 의미할 뿐 '국가'라는 의식 없이 변방에 살고 있던 사람들에게는 별 뜻이 아니었다. 태어나서 자기 마을 이외에는 기껏해야 이웃 마을 가는 것이 고작이었던 그들, '여행'의 경험이 없었던 그들에게 경계가 분명한 '자국 영토'의 개념이 있었을 리가 없다. 영토란 어디까지나 통치하는 자들의 영역이었고 그 통치력이 미치는 곳이었을 뿐이다.

독도 문제와 관련해 늘 등장하는 대마도의 관리로 "쓰시마를 지배한 소(宗) 가문은 17세기 이래 자신들이 도쿠가와 쇼군의 봉신임을 명확히" 하면서도 동시에 "조선 왕국의 관리이기도 했다" (테사 모리스 스즈키). 이는 대마도가 근대 이전에는 한일 양국에 속하는(혹은 어느 쪽에도 완전히 속하지는 않는) 영역이었음을 말하는 것으로 보아야 한다. 그런 의미에서 우리는 대마도의 역사는 일본의 역사이자 한국의 역사이면서 다른 어느 곳보다도 먼저 대마도 자신의 역사이고 가장 긴밀한 관계를 맺어온 부산 지역의 역사라는 지적(동)에 귀 기울여야 할 것이다. 현재의 영토관은 국가 공동체 개념이 생기고 그들이 사는 곳으로서 특정 영역을 확정한 근대 국민국가 이후에 생긴 것일 뿐이다.

근대 이전에는 이처럼 지금보다 훨씬 '경계' 의식이 모호했다는 사실은 연구자들이 주장하는 상반되는 자료—각기의 영역으로 표기한 지도들 혹은 문헌들—이 왜 동시에 존재하는지를 설명해 줄 수 있다. 각종 지도에 독도 혹은 다케시마가 어떻게 나타나 있는지 혹은 자국 영토로 표기되어 있는지가 한일 간의 중요한 논점의 하나가 되고 있지만, 그런 의미에서, 그 자료들의 객관적 효력을 증명하기란 쉬운 일은 아니다.

섬, 포섭 혹은 배제의 땅

한국은 울릉도를 편입할 때 사용한 이름이었던 석도가 독도라고 말한다. 이주민 중에 전라도 사람이 많았고 그들이 독도를 (돌이 많은) 독섬이라고 부르는 것을 '독도'라고 했다는 것이 그 이유다. 정식 보고를 하지 않은 데 대한 일본의 비판에는 그 죽도와 독도가 울릉도의 부속 도서로서 "원래 조선 땅이었으니 너무나 당연한 일이어서 보고할 가치조차 없었기 때문"이라고 말한다.

그런데 석도가 독도이기 위해 중요한 사실, 즉 근대 이후에 이주 정책에 따라 울릉도에 간 이들에 전라도 사람이 많았다는 것은 무엇을 뜻할까. 자발적으로 갔건 강제적으로 갔건, 그들이 그동안 살던 정든 땅을 두고 떠난 이유에 가난이라는 요소가 작용했을 것임은 의심의 여지가 없다. 이주민 중에 전라도 사람이 많았다는 사실은 울릉도에서 가까운 것이 전라도 아닌 경상도이기에, 전라도인들이 구조적인 차별과 배제의 대상으로 선택되었을 가능성을 보여주고 있다.

그것은 한때 가까운 육지에 포섭되었던 울릉도 땅이 이제 육지의 힘없는 구성원을 축출하는 땅으로 기능했다는 추측을 가능케 한다. 귀양살이에 섬이 이용되었던 것은 배제와 동시에 효과적인 관리가 가능했기 때문이다.

그런 의미에서는 울릉도에서 어업을 했다는 이유만으로 자국 영토임을 주장하는 것이 그 토지 자신의 역사를 무시하는 일인 것처럼, 본토의 국민을 귀양 보냈던 땅에 혹은 본토의 국민이 국민 되기를 거부하기 위해 이탈했던 지역에 한때 국민이 거주했다는 이유로 자국 영토라고 주장하는 일은 지극히 자의적인 사고가 아닐 수 없다.

두 개의 독도 이야기(3)
해방 이후

독도를 둘러싼 세 번째 쟁점은 태평양전쟁이 끝난 뒤에 한일 양국이 처했던 상황에 있다. 먼저, 한국은 이렇게 말한다.

일본 패전 후 연합군의 문서 연합국최고사령관훈령(SCAPIN) 677호에서는 독도는 '일본'의 범위에서 제외되어 있고, 이후 이 문서는 개폐된 적이 없다. 일본은 그것이 잠정적인 것이었다고 말하지만, 연합국최고사령관훈령은 합법적 국제기관, 국가 간 합의기관으로서 일본의 통치를 위임받은 연합국 대행 기관의 훈령이었고, 일본은 항복문서에 서명함으로써 SCAP이 집행기관이 되는 것에 합의한 셈이므로 그 기관과의 약속에 합의한 것으로 간주해야 한다. 이 항복문서는 당사국들 간의 합의에 근거를 둔 국제조약이라 할 수 있으며, 하나의 국제법이라 할 수 있다. 물론 이 문서는 패전국과 승전국 간의 것이어서 불평등한 것일 수도 있지만, 통치권을 승전국의 특정 기관에 예속시키는 내용의 공식 문서에 합의했으니 일본의 특별/특수법이라고 할 수도 있다. 그러므로 이 문서의 효력은 아직 살아 있다.

샌프란시스코조약에서는 '제주도, 거문도, 울릉도를 포함하는 코리아 독립 승인'에 독도가 제외되어 있다고 해서 독도를 일본 영토라고 말하지만, 그것은 중요한 섬만을 나열한 것이었으며 한국에는 섬이 많아 그 많은 섬에 대해 일일이 이름을 나열할 필요가 없었다. 이때 반환된 '일본'이란 4개의 도서와 100개의 인접도서일 뿐 울릉도, 리앙쿠르 섬, 제주도, 오키나와 열도 등은 제외되었다고 보아야 한다. 또한 독도는 원래부터 일본이 폭력과 탐욕으로 탈취했던 땅이므로, 독도의 반환은 "일본이 탐욕과 폭력에 의거해 빼앗은 모든 영토로부터 축출될 것"을 선언한 카이로선언에 따른 것이고, SCAP만의 임의 조치가 아니었다. 독도는 1876년 이래 한반도에서 진행된 일본 침략의 연장선상에서 시마네 현으로 편입된 것인 만큼 당연히 포기되어야 했다. 일본은 이 SCAP 문서가 임시적이고 잠정적인 것이었다고 말하지만, 이 문서에 쓰인 '특정'이라는 단어는 다른 특정 도서가 생길 수 있다는 말로 해석해야 한다. 즉 '코리아'의 범위를 정한 것이 아니라 '상징적으로 3개 도서를 포함하는 코리아로 기술했을 뿐'인 포기 규정이다. 독도가 일본 영토로 들어가기 위해서는 독도라는 단어가 명시된 별도의 명문 규정이 필요했다.

원래는 1차 초안의 영토 조항 안에 일본이 포기해야 할 대상으로 독도도 포함되었음에도 불구하고 6차 초안에서 제외된 것은 연합국최고사령부의 정치 고문이었던 시볼트 주일대사의 요청에 의한 것이었다. 그는 워싱턴의 미 국무장관에게 공식 서한을 보내 독도에 한국 이름이 붙여진 적이 없다면서 일본 영토로 명시해야 한다고 주장했는데, 이것은 일본의 로비의 결과다.

문서에 최종적으로 독도를 명시하지 않는 식으로 애매하게 처리된 것은 미국과는 다른 견해를 가졌던 영국이나 호주 등 다른 나라의 의견이 그렇게 나타난 것이므로, 미국의 의견만을 효력 있는 것으로 간주할 수는 없는 일이다. 즉 "일본은 한국의 독립을 승인하고 제주도, 거문도 및 울릉도를 포함하는 한국에 대한 모든 권리, 권언과 주장을 포기한다"는 말의 배경에 깔려 있는 미국 이외의 당사국들의 의도도 고려되어야 한다. 그러므로 한국이 1952년에 이승만라인을 선포하여 독도를 한국령에 포함시킨 것은 당연한 권리를 행사한 것일 뿐이다.

한국이 국제사법재판소 제소를 거부하는 것은 독도가 역사적으로도 법적으로도 명백한 한국 영토이므로 새삼 확인받을 필요가 없는 사항이기 때문이다. 일본이 제소하려는 것은 독도에 관해 영유권이 없는 일본이 독도를 분쟁의 대상으로 만듦으로써 한국과 동등한 위치에 서려고 하기 때문이다. 또 제소할 경우, 강대국인 일본은 또다시 영향력을 행사하려 할 것이다.

한국의 주장에서는 독도를 한국에 반환하겠다고 한 결정이 그 이후에 만들어진 6차 초안에서는 빠진 것이 중요한 논거임을 알 수 있다. 그러나 이에 대해 일본은 이렇게 말한다.

1945년 일본은 패전의 결과로 미국을 비롯한 연합국최고사령부의 점령하에 놓이게 되었는데, 이때 쓰여진 1946년 1월의 연합국최고 사령관훈령 677호는 일본이 독도에 대해 정치상 혹은 행정상의 권력을 행사하는 것을 잠정적으로 정지했다. 그리고 1946년의 1033

호, 일본 어선의 조업 구역을 규정한 맥아더 관련 문서에는 독도가 빠져 있다. 그러나 이 서류들은 모두 그 문서 안에서 일본국의 영토 귀속이 최종적으로 결정된 것은 아니라는 점을 명기하고 있다. 즉 독도를 일본 영토에서 제외한 것은 아니었다.

또한 1951년의 샌프란시스코조약에서 일본이 그 독립을 승인하고 모든 권리, 권언 및 청구권을 포기한 '조선'에 독도가 포함되지 않는다는 것은 미국기록공개문서 등에 명확히 나타나 있다. 말하자면 대일 평화조약 이전의 일련의 조치는 어디까지나 잠정적인 임시 조치였던 것이다.

이때 명기된 '제주도, 거문도, 울릉도'는 한국 영토의 바깥쪽을 연결한 지명이고, 독도는 이 범위 바깥에 있다.

실제로 연합군은 처음에는 오가사와라 제도나 오키나와와 함께 독도를 제외시켰지만, 이 섬들은 후에 일본의 소유로 인정받게 되었다. 따라서 독도의 경우도 최종적인 결정이라 할 수 없다. 그리고 독도는 일본이 한국을 병합하기 전에도 일본 땅이었기 때문에 '폭력과 탐욕으로 탈취한' 것이 아니다. 1951년에 한국 대사가 미국 정부에 대해 한국에 반환할 섬에 독도를 넣어달라고 요청했지만 거부당한 것도 독도를 일본의 영토로 인식했기 때문이다. 한국은 SCAPIN 677호를 근거로 독도의 영유권을 주장하지만, 일본과 연합국 간의 조약은 샌프란시스코강화조약이 최종적인 조약이므로 이것이 유효하다고 보아야 한다.

그럼에도 한국은 1952년 1월 일방적으로 이승만라인을 선포했는데, 그것은 유진오의 「한일협정이 열리기까지」라는 글에 의하면 강화조약이 비준되기 이전에, 즉 일본이 아직 연합군 통치하에 있을 때 그렇게 하는 것이 유리하다고 생각했기 때문이다. 한국은 말하자면 일본이 주권을 회복하기 전에 일방적으로 일본 땅 독도를 불법점거한 것이다. 이승만라인에 관해서는 미국, 영국, 중국도 그 불법성을 지적한 바 있다. 이후 한국 정부는 이 라인을 넘은 일본 배들을 잇달아 나포했다. 한국이 일본 어부들에게 체형까지 가하고 있다는 사실이 알려져 한일 관계가 악화되었고, 그것은 국교정상화 교섭에도 영향을 미쳤다. 1953년 1월과 2월에 있었던 제2차 한일회담 예비 교섭 직전에도 한국은 일본 배를 나포했고, 이때 일본의 어로장이 사살되기도 했다. 일본은 예비회담에서 이 라인의 철폐를 요구했지만, 한국은 오히려 한술 더 떠 독도수비대를 파견했다.

한국 어민들은 처음에는 그냥 조업했지만 나중에는 무장 경찰들의 보호를 받으며 조업했다. 1954년 8월에는 일본 순시선이 한국 어선과 무장 경찰의 퇴거를 요구했으나 응하지 않았고, 순시선이 떠나려 하자 갑자기 수십 발의 총격을 가해왔다. 일본은 그해 9월 독도 문제를 국제사법재판소에 제소할 것을 제의했지만 거부당했다.

이승만라인에 의해 일본 배 230척이 나포되었고, 3척이 침몰했으며, 한국에서 돌려받지 못한 배가 173척에 이른다. 또한 선원이 2,791명 억류되었으며, 5명이 사망했다.

한일협정이 성사되기까지 십 수년이나 시간이 걸린 것은 이러한 문제가 있기 때문이기도 했다. 그럼에도 결국 양국은 국교정상화 때 독도 문제에 관해 합의를 이루지 못하고 결국 '분쟁 해결에 관한 교환 공문'을 주고받는 데 그쳤다. 이후 한국은 일본의 독도 반환 요구에 대해 대화를 거부하며 일본의 주장을 늘 자국 영토에 대한 야심으로 간주하고 군국주의/제국주의의 발로라고만 몰아붙이고 있다.

그런데 1994년에 한국과 일본이 유엔 해양법조약에 함께 가입하게 되었고, 영해를 침범한 어선을 어선이 속한 국가가 관리해오던 방식에서 200해리 내 연안국이 관리할 수 있는 방식으로 바뀌게 되어 1965년의 일한어업협정을 파기할 필요가 생겼다. 이때 한국은 그 200해리의 기점을 독도로 하자고 했다. 그런데 한국 어선들은 일본 연안에 와서 치어까지 싹쓸이하곤 하여 남획이 심각한 상황이었다. 한국 자신이 새 조약에 맞추어 조업을 하게 되면 1,253억 원(정부 측 발언)~5,000억 원(어민 측 발언)이 손해라고 말한 것으로 보아 그 어획량이 엄청난 것이었음을 알 수 있다. 한일 간의 분기점을 정하는 문제에서 합의를 보지 못해 일본은 1998년에 어쩔 수 없이 어업협정을 일방적으로 파기할 수밖에 없었다. 그리고 1999년 1월 신어업조약을 맺게 되었고, 이때 양국은 독도를 공동관리 구역으로 하는 데 동의했다.

1997년 한국은 일본이 수차에 걸쳐 항의했음에도 불구하고 독도에 접안 시설을 설치했다. 한국은 이 문제를 대화로 풀려 하지 않고 또다시 일방적 행동에 나선 것이다.

일본은 독도 문제를 (평화적 수단에 의해서 해결하기 위해) 국제사법재판소에 제소하자고 제의했으나 한국은 이제껏 거부하고 있다. 그것은 한국 측 주장에 설득력이 없기 때문이다.

'미국'이라는
팩트

일본의 주장은, 우리에게 잘 알려지지 않았던 사실들, 즉 독도 때문에 일본인이 사살되기도 했고 한국이 일본의 어선을 나포했으며 또 반환하지 않은 경우도 있었다는 사실을 알려준다. 1948년 6월 30일에는 미 공군의 폭격 연습에 의해 한국 어민이 독도 지역에서 피해를 입은 일도 있다. 그 피해는 사망 및 행방불명 16명, 중경상자 6명, 파괴된 어선 23척으로 결코 작지 않았다.

독도를 둘러싸고 한국에도 일본에도 피해자가 있었다는 것은 현재는 거의 잊히고 있는 사실이지만, 우리는 미국이 왜 그 시점에 그 자리에서 폭격 연습을 해야 했는지까지 포함해서 사실에 주목할 필요가 있다. 독도 지역에서 인명 피해가 있었다는 사실은 독도 문제가 한일 간의 평화를 언제든 위협할 수 있는 사항이라는 것을 말해준다.

근대 이전에도 그렇지만, 하나의 대상을 둘러싼 이 두 개의 이야기는 하나의 장소를 둘러싼 두 국가의 역사가 곧잘 상반된 것으로 그려지는 전형적인 사례이기도 하다.

같은 자료를 놓고 이야기가 달라지는 것도 이미 서로가 비판하는 것처럼 양측 모두가 자국에 유리한 사료에 근거해 자의적인 해석을 하는 데에 원인이 있다고 할 수 있다. 하지만 순수해 보이는 일반 학술 논쟁조차도 스스로도 의식하지 못하는 이데올로기의 제약하에 놓여지는 경우가 많다는 것을 생각한다면, 처음부터 그 목적=결론이 분명히 설정되어 있는 이들 독도에 관한 주장에서 '자의적' 해석은 오히려 당연한 일이라 해야 할까.

주어진 '사실'을 근거로 공정한 '판단'이 내려지는 것으로 간주되는 '재판' 역시 시대의 가치관으로부터 자유롭지 않은 경우가 적지 않다. 같은 행위가 어떤 경우에는 '죄'가 되지만 다른 시대나 공간에서는 죄가 되지 않기도 하는 것처럼. 그리고 이는 시대와 공간을 초월하는 '진리'란 없다는 것을 말해준다.

그렇다면 진실은 어떻게 찾아져야 할까. 여기서 간과할 수 없는 것은 해방 이후의 경우 양국이 함께 미국과 다른 연합국이 남긴 사료에 근거해 각기의 주장을 펼치고 있다는 사실이다. 독도 문제가 실은 주어진 사료를 '어떻게' 읽을 것인가 하는 '해석'의 문제라는 것이 가장 뚜렷하게 드러나는 부분이기도 하다.

앞장에서 말한 것처럼, 일본은 패전 후 7년 동안 미국이 중심이 된 연합국최고사령부의 지배를 받았다. 그리고 어떤 의미에서는 그 기간 동안에 현재의 일본과 한국의 전후, 해방 후의 기본적인 모습이 만들어졌다고 할 수 있다. 우리의 남한 단독정부가 결코 한국민의 의지에 의해서만 이루어진 것이 아니라는 사실은 이미 잘 알려져 있지만, 일본 역시 전후의 사회구조는 앞에서 본 것처럼 미국과의 관계에 바탕을 둔 부분이 적지 않다. 그리고 그것은 그 정당성 여부와 상관없이 일본 사회의 상처로 남아 있기도 하다.

그런데 헌법의 경우에는 그것을 강요당했다는 이유로 오늘날까지 반발하는 이들이 있는 일본이 다른 한편으로는 당시의 미국이 중심이 되어 만들어진 문서, 연합국최고사령부 훈령 등에 권위를 부여하는 것은 모순이 아닐 수 없다. 당시에 피지배자가 된 상황이 야기한 여러 상황을 한편으로는 비판하면서도 독도 문제에서는 그 미국의 결정에 기대는 모순된 모습을 일본의 주장은 보여주고 있는 것이다.

그런 의미에서, 동시에 피점령국이었던 한국과 일본이 함께, 당시의 미국의 결정을 각기 자신들에게 유리하게 해석하며 자국의 이익을 추구하는 모습은 서글픈 상황이 아닐 수 없다.

경계심과 표상

한국에서의 독도에 관한 담론은 다른 경우와 마찬가지로 일본의 주장을 늘 '야욕'과 '음모'로 치부한다. 또 그 결과로 일본에 대한 경계심과 공격 의식을 유발시킨다. 심지어는 일본이 유엔안전보장이사회(앞으로 유엔안보리) 상임이사국이 되려는 것도 독도를 차지하기 위해서라는 식으로 해석되기도 한다. "독도에 일본인을 상륙시켜 한국과 충돌을 만들고 '자위권'을 발동시켜 군대를 보내 한국을 평정"하는 것이 일본의 의도인데, 그때 상임이사국의 지위는 유엔에서의 '자위권' 해석에 유리할 것이라는 것이다(www.ilvosisa.co.kr).

이들이 보기에는, "일본은 착착 자기 땅으로 만들 준비를 하는데, 현실적 대응을 안 하고 있"는 한국 정부가 일본에 대해 그렇게 신중한 태도를 취하는 것은 "국력이 약해서 눈치를 보고 있"기 때문이다. 그러니 "힘을 키"워야 한다는 것이 이들의 궁극적인 결론이다. 이뿐만 아니라 그러한 심성은 때로 '간도와 만주를 되찾아야 한다'는 식으로 다른 땅에 대한 기억을 환기시키기까지 한다(한 조사에 따르면, 간도를 되찾아야 한다는 의견이 조사 대상자의 56퍼센트였다). 일본에 대한 불신과 경계심의 깊이를 특히 독도 문제는 잘 보여주고 있다. 다음과 같은 식으로 연구자들이 곧잘 사용하는 '침탈'이라는 단어는 그 대표적인 단어라 할 것이다.

> 일본의 독도 침탈 책동은 우발적이거나 일회적인 것이 아니다. 계획적이고 고의적이며 심지어 교활하기까지 하다. 우리 역사 속의 신성한 영토, 독도에 대한 이러한 일본의 집요한 범죄적 야망을 그 발단에서부터 알아야 할 의무와 책임이 우리 한국인들에게 있다.(문철영, 4쪽)

일본의 군사훈련이 "동해의 어떤 섬을 탈환하기 위한 작전"으로 소개되고 "동해의 어떤 섬은 독도를 지칭한 것이 분명"하다고 생각하며, 그것은 독도에서의 유사시 사태에 대비하기 위한 훈련이라는 보도 등도 독도를 둘러싼 전쟁 가능성을 끊임없이 환기시키는 담론 중의 하나다. 일본의 독도에 관한 주장이 "침탈의 역사를 정당화하고 해방의 역사를 부인하는 것"(신용하)이라는 주장은 현재 한국 사회의 멘털리티를 선도하는 담론이 되고 있다.

또 작가 조정래나 이문열이 여실히 보여준 것처럼(2005년, 이문열은 일본의 시마네 현 사람들을 거침없이 '촌놈'이라 부르며 도시인으로서의 우월감을 드러내며 훈계했고, 조정래는 시마네 현 조례 제정을 두고 '선전포고'로 단정하며 일본에 대해 전쟁도 불사하는 자세를 지녀야 한다고 촉구했다), 문인들 역시 독도에 대한 국민들의 욕망을 대변해온 대표적 계층이다. 고은이나 조병화 같은 이른바 한국의 대표적 시인이 독도를 소재로 한 시를 써서 그러한 심성을 만드는 데에 앞장서고 있는 것은 '시'라는 장르가 국민의 심성에 호소하기 쉽다는 점을 무의식적으로 이용한 행위라 해야 할 것이다. 『동해의 파수꾼 독도』(김우규, 시대문학, 1996), 『내 사랑 독도』(고은 외 지음, 한국시인협회 편, 문학세계사, 2005), 『고은 시집 독도』(창작과비평사, 1995), 『독도의 등대지기』(조병화 외, 윤문, 1992) 등의 시집은 그 결과물이다.

이들 시집에서 독도는 일인칭 주어로 의인화되어 "억지를 즐기고 침략을 즐기는 욕심에 내가 어찌 다정한 눈맞춤을 하리", "한반도 그곳 사나이들 정의의 눈빛이 태평양 파도를 이겨내는 나를 닮지 않았느냐"(노여심)며 한국인의 생각을 독도에 대변시키고,

"독도 하늘에는 일본 비행기가 새까맣다. 어느 날 갑자기"라며 "우리는 그동안 무엇을 하고 있었던가", 그들은 '수송선'이라며 언제든 '항공모함'이 될 수 있는 배를 만들고 있었고, 그 결과 "일본 비행기들의 폭격으로 독도는 쑥밭이 되고/항공모함 속 수송선에서 쏟아져나오는 개미 떼 같은 육전대/우리 독도경비대는 모두 옥쇄"(김항식, 「독도 전쟁이 터지다」)라는 식으로 공포를 유발하여 일본의 준비성에 대한 경각심을 촉구한다. 말하자면 가상패배를 예견함으로써 전의를 고양시키는 것이다. 그래서 그들은 "영혼까지 독도에 산골"(고대진)할 것을 결심하기도 한다. 필연적으로 '독도전쟁'(홍윤서)이 터지고 급기야는 "2010년 독도 일본에 넘어간다"는 식으로 구체적 공포를 야기시키는 것이다.

국가는 영토 내 구성원의 사고를 조종해 전쟁을 일으키고, 그들과 타자의 생명을 담보로 지배 체제를 고수한다. 모든 전쟁은 바로 이러한 수사학의 연장선에서 일어난다. 이러한 폭력적 시나리오가 위험한 것은 바로 그 때문이다.

근대 이전에 일본을 상대로 '담판'을 벌였다고 해서 유명해진 안용복은 노비였거나 군인이었다고 한다. 적어도 그는 결코 처음부터 '장군'은 아니었다. 그에게 '장군'이라는 칭호를 내린 것은 박정희 대통령이었다(문철영, 71쪽). 군인 출신인 박정희로서는 '국가'를 지켜낸 것이 다름 아닌 '군인'이었음을 강조하기 위해서도 군인 안용복의 '활약'을 강조하고 싶었을 것이다. 경남 안씨 문중 종친회는 1964년 가을에 울릉도에 '안용복 장군 충혼비'를 세웠는데(문철영, 70쪽), 여기에 비문을 남긴 것은 시인 이은상이다. 이은상은 박정희 묘비에도, 박정희가 암살당한 해에 건립된 안중근 기념관에도 그들의 업적을 기리는 시를 남겨놓고 있다. 친일파로 치부되는 이와 일제에 저항한 이에게 함께 비문을 바칠 수 있는 것이 바로 민족주의의 교묘한 점이기도 하다.

이렇게 '언어'와 '문학'을 동원하여 영웅을 둘러싼 새로운 '기억'이 만들어지는 사이, 진실은 잊히고 독도에 관한 욕망은 커져만 간다. 그 욕망을 당연한 것으로 뒷받침해주는 것이 독도의 가치에 대한 각종 진단이다. 그 진단에서 독도는 '천혜의 어장'이고 '천연가스가 무진장' 존재하며 다른 어떤 섬보다도 아름답고 군사적으로도 활용 가치가 더없이 높다. 다른 한편으로는 이러한 이야기가 신빙성이 없다는 의견이 있음에도, 독도의 가치는 독도가 우리의 소유임을 주장하는 담론 속에서 나날이 커져만 가는 것이다.

시마네 현과 독도

일본의 시마네 현은 2005년 독자적으로 '다케시마의 날'을 제정하여 독도 문제가 실은 시마네 현과의 문제이기도 하다는 것을 우리에게 처음 각인시켰다. 그러나 시마네 현이 독도에 대한 영유권을 주장한 것은 이미 40년 전의 일이었다.

1965년의 한일협정에서 독도에 관한 합의를 보지 못한 이래, 시마네 현 지사는 현의회 의장과 연명으로 일본 정부에 줄곧 다케시마를 자국 영토로 확보하기 위한 노력을 기울여주도록 요구해왔고, 현의회는 '다케시마 영토권 확립 및 안전 조업 확보'를 결의한 후 '시마네 현 다케시마문제 해결촉진협의회'를 설립한 바 있다. 촉진협의회는 계속해서 정부에 다케시마의 영토권 확립 및 안전조업 확보를 요청했고, 1987년에는 '다케시마 및 북방영토 반환운동 시마네 현 민의회'가 설립되었다.

그러나 그들의 기본적인 자세는 이 문제가 "정부 간의 외교 교섭에 의해 평화적으로 해결되어야 할 문제이며, 지방자치단체끼리의 교류는 이것과 상관없이 진전시켜나갈 수 있"고 "시마네 현과 경상북도"가 "북동 아시아의 우호 교류"에 바탕을 둔 교류를 증진시켜나가야 한다는 것이 그들의 일관된 입장이었다(2002년 10월 3일의 시마네 현 지사 발언, 시마네 현 홈페이지).

2002년 10월의 「시마네 현 의회 독도 특별결의문」을 보면, 그들은 한국의 "불법점거가 반세기 이상 이어져오고 있"고 수상시험선에 대한 "부당한 경고", "다케시마를 한국의 국립공원으로 지정하려는 움직임 등 좌시할 수 없는 행동이 늘어나고 있"어서, "(일본) 정부에 대해" 적극적인 대응 행동에 나설 것을 "요망"해왔지만 "아직 해결의 전망이 보이지 않고 있다"며 (일본 정부—국가가 한국에 대해) 엄중한 항의를 해줄 것을 요청하고 있다. 또한 수상, 중의원 의장, 참의원 의장, 외무대신 등에게 "국제기관에 대한 움직임" 등 "종래의 대응에서 한 걸음 더 나아간 자세"를 "강하게 요망"해야 하고, "국민적 관심"(2002년 10월, 시마네 현청 총무부장의 발언)을 촉구해 "조속한 해결"을 보아야 한다고 말하고 있다.

우리는 여기서, 시마네 현으로서는 수교 40주년이란 다케시마 문제를 해결하지 못한 40주년이었고, 일본 정부가 그동안 그들의 요구에 미온적이었으며, 그 때문에 그러한 정부에 불만을 가져왔음을 알 수 있다. 2005년, 다케시마의 날 제정의 배경에는 그런 긴 세월이 있었다.

시마네 현은 한국에 일본 어민들이 바다에서 사고를 당할 경우 독도에서 쉴 수 있고 부상자가 있을 경우 헬기를 요청할 수 있도록 해달라고 요청했지만 거부당했다고 말한다. 독도가 양국에 민감한 곳이었기 때문이겠지만, 그것이 사실이라면 그런 태도와 '한일 우정의 해' 선포는 모순되는 일이 아닐까. 국민적 차원에서는 수교 40주년이자 해방 60주년으로만 강조되었던 2005년이 시마네 현 사람들—이라기보다는 일부 어민들이라 해야겠지만—에게는 '다케시마 100년'이었다는 점은 국가 차원의 관심과 그 속의 구성원들의 관심이 늘 일치하지만은 않는다는 사실을 새삼스럽게 보여주는 사항이기도 하다.

경계민의 사고를 위해

한국은 1946년부터 1965년까지 일본 어선 335척과 어민 4,011명을 나포했지만, 이 중 일본에 송환된 숫자는 128척, 3,749명에 불과했다(Edward Miless, The management of marine Region : The North Pacific).

그리고 한국 정부는 독도 문제로 시끄럽던 2005년 봄, 한일 관계보다 독도의 영유권 수호가 더 중요하다고 말했다. 독도 '수호', 그것은 궁극적으로는 한국—우리의 이익을 지키자는 얘기다. 즉 평화보다 자신의 이익을 지키기 위해 불화를 감수하겠다는 얘기이기도 하다.

2005년 봄, 국가도 언론도 시민도 그렇게, 어떻게든 평화를 전제로 한 대화로 문제를 풀어나가겠다는 의지는 보여주지 않았다. 양 국민의 갈등이라는 '독도 문제'는 그 크기를 달리하며 해마다 되풀이되고 있었지만, 그 누구도 그것이 마치 존재하지 않는 것 같은 태도를 취하는 것을 최상의 방법으로 생각했던 사고에 문제가 있다고는 생각하지 않았다. 국가도 언론도 지식인도 시민도, 불화로 몰아가는 폭력적 담론과 행위에 힘을 실어주는 것으로 가담했을 뿐이다. 그러나 평화를 위협하는 위험성이라는 면에서는 이러한 담론이야말로 경계의 대상이 되어야 한다.

이제 양측의 주장만으로는 이 문제의 타협점을 찾을 길은 없어 보인다. 어느 한쪽이 어떤 자료를 내놓더라도, 그 자료를 번복할 수 있는 자료와 논지가 새롭게 등장할 것이다.

그러나 그렇다고 해서 제3국의 판단에 의존하는 것은 또 다른 문제를 야기시킬 수 있다. 각자가 자신의 영토임을 믿어 의심치 않는 이상, 어떤 형태로든 한국 혹은 일본 어느 한쪽의 영토로 판정이 난다면 그날은 한일 간의 새로운 앙금이 만들어지는 날이 될 것이다. 어느 쪽 영토로 결정이 나더라도 다른 한쪽이 이를 받아들이기가 결코 쉽지 않을 상황인 이상, 그때 독도 문제는 한일 간의 돌이킬 수 없는 관계 훼손으로 이어질 수도 있다. 분명한 것은 그러한 결말은 양국이 함께 불행해지는 길이라는 점이다.

그곳엔 조선인과 일본인이 함께 살았다

그렇다면 독도 문제는 어떻게 해결해야 하는 것일까. 그 해답을 생각하는 데 시사를 주는 조사가 있다.

하나는, 1800년대 말에 울릉도에 한국인뿐 아니라 일본인도 살았다고 하는 사실이다. 조선은 1882년부터 공도 정책에서 이주 정책으로 전환해 육지인을 울릉도로 이주시키기 시작했고, "1889년의 '일조양국통어규칙'으로 일본 어민이 조선 연안에서 고기잡이를 할 수 있게 되고 울릉도에도 갈 수 있게 되"어(오쿠마, 237쪽) 일본인이 "울릉도에서 조업을 하고 있었"다는 것이다.

1882년의 조사에 의하면, 이미 조선 사람 140명이 울릉도에 들어와 있었는데(이 중 전라도 사람이 82퍼센트였다), 그때 일본인도 78명이 살고 있었다(문철영, 93쪽, 김학준, 132쪽). 그리고 1890년대에는 울릉도에는 "한인 가구 4,500, 일본인은 300가구"가 재목 및 콩 등을 수출하면서 일본인 마을을 형성하고 있었다(시모조, 125쪽). 1899년에 이루어진 조선 정부의 조사에서도 울릉도에는 조선인과 일본인이 함께 살고 있었다. 1900년에도 일본인 남녀 144명이 살고 있었다고 한다(문철영, 106쪽).

이들은 결국 송환되었지만, 울릉도라는 작은 섬에 국가의 특별한 규제를 받지 않고 한일 양국의 주민이 함께 살고 있었다는 것은 시사하는 바가 크다.

울릉도에서 그들은 어떻게 공존하고 있었을까. 그들은 시기에 따라 불법 입국자였거나 국가로부터의 탈주자였거나 자발적 이주민이었을 것이다. 여기서 중요한 것은 짧지 않은 기간 동안 한국인과 일본인이 울릉도에서 함께 거주했다는 사실이다. 그리고 이러한 상황이야말로 바로 근대 이전, 즉 국민국가로서의 경계가 아직 불확실했던 시대의 자연스러운 모습이었다고 말할 수 있다.

그들은 '국가'가 어떻게 정했는지와는 상관없이 그저 생활 터전을 찾아 자신의 생활을 영위했을 것이다. 그런 그들을 '송환'한 것은, 국가를 의식하지 않고 살아온 이들을 일본 혹은 한국이라는 '국가'의 틀 속에 가두는 일이었다. 그것은 그들의 의지에 따른 것이 아니었을 가능성이 크다.

일본의 시마네 현 관리가 1906년에 독도를 조사하기 위한 항해에 나섰다가 기상이 나빠져 울릉도에 표착하게 된 일이 있었는데, 이때 그는 울릉군수 심흥택을 만나 이렇게 말했다. "나는 일본 제국 시마네 현의 관리인데, (중략) 당신네 섬에 체류하고 있는 일본인이 많다. 여러 모로 잘 돌봐주시기를 부탁드린다. 당신네 섬을 시찰할 예정이었다면 뭔가 선물을 가져왔을 텐데, 비바람을 피해 우연히 들른 것이라 아무것도 선물할 것이 없다. 그런데 다행히 독도에서 물개를 잡았으므로 이것을 드리고 싶다. 받아주시면 고맙겠다." 군수는 "잘 알았다. 체류 중인 일본인들은 내가 잘 보호하겠다"고 대답했다(당시의 신문 기사, 다무라, 153쪽).

이 연구자가 이 기사를 인용한 것은 일본이 다케시마를 편입한 이후의 일이기 때문에 군수가 설사 한국이 말하듯 '우리나라에 속한 섬인 독도' 운운했다고 하더라도 무의미하다는 취지에서다. 그러나 여기서 주목해야 할 것은 조선이 울릉도에 와 있던 일본인에게 호의적이었다는 사실이다.

해방 이후에도 이 지역 주민들은 "독도가 분쟁 지역이 되어도 얼마 동안은 울릉도민으로서는 이 섬이 한일 어느 쪽에 속하는가는 알 바 아니었고, 그저 그전부터의 인연에 따라, 또 생계를 위해 독도에 출어"했다(가와카미, 265쪽). 이것은 일본이 1953년에 해안보안청 순시선을 파견해 독도에 상륙 중이었던 한국인 어부들을 조사했을 때 나온 말인데, 그들의 사고가 "독도가 일본 영토인지 한국 영토인지, 우리는 알 바 아니"(동)라는 것이었다는 점은 시사하는 바가 크다.

이미 지적한 것처럼 국경이란 처음부터 존재하는 것이 아니라 근대국가가 만들어지면서 생긴 것이다. 경계선에 대해 별 관심도 정보도 없이 그 지역에서 오랫동안 생활해오던 이들을 권력을 잡은 중심부가 자신의 영역으로 포섭하면서 긋는 것이 국경인 것이다. 위의 사례는 그것을 잘 보여준다.

독도의 주인은 누구인가

동서고금을 막론하고, 신화나 옛이야기에는 부족의 통치자가 높은 곳에 올라가 눈에 들어오는 땅에 이름을 붙였다는 얘기가 곧잘 등장한다. 그때 '보는 일'은 대상을 인식하는 일이었고, '이름 붙이는 일'은 바로 대상이 그 주체의 지배권 안에 들어왔음을 말하는 일이었다.

현대에 들어와 한일 양국이 같은 섬에 다른 이름을 붙이고 '주소'를 부여하고 자국민에게 호적을 옮기도록 하고 있는 것 역시 이름 붙이기 정치학의 일환일 뿐이다. 사람이 살기 어려운 환경임이 분명한 곳에 인위적으로 '유인화'를 꾀하는 일 역시 지극히 인간 중심적인 발상이라 해야 할 것이다.

같은 바다를 두고 동해인가 니혼카이(日本海)인가 하는 논쟁이 이어지고 있는 것 역시 마찬가지다. 바다를 자기 소유로 하고 싶은 사람들이 각기 한국적인 발음 혹은 일본적인 발음으로 이름을 붙이면서 자신이 붙인 이름만이 정통이고 효력 있는 것이라고 말하는 동해/일본해 주장에 대해, 그 바다에서 정녕 오래 살아왔을 바다 동물과 식물은 어떻게 생각할까.

분명한 건 그들에게는 이름 같은 건 없는 편이, 그리고 아무도 찾아와주지 않는 편이 훨씬 편안한 일상이 보장된다는 사실이다 (2005년에 정부가 독도 소유권을 주장하기 위한 방책의 하나로 입도를 허가한 이후, 독도에 균열이 가고 있다는 소식이다). 그리고 꼭 이름이 필요하다면, 바다의 섬들은 자신에게 더 편안한 상대가 주는 이름을 좋아할 것이다.

과거에 어떤 정치인이 독도를 폭파시켜버리면 좋겠다고 한 적이 있었다. 그러나 그 발상은 그럴 경우 거기서 희생될 바다 동물의 희생은 안중에도 두지 않은, 너무나도 인간 중심적인 발상이다. 독도와 주변 바다에 주인이 있다면, 그 주인은 오랫동안 그 땅과 바다를 터전 삼아 번식하며 각기의 짧은 생을 구가했을 바다 동물과 해초일 터다. '살았다'는 사실이 그 땅의 영유권을 주장할 수 있는 근거로 쓰일 수 있다면.

독도수비대와 어부들이 물개를 잡아먹었다는 사실은(가와카미, 273쪽, 한국의 텔레비전 방송) 일본이 '씨를 말린 것'으로 한국이 비난하는 물개가 적어도 50년 전에는 아직 있었다는 것을, 그리고 독도를 '지킨다'는 말로 자신의 이익을 추구하려는 인간의 욕망이야말로 물개에게는 수난이었음을 말해준다.

생명을 이어주는 물과 먹을 것이 없는 땅에서, 오로지 자신의 이익을 지키기 위해 거주한다는 것은 그 땅을 사랑하는 것이 아니라 훼손하는 일일 뿐이다. 그렇다면 이제 그 작은 섬들을 그들 자신에게 돌려주는 발상이 필요하지 않을까. 바다 생명을 인간의 이기주의만으로 죽일 수 있는 인간중심주의의 황폐한 발상보다는 그 영역을 그들에게 온전히 돌려주는 발상이 필요하지 않을까. 만약 21세기에 그것이 가능해진다면, 그것은 근대화, 산업화의 근대가 낳은 20세기 인간의 '야욕'을 반성하는 길로 이어질 수도 있다.

소통하는 경계

독도 문제에서 근대 이후의 시마네 현 편입이 특히 문제가 되고 있다는 사실, 그리고 전쟁 후의 샌프란시스코조약이 문제가 되고 있다는 사실은, 이 문제가 100년 전의 식민지화와 얽혀 있는 문제이며 전후의 식민주의 처리와도 연관되어 있는 문제라는 것을 말해준다. 우리 앞에 놓인 독도 문제란 실은 '과거 청산'의 문제이기도 한 것이다.

그렇다고 한다면, 한일 양국은 단순히 자국의 어민의 이익을 위해서가 아니라 과거 청산을 다시 한다는 의식으로 이 문제에 접근할 필요가 있다. 그리고 이제까지 해온 것처럼 무조건 자국의 이익을 우선시하는 발상에서 벗어나 어떤 해결책이 양국에 함께 가장 도움이 되는지를 먼저 생각할 필요가 있다. 말하자면 사건의 진행 양상에 따라서는 서로 결별할 수도 있다는 소극적 사고가 아니라 독도를 둘러싼 '화해'를 전제로 한 적극적 사고가 필요하다. '법적 해결'은 하나의 선택 수단이지만, 모든 '법적 해결'이 대립하는 쌍방에 평화를 가져다주는 것은 아니다.

차라리 독도를 양국의 공동 영역으로 하면 어떨까. 섬을 둘러싼 영토 분쟁을 그렇게 해결한 경우가 실제로 없었던 것도 아니다. "모로코와 스페인은 해당 섬을 방치하기로 합의해 영유권을 동결"했고, "미국과 캐나다는 섬을 공동 개발하기로 했"으며, "영국과 스페인은 공동 주권을 행사하는 방안을 논의 중"이다(박춘호. 중앙일보. 2005. 4. 11). 더구나 독도는 무인도이기 때문에, 즉 사람들의 생활 터전이 되고 있는 곳이 아니기에, 그러한 해결이 더 수월하게 가능할 수도 있다. 또 한일 양국은 이미 독도 부근을 중간 수역으로 공동 관리한 경험이 있다.

독도를 공동소유로 하자는 제안은 이미 40년 전에도 나온 바 있었다. 1963년 1월, 일본의 오노(大野伴睦) 자민당 부총재는 기자회견에서 독도를 한일 양국의 공유로 하는 제안을 했는데, 이때 시마네 현 관계자들이 외무성과 자치성의 두 장관에게 독도는 일본의 영토이니 시마네 현으로서는 공유는 절대 반대라는 성명을 냈다(다무라. 141쪽). 이는 시마네 현의 이익 때문에 국가 간의 화해가 이루어지지 못한 사례라 해야 할 것이다. 그런 의미에서도 독도 문제는 한일협정이 미뤄둔 숙제일 수밖에 없으므로 이제 그 해결에 나서야 한다.

국경은 민족과 언어에 바탕을 둔 혈연적·문화적 경계와 함께 강이나 산맥을 통한 자연적 경계를 기반으로 해서 그어진다. 그러나 그것은 이제 막기 위한 경계가 아니라 소통하기 위한 경계가 되어야 한다. 경계는 넘어가 만나고픈 욕망을 불러일으키는 선이라야 한다. 만나는 시간보다 만나지 않는 시간이 더 많아서 말하는 방식과 생각하는 방식이 달라진 사람들을 만나는 일을 즐겁게 상상할 수 있는 그런 경계여야 한다. 경계 내부의 구성원만을 위한 이기적 경계라면, 그런 담을 쌓는 경계라면, 장래의 반목과 불화만을 잉태하고 있는 그런 경계라면, 차라리 없애는 것이 낫다.

전쟁을 하면서까지, 즉 평화를 훼손하면서까지 '지킬' 가치가 있는 영토란 없다. 설령 그곳에서 엄청난 가스가 나온다 하더라도 혹은 엄청난 양의 물고기가 잡힌다 하더라도, 나아가 외화를 벌어들일 엄청난 관광자원이 있다고 하더라도, 현재의 독도가 낳을 수 있는 최상의 가치는 한일 간의 평화다.

일년의 반은 폭풍이 몰아치고 실제로는 그다지 큰 이용 가치가 없다는 독도를 좀 더 가치 있게 만드는 길은 증명되지 않은 화려한 수식어를 남발하면서 그 소유권을 주장하는 일이 아니라 독도를 통해 슬기롭게 화해하는 일이다. 독도에 자원이 있다면, 함께 개발하는 방법도 있을 것이다. 경상도와 시마네 현의 어민들이 함께 이익을 추구할 수도 있다. 자유무역협정이 일반화되는 이 시대에 그것은 현실적으로 그리 어려운 일이 아닐 것이다. 설사 독도의 '경제적 가치'를 군이 따진다 해도, 서로에 대한 호감을 바탕으로 한 문화 교류가 창출하는 가치 쪽이 훨씬 높을 것임은 분명하다. 그런 의미에서도 독도를 어느 한쪽이 차지하면서 또다시 수십 년 혹은 더 먼 후대에까지 불화의 불씨를 남겨놓는 것보다는 서로 양보하면서 공유하는 편이 훨씬 나을 수 있다.

그렇게 독도가 한일 간의 평화를 상징하는 '평화의 섬'이 될 수 있다면, 그날은 한일 양국이 진정한 화해로 가는 길로 큰 한걸음을 내디딘 날이 될 것이다.

불과 지름 100미터도 안 되는 작은 섬 때문에 젊은 목숨을 희생시키는 폭거가 또다시 일어난다면, 그것이 단 한 사람의 생명이라 하더라도, 그보다 불행한 일은 없다.

그런 의미에서는, 독도는 이미 그곳에서 숨지거나 다친 생명을 추모할 수 있는 공간이어야 한다. 근대국가의 어리석은 영토 싸움과 그 때문에 그들이 동경했던 서양—미국의 군사적 지배하에 들어가고 만 가엾은 아시아인, 군사주의와 냉전주의의 희생양이 된 그들을 위한 상징적 공간이 되어야 할 필요가, 독도에는 있다.

〈참고 문헌〉

독도 관련 한일 각종 인터넷 사이트

가와카미 겐조(川上健三), 『竹島の歷史地理學的硏究』, 古今書院, 1966.

앤서니 기든스, 『近代とはいかなる時代か』, 而立書房, 1993.

다무라 세이자부로(田村淸三郞), 『島根縣竹島の新硏究』, 新光社, 1965.

시모조 마사오(下條正男), 『竹島は日韓どちらのものか』, 文藝春秋, 2004.

오쿠마 료이치(大熊良一), 『竹島史稿』, 原書房, 1968.

김병렬, 『독도냐 다케시마냐』, 다다미디어, 1996.

김학준, 『독도는 우리 땅』, 해맞이, 2003.

문철영, 『CD로 듣는 독도 이야기』, 경세원, 2004.

사단법인 독도연구보전협회 주최 토론회, 『독도 영유권에 관한 일본 주장 총비판』, 2004. 11. 16.

테사 모리스 스즈키, 「근대 일본의 국경 만들기」, 한양대 비교문화연구소 창립 기념 국제심포지엄 '근대의 국
경, 역사의 변경', 2004. 4. 23.

한영구·윤덕민 편, 『현대 한일 관계 자료집』, 오름, 2003.

화해를
위해서

근대가 야기시킨
네 가지 문제

　　근대 국민국가는 경계를 확정하여 영토 구분에 나섰으며, 확정된 영토를 지키거나 확장하기 위해 군대를 만들었고, 군인을 위해 여성을 제공했다. 그리고 확정되거나 새로 획득한 영토에 대해서는 교과서를 통해 국민에게 시각적으로 각인시킴으로써 그 영토 내부의 일원임을 자각시켰다.

　독도 문제는 그런 영토 구분의 움직임이 빚은 문제이며 야스쿠니와 위안부 문제는 그 영토를 확장하기 위해 동원된 군인과 여성에 관한 문제다. 교과서 문제란 그 영토와 군대와 여성에 대해 국가가 어떤 식으로 공식적으로 '기록'할 것인가를 둘러싼 문제이기도 하다. 말하자면 이 모두는 공동체 내부의 구성원이 공동체의 과거를 어떻게 '기억'할 것인가 하는 문제인 것이다. 교과서·야스쿠니·위안부·독도 문제들을 '역사 인식'의 문제라고 말한다면 그런 의미에서라야 한다. 당연히 이들 문제는 전부 연결된 문제이며, 이제 지구화 현상과 함께 근대국가의 틀이 깨지려 하는 시기를 맞아 제국주의와 전쟁의 시대가 만든 문제가 표면화된 것이라고 할 수 있다.

그런 의미에서는 이 문제들은 결코 한국이나 일본만의 문제일 수 없다. '새역모'는 나라마다 자기의 역사가 있어도 되지 않겠느냐며 교과서나 야스쿠니신사에 대한 한국이나 중국의 비판을 '내정간섭'이라고 말하지만, 그런 의미에서 이 문제들은 '내정'일 수가 없는 것이다. 현재의 국가 틀로 보면 '각자의' 역사인 것처럼 보여도, 역사는 결코 단독으로 존재할 수 없다.

근대의 개막과 더불어 가속화된 영토 확장 움직임은 타자의 영역을 앞다투어 식민지화했고, 그 과정에서 한국은 일본의 식민지가 되었다. 일본의 우파는 한국이 식민지가 된 것은 구미 제국의 위협에 대한 위기의식을 갖지 않았기 때문이고, 그런 만큼 책임은 근대화가 늦었던 한국에 있다고 말한다. 일본은 다만 함께 그들의 위협을 막기 위해 한국을 자신들과 같은 수준까지 끌어올리려 했다는 것이다(니시오, 후지오카). 일본 정치인들의 이른바 '망언'은 이러한 사고의 연장선상에 있는 것이기도 하다.

그러나 그들이 인식하지 못하고 있는 것은 '친일파'나 '위안부'라는 단어가 여전히 한국 사회의 중요한 화두로 살아 있으면서 해방 이후 60년이 지나도록 '식민지' 시대가 여전히 '과거'가 아닌 '현재'가 되어 분열을 만들고 있다는 점이다. 그리고 그 원인을 제공한 것이 다름 아닌 일본이라는 사실이다. 그런 의미에서는 식민지화에 관한 일본의 '책임'은, 식민지 시대뿐 아니라 식민지 시대 이후의 시대에도 있다고 말해야 할 것이다.

일본 정치인이 일본과 독일의 전후 처리 방식을 비교하는 것에 불만을 표하는 이유는(《중앙일보》, 2005. 4. 15.) 유태인 말살보다 식민지 지배가 그 고통의 크기가 작을 거라는 생각에 있다. 그러나 고통의 크기란 결코 객관적일 수 없다. 순식간의 죽음과 강제노동과 성노동 끝의 병사(病死) 중 어느 것이 더 고통스러울지의 판단은 어디까지나 당사자의 몫인 것이다.

위안부 문제는 지어낸 이야기라는 아베(安倍晉三) 간사장 대리의 말이나 교과서에서 위안부에 관한 기술이 줄어들어 다행이라는 나카야마 문부상 등 일본 자민당 간부들의 항변은 실제 이상으로 강조되는 가해 사실에 대한 거부 표현으로서의 비명일 수 있지만, 문제는 그러한 '부인' 자체보다도 그러한 '부인'이 궁극적으로 일본의 '연속성', '우수성', '독자성'을 강조(나가하라)하는 일로 이어지는 데 있다.

'책임' 문제는 고된 노동에 시달리다가 고독 속에 자살한, 일본으로 돈 벌러 간 조선인 노동자의 부인이 일본에서 맞은 죽음(재일 교포 작가 김학영, 「흙의 슬픔」)을 어떻게 느끼는가에 열쇠가 있을 수 있다. 이 여성의 죽음에 대한 책임은 일차적으로는 끔찍한 폭력을 행사한 가장에게 있을 수밖에 없다. 그러나 동시에 말이 통하지 않는 이국에서의 고독과 고된 노동이 재일 조선인 가장을 폭군으로 만들었다고 한다면, 그 책임은 누구에게 있는 것일까. '강제연행'은 없었다고 하는 재일교포의 말(정대균)은 피해 사실이 과장되고 있었다는 사실을 보기 위해서는 필요한 것이지만, 그것은 또한 '구조적 책임'에 대한 인식마저도 망각시킬 우려가 있다.

본질주의를 넘어

그러나 그것이 그들이 느끼는 피해 의식에 눈 감아도 좋다는 이유가 되는 것은 아니다. 그들 역시 안을 수밖에 없었던 여러 모순과 끔찍한 피해에 대한 상상력 없이는 우리의 비판은 그들의 마음을 열지 못한다. 일본에 대한 비판이 본질주의적인 것으로서 계속되는 한, 그리고 일본에 대한 본질주의적 불신이 사라지지 않는 한, 설사 일본의 완벽한 사죄와 보상이 이루어진다고 하더라도 이해와 용서의 길은 열리지 않을 것이다. 그들이 처했던 상황에 대한 상상력의 결핍은 우리 자신의 문제도 보지 못하게 한다.

한국이 중국을 상대로 일본인으로서 함께 싸웠다는 당혹스러운 사실, 그 때문에 중국이 한국을 증오했다는 사실은 우리 안의 가해성을 말해주는 일에 다름 아니다. 일제시대에 한국인은 오키나와인과 함께 '이등 국민'이었지만, 만주인을 차별했고 "조선인은 신일본인이라며 기세등등하게 만주인에게 거들먹거렸다"(야마다)다. '한국'이란 결코 불변의 피해 주체만은 아닌 것이다.

유대인 학살과 관련된 사람들의 증언으로 엮은 다큐멘터리 영화 〈쇼아(Shoah)〉의 일본판이라 할 수 있는 다큐멘터리 영화 〈일본 악마(日本鬼子) 리벤쿼즈〉는 구 일본군 병사를 인터뷰한 영화다. 이 영화는 보통 청년들이 어떻게 해서 어느 순간 잔혹한 가해자로 변하고 마는지를 잘 보여주고 있다. 그들을 잔혹한 병사로 만든 것은, 따돌림받을 것을 두려워하는 집단주의였으며, 끔찍한 일을 못하는 것을 약하기 때문으로 치부하고 조롱하는 근대적 강자주의였다. 그리고 그 강자주의는 아직 한국 사회에 뿌리깊이 남아 있다.

일본군이 패전하자 위안부를 버리고 도망쳤다는 사실로 일본은 비난받지만, "관동군은 이민단을 포기하고 남하"(야마다, 89쪽)했던 것처럼 자국민인 개척단도 버렸다. 자국민이었던 오키나와인들 역시 일본군의 보호 대상은 아니었다. 위안부를 버리거나 죽였다면 당연히 그 책임은 추궁되어야 하지만, 그것은 '일본'에 의한 '조선'인 유기 이전에 '군인'이 '국민'을 보호하지 않고 위해를 가한 경우로 이해될 필요가 있다.

소련군은 제2차 세계대전 막바지에 참전한 이후 시베리아에서 50만 명이 넘는 일본인에게 강제 노역을 시켰다. 미군은 단지 승리를 위해 도쿄를 대대적으로 공습하여 하룻밤에 10만 명이 넘는 생명을 희생시켰다. 그러나 그런 연합군의 행위가 공식적으로 추궁되는 일은 없었다. 그런 의미에서는 일본 사회에 전범 재판이 승자의 재판일 뿐이고 그들은 일방적으로 처벌받은 피해자라는 의식이 뿌리 깊게 남아 있다고 해서 이상할 것은 없다. 진정한 비판은 보편적 가치를 공유할 수 있는 것이어야 하고, 그것은 그러한 그들의 심경을 아는 일에서부터 시작될 수 있다.

일본인은 원래 악인이었고 그들이 원자폭탄 세례를 받은 것은 잘못에 대한 응징이었기 때문에 당연한 일이었다는 사고에는 폭력에는 폭력으로 응징한다는 '복수'의 사고가 깔려 있다. 그러나 폭력과 원한은 어느 한쪽이 끊지 않는 한 종결되지 않는다. 그리고 폭력의 고리를 끊을 수 있는 주체는 피해자 측이다. 그런 의미에서는 일본은 미국을 용서해야 할 것이며, 한국은 일본을 용서해야 할 것이다. 분노는 결코 사죄를 부르지 못한다.

새로운 비판을 위해

그동안의 우리의 비판에는 일본의 전후에 대한 이해가 결정적으로 결여되어 있었다. 그 때문에 일본 좌파가 '새로운' 일본으로 바꾸기 위해 노력해왔다는 사실도 제대로 알려진 적은 없었다. 우파가 생각하는 '억울함'―피해 의식이 과연 어디서 기인하는 것인지에 대한 진지한 관심을 가져본 적도 없었다. 말하자면 좌파의 노력에도 우파의 피해 의식에도, 제대로 맞대면하는 일은 없었던 것이다. 그리고 그렇게 이해―아는 일이 수반되지 않았던 한국과 중국의 비난은 우파의 반발을 더욱 거세게 만드는 역할을 했을 뿐이다. 한국과 중국 역시 그런 구조가 보이지 않았기 때문에 그저 '속죄하지 않는' 일본에 대한 불만을 키울 수밖에 없었다.

그동안 일본의 우익과 보수파는 한국이나 중국의 비판에 대해 '외압'이라고 반발했고, 그런 외압에 굽히지 말라고 정치인들에게 주문했으며, 시민을 향해 더 이상은 외압에 굴복하는 일본이 되지 말자고 외쳤다. 후소샤 교과서의 채택률이 다소나마 증가한 이유에는 그런 그들의 주장이 보통 일본인의 공감을 얻었다는 사실이 차지하는 부분이 없지 않다.

그렇다고 한다면, 우리의 비판이 결과적으로 보수 정권을 유지시켰거나 유지시키는 것이라는 분석도 가능하다. 말하자면 일본에 대한 한국의 본질주의적 비판은 일본의 진보 지식인/시민을 도와주는 일인 것처럼 보였어도 실제로는 방해한 일이었을 수도 있다. 보수 정권을 지지/유지시킨 것은 분명 일본인이지만, 그들이 '외압'에 굴하지 말자고 더욱더 강경하게 나온 것이 사실인 이상, 한국이나 중국의 대응이 그렇게 만든 부분은 있을 수 있다. 그런 의미에서는 이 10년 동안의 비판 형식은 결코 옳았다고만은 할 수 없다.

일본의 좌파는 한국의 피해상을 강조하고 일본 정부에 '책임'을 질 것을 요구하지만, 한국의 문제에는 눈 감은 측면이 없지 않다. 물론 그것이 '일본' 쪽의 문제가 더 크기 때문이라고 하더라도, 이제는 그것이 일본 내 '피해'자의 불만을 야기하거나 거꾸로 피해자를 당위로서의 권력으로 만드는 일이 될 수 있음에도 자각적이어야 할 것이다. 또 일본의 이른바 '양심적 지식인'들과 한국의 연대는 공통의 가치를 지향하는 것처럼 보였지만, 한국이 민족주의에 기반한 본질주의적 비판이었고 일본 측은 자신들의 문제를 보려 하는 탈민족주의적 비판이었다는 점에서는 아이러니를 내포한 연대였다.

반면 일본 우익은 한국의 문제를 과장하고 자신들이 말하고 싶은 바를 보완하는 자료로 이용해왔다. 지향하는 곳은 달랐지만, 보고 싶은 것만을 보려 했다는 점에서는 닮은 부분이 없지 않았던 것이다. 그런 의미에서는 이제 각자의 문제를 제대로 '보는' 일부터 다시 시작되어야 한다. 과거는 물론 현대까지, 우리 안의 문제에 대해 잘 알지 않고서는 일본 우파의 자의적인 과장과 확대 해석에 맞설 수 없다. 또한 그들의 심경을 우선 '듣는' 일 없이는 정확한 비판은 불가능하다.

'일본에 비해 독일은 보상했다'는 말로 우리는 독일을 평가하지만, 독일의 보상은 국가 대 국가 간의 배상은 아니었다. 마치무라 외무상이 독일과의 단순 비교는 적절치 못하다고 말한 것은 그러한 사실을 염두에 둔 것이라 할 수 있다(《중앙일보》, 2005. 4. 15.). 개인 배상이지만 그것을 '최종적 해결'로 하는 법적 효력이 있는 '법적 보증'이 생긴 것일 뿐이다. 그리고 그것이 가능해진 것은 고작 4년 전이었다.

독일의 배상이 기본적으로 평가되어야 하는 것은 물론이지만,

이 기금에 대해서도 '비즈니스적'이거나 '피도 눈물도 없다는 비판'(후나바시, 185쪽)이 없는 것은 아니다. '보상액이 적은 데 대한 불만' 역시 없지 않다. 그런 의미에서는 완벽한 해결은 없다는 전제가 오히려 필요하다.

일본이 성의 있는 태도를 보이면 보일수록 내일은 그에 반발하는 우파가 '망언'을 하게 되어 있다. 한국에서도 최근 '교과서 포럼'이 생기면서 해방 이후에 관한 반성적 기술에 이의를 제기하고 나선 것은 그와 비슷한 현상이라고 할 수 있다. 말하자면 우리 역시 아직 해결하지 못한 문제로 대립이 진행 중인 것처럼 그들 역시 기억―과거를 둘러싼 대립이 계속되고 있는 것일 뿐이다.

한일협정과 일본의 선택

한일회담 당시 "103만여 명의 징용 징병 피해자 수는 주먹구구식으로 산출된 숫자"였고(《연합뉴스》, 2005. 1. 21.), "피해자가 몇 명인지"조차 우리 측 "자료가 없었"다는 것은, 여러 가지 사정을 고려하더라도 역시 한국 측의 준비가 충분치 못했음을 말해준다. 또 "관련법을 만들어" "사망자에게 2년간 지급"했다는 것은 생존자에 대한 의식이 부족했음을 말한다. 이는 당시의 인식과 국가의 행정 능력 수준의 결과라 해야 할 것이다.

"피해자에 대한 증거가 없는데 무슨 수로 돈을 받아내겠느냐,

그래서 포괄적인 돈을 받았고, 한국인 전체가 피해자라고 해서 청구권 자금을 경제 발전에 썼던 것"이라는 담당자의 말 역시, '국가에 의한 개인의 피해'라는 인식이 부재했음을 보여주지만, 이 역시 시대적 제약이 낳은 한계라 해야 할 것이다.

그러나 당시 현장에 있었던 이 관계자는 일본이 '샌프란시스코 조약'을 들어 "조선 땅에 있던 모든 재산을 다 넘겨주지 않았느냐", "받았으면 되었지 뭘 자꾸 받아가려는 거냐며 회담 내내 소극적으로 나왔다"(당시 외무차관 정일영)고 증언한다. 한일협정 문서를 분석한 다음의 말은 그러한 증언의 신뢰성을 높여준다.

"식민지 지배의 청산을 요구한 한국 측의 개인 청구권에 대해 일본 측은 식민지 지배 및 전후의 법률 체계를 엄밀하게 적용해 이를 근거로 일일이 거부했다", "한국 측은 청구권의 대가로 생각하지만 우리는 그렇게 생각하지 않는다"며 한국에 대한 "정치적 협력이라는 의미에서 제공", "일본의 일방적 의무에 입각해 제공되는 걸로 생각해서는 곤란"하다고 했다는 말은 일본이 '배상' 요구가 있을 거라고는 알았지만 그것이 책임에 따른 '의무'였다고는 생각하지 않았음을 여실히 보여준다. 말하자면 일본은 '보상'은 했지만 '사죄'한 것은 아니었고, '책임' 의식 역시 없었다. 그리고 그 배경에는 기시(岸信介) 수상이, 박정희 대통령은 "엄청난 배상을 바라는 대중들의 요구를 효과적으로 통제할 수 있었"고 언론통제가 가능할 것이므로 "박 정권 때 협정을 타결하는 것이 유리하다고 판단"(빅터 차, 57쪽)했다는 사실이 있다.

그리고 그 결과는 "양 체약국은 양 체약국 및 그 국민의 재산·권리 및 이익과 양 체약국 및 그 국민 간의 청구권에 관한 문제가 1951년 9월 8일에 샌프란시스코에서 서명된 본국과의 평화조약 제4조 a에 규정된 것을 포함해 완전하고도 최종적으로 해결된 것으로 하는 것을 확인한다"는 협정 내용이었고, 합의 의사록에는 "한국 측에서 제출된 한국의 대일 청구 요강(이른바 8항목)의 범위에 속하는 모든 청구권이 포함되어 있고, 따라서 동 대일 청구권에 관해서는 어떠한 주장도 성립될 수 없음이 확인되었다"고 기록되었다.

이렇게 "여기서, '해결'된 대일 청구권에는 당초 일본 측이 지불의무를 인정했던, 영토의 분리에 따른 민사상의 개인 청구권도 포함되었다"는 결과를 내버린 이상, 현재 피해자들이 하고 있는 재판에서 지는 것은 안타깝지만 원칙적으로는 당연한 것이라 해야 할 것이다. 말하자면 그들은 과거에 한국이 잘못 맺은 협정의 피해자이기도 한 것이다. 식민지화에서 그랬듯이.

"그러나 이상 말한 경위를 보면, 한국 정부가 국내에서의 보상 문제를 검토하기에 이르기까지 일본이 식민지 지배 책임에 정면으로 대처하지 않고 오히려 한국의 개인 청구권을 잘라내는 교섭을 했다는 것을 알 수 있다"며 "우선 추궁해야 할 것은 한국 정부의 책임이 아니라 그렇게 몰아간 일본 정부의 교섭 자세 및 책임이 아닐까"(이상 요시자와)라는 일본 지식인의 인식은 전적으로 옳다. 그러나 그것을 추궁할 자격이 한국에 있는 것은 아니다.

일본이 당시 식민지 지배에 대한 책임이 없었던 것은 그들 자신의 책임 의식의 부재에도 원인이 있었지만, "재판에 참가한 11개국 중에는 식민지 보유 국가가 있었기 때문에 식민지 지배 자체가 심판의 대상이 되는 것을 꺼려 일본의 식민지 지배는 재판의 소추로부터 제외되었던 것"이라는 이유도 있었다. 말하자면 "도쿄재판에서 면책된 중대한 것 중 하나로 일본의 식민지 지배가 있었"(아와야)던 것이다.

그런 의미에서는 그러한 연구 결과가 나오고 있는 지금 다시 '식민지 지배 책임 개념'(이타가키)의 정립이 필요하다고 말하는 일본 지식인의 주장은 윤리적으로는 옳다. 그러나 그것이 '법'적으로 옳았다면, 여전히 한국 쪽에 그것을 요구할 권리는 없는 것은 분명하다. 그렇다고 한다면, 1910년의 조약이 '불법'이라고 말하는 일(이태진 외)이 과거에 이루어진 일에 대한 '책임' 의식이 결여되어 있는 것처럼, 한일협정의 부실함을 들어 재협정을 요구하거나 배상을 요구하는 일은 무책임한 일일 수밖에 없다.

한일국교정상화 후 우리의 대통령들은 늘 과거에 대해 시원스럽게 정리하는 태도를 보여왔다. 박정희 대통령은 "보상은 (일본에게 돈을 받아) 한국이 대신 하겠다"고 했고, 전두환 대통령은 한일 간에 식민지 유산 문제는 끝났다고 했으며, 김영삼 대통령은 돈은 필요없다고 했다. 김대중 대통령은 과거사는 묻지 않겠다고 했고, 노무현 대통령은 미래를 지향하자고 했다. 식민지/제국주의 시대에 대한 서로의 공통적 이해가 결여된 채로 그런 시원스러운 정리가 진정한 정리가 될 수 있을 리 없었음에도 불구하고, 그들은 그렇게 정리했던 것이다.

물론 현재의 일본 정부가 위안부 문제를 비롯한 식민지 지배에 대한 책임을 정말로 느낀다면, 그리고 그것을 패전 이후 국가가 정식으로 표현한 일이 없었다는 인식이 혹 일본 정부에 생긴다면, '법적'으로는 끝난 한일협정이라 할지라도 재고의 여지는 있을 것이다. 여성을 위한 아시아평화 국민기금(앞으로 아시아여성기금)의 국내외적 혼란은 그 재고가 원천적으로 배제된 결과이기도 하다. 그러나 그렇다고 해서 아시아여성기금의 역할이 완전히 망각되어서는 안 될 것이다.

위안부 문제가 그랬듯이, 전쟁 피해 가운데는 아직 알려지지 않은 부분도 있을 수 있다. 병사들이 인육을 먹었다거나 한국 소록도에서 나환자를 격리하고 피임시킨 일 등은 적어도 1965년 당시에는 인식되지 않은 일이었다. '보상'의 문제는 그러한 문제가 새로 나올 경우 어떻게 대처할 것인가에 대한, 일본 자신의 판단의 문제이기도 하다.

냉전 구도 속의 한국과 일본

2003년의 이라크전쟁에 한국과 일본이 함께 군대를

보낸 것은 각기 미국과 동맹을 맺고 있기 때문이다. 그런데 그 연원은 바로 1945년 이후의 한미, 일미관계, 더 정확히 말한다면 공산주의에 대처하고자 하는 미국의 동아시아 군사전략에 있다. 미국은 일본을 점령한 후 공직자 등 20만 명을 공직에서 추방하고 부인참정권과 노동조합법을 제정했으며 교육제도를 개혁하는 등 일본의 민주화를 이끌었지만, 한국에는 친일파를 남겨놓았고 독재자의 존재를 용인했다(존 다워). 그것은 미국이 조종하기 쉬운 국가를 만들기 위해서였다.

그리고 베트남에 이어 미국이 적대시하는 곳에 한국과 일본은 함께 군대를 보내왔다. 그러한 현대의 구조는 분명 미국에 대해 종속적이다.

한일동맹이 필요하다는 한 지적은 한·미·일의 '삼각관계를 강화시키'(빅터 차, 156, 368쪽)자는 지극히 정치·군사적인 분석에 따른 제안이지만, 일본의 "금융 지원은 박정희 체제의 정치적 안정에 공헌했고, 이는 다시 양국의 안보에 기여하는 것이었다"고도 말한다. 이 지적은 한일의 현재의 관계가 제국주의뿐 아니라 냉전 시대의 유산이기도 하다는 점에서 참고될 필요가 있다. 냉전역시 새로운 제국주의였다는 점에서도 그렇다. '한국의 안보를 위협하는 국가'가 '일본'이라는 응답이 37퍼센트(〈중앙일보〉, 2005. 4. 18)이고 협력 대상 국가는 미국이라는 응답자가 62퍼센트라는 한 조사는 이러한 현황이 이해되지 않은 결과다.

그러나 동시에 일본의 헌법 9조 개정 움직임을 비판하기 위해서는 우리 역시 언젠가는 군인 없는 국가를 구축한다는 전제가 먼저 필요하다. 그렇지 않은 한 스스로 방위하는 '보통 국가'를 만들겠다는 일본을 설득할 수 있는 힘은 우리에게는 없다. 그리고 군축은, 신뢰가 있어야만 가능하다. 상대에 대한 의구심과 공포는 경계심을 부르고, 결국 지구상 모든 나라를 핵무기로 무장케 할 것이다. 모든 불화는 그렇게 불신과 경계심에서 비롯된다. 불화가 불신을 낳는 것이 아니라 불신이 불화를 낳는 것이다.

마치무라 외무상은 오키나와의 군대에 대한 성 피해 여성의 항의에 대해 군대가 있기 때문에 일본의 안보가 지켜지고 있다고 발언한 바 있다(《류큐신보》, 2005. 7. 14.). 마치무라 외무상의 다른 발언들을 군국주의자의 발언인 것처럼 비난하던 이라도, 군대와 안보의 관계에 대해서는 같은 방식으로 생각할 이들이 한국에도 적지 않을 것이다.

그러나 군사주의의 폭력과 미국의 지배 구조를 넘어서기 위해서는 이러한 발언이야말로 비판되어야 한다. 표면적으로는 대립하면서 실제로는 기묘한 유착 관계를 유지하고 있는 현재의 구조야말로 한국과 일본이 함께 그 극복을 위해 노력해야 할 대상이다.

'국민'을 넘어서

2005년 봄, 중국은 한국보다 강경한 반일 데모에 나섰고, 한일 간보다도 심각한 갈등을 빚었다. 그들은 '애국 무죄'라며 일본 음식점에 돌을 던지는 일로 '애국'이라는 단어의 특권성을 보여주기도 했다.

그런 의미에서 경상북도가 대마도의 날을 만들려 한 데 대해 정부가 제어한 것은 평가할 만한 일이었다. 과거에 국가는 영토 내의 사람들을 민족의식을 갖는 국민으로 만들기 위해 노력했지만, 이제 한 세기가 지나 매우 깊이, 제대로 잘 뿌리내린 민족주의를 국가가 제어하는 발상도 경우에 따라선 필요하다. 일본은 시마네 현의 움직임에 대해 관여할 수 없다고 말했지만, 또 지방자치단체가 하는 일에 대해 국가가 관여하지 못한다는 것은 민주정부로서 기본적으로는 당연한 이야기이기도 하지만, 그런 의미에서는 재고될 필요가 있다.

물론 그 제어가 이른바 경제 이익을 노린 표면적 우호를 위한 것이어서는 의미가 없다. 국가를 위한 억압이 아니라 평화를 위한 조정 작용이 가능해진다면, 근대 이후 국민에게 아픈 경험을 강요했던 국가는 조금은 그 모습을 바꿀 수 있는 계기를 찾을 수도 있다.

반대로, 국가가 허용한 교과서를 거부하는 국민이 존재하듯 국가에 저항하는 국민의 자세 역시 필요하다. 국가는 책임을 지고 국민의 폭거를 막을 필요가 있지만, 국민 역시 필요할 때 국가의 폭거에 대한 제어장치가 될 필요가 있다. 그리고 그렇게 국가와 국민이 서로를 견제할 수 있을 때 한일 간의 충돌을 막을 수 있다.

1905년, 일본은 한국을 식민지화했고, 이후 100년이 흘렀다.

그러나 1945년 이후 20년은 교류가 단절된 가운데 각기 새로운 출발을 하느라 과거를 돌아볼 여유가 없었거나 과거를 의도적으로 잊고 지낸 시대였다고 할 수 있다. 그동안 '과거'에 대한 각자 나름대로의 기억의 재구성 작용이 내부에서 이루어지기도 했다. 은폐와 망각과 또 다른 기억의 창조가 시도되었다.

전후 일본에서 기억의 억압 속에 망각되었던 문제가 1990년대 이후 표면화되기 시작했고, 91년의 위안부 문제의 대두는 그것을 상징하는 사건이었다. 교과서 문제나 야스쿠니 문제 역시 마찬가지다. 그들의 목소리가 원천적으로 봉쇄당한 면이 있었다면, 그리고 그 반동으로 '피해자'가 원천적으로 '정의'가 되는 특권적 구조가 대두되고 있었던 것이라면, 이제 다시 원점으로 돌아가 논의할 필요가 있다.

이후 10년여 동안 각자 나름대로 노력해왔지만, 한국과 일본은 아직 이 문제들을 해결하지 못하고 있다. 그리고 해결이 안 된 까닭은 문제를 푸는 방식에 문제가 있었기 때문이다. 시마네 현의 다케시마의 날 제정을 '침략을 정당화하고 광복을 부인하는 일'이라고 생각하는 단순한 이해와 불신에서 벗어나지 못하는 한 한일 간의 화해는 요원하다.

화해를 위해서는 일본과 우리 자신이 거쳐온 이 100년 세월의 복잡한 양상과 모순에 대해 좀 더 알 필요가 있다. 전후 일본이 '새로운' 출발을 했다는 사실, 그럼에도 불구하고, 아니 바로 그 때문에 여러 가지 모순과 한계를 안게 되었다는 사실, 그러나 동시에 우리 역시 위안부의 존재를 망각해왔고 교과서는 우리 안의 모순과 수치를 기록하지 않았으며 지금도 군 주변에는 '위안' 시설이 있다는 사실, 우리 역시 일본의 우파처럼 국가를 위해 목숨을 바치는 일을 현창하는 사고가 당연시되고 있다는 사실도 함께 생각할 필요가 있다. 일본의 군사화를 비판하기 위해서는 미국과 영국에 이어 세 번째로 많은 군인을 이라크에 파병한 우리의 아이러니에 대해 먼저 생각할 필요가 있는 것이다.

그리고 그때, 개인에게 돌아가야 할 보상금으로 만들어진 고속도로와 제철소라는 인프라의 덕을 본 한국인이라면 그 누구도 과거에 대한 책임으로부터 자유롭지 않음을 인식할 필요가 있다. 그렇게 한일이 함께 '책임'과 연대의 주체가 될 때, 비로소 한일은 함께 평화로운 미래를 꿈꿀 수 있을 것이다.

화해 없는 '우정'은 환상일 뿐이다. '화해'를 위해서는 과거에 국가가 저지른 일에 관해 책임을 져야 할 주체와 대상이 결코 단일하지 않다는 인식이 필요하다. 그리고, '일본'이나 '한국'이라는 이름을 호명하기 전에, 일본의 누가, 한국의 누가, 그리고 그들의 어떠한 사고가, 내부/외부의 타자를 지배와 폭력의 대상으로 삼도록 했는가를 섬세하게 볼 필요가 있다. 복잡한 양상을 한, 그래서 우리를 혼돈스럽게 만드는 사태를 단순화하지 않는 인내심만이 화해의 기반이 될 수 있다.

이제 그런 화해를 전제로 다시 책임에 대해 생각하는 일이 필요하다. 한일이 함께 어떻게 하면 진정한 화해가 가능한지에 대해 모색하는 위원회를 구성하는 것도 한 방식일 수 있다.

한일이 함께 싸워야 할 것은 단일한 주체로 상상되는 '일본'이거나 '한국'이 아니라 각자의 내부에 존재하는 전쟁을 열망하는 폭력적인 감성(고바야시 요시노리)과 군사 무장의 필요성을 강조하면서 과거의 전쟁에 대해 사죄할 필요는 없다고 주장하는 식의 전쟁에의 욕망(니시오 간지) 쪽이다. 폭력적 사고와 증오와 혐오를 정당화시킴으로써 자신들의 입지를 확보하려는 배타적 민족주의 담론에 함께 저항할 수 있을 때 한일 간의 '우정'은 비로소 열매를 맺을 수 있을 것이다.

공포는 경계심과 폭력을 부른다. 공포를 야기하는 것이 상대에 대한 무지이기도 하다는 점에서는, 한일 양국에 지금 필요한 것은 서로의 아픔에 대해 좀 더 아는 일이다.

그렇게 서로에 대해 좀 더 알게 된 한일의 젊은이들이, 폭력적인 감성을 불러일으키고 전쟁을 용인하는 민족주의적 지식인들과 정치가들에 대항해 함께 그들의 명령을 거부할 수 있는 날, 자신들의 행복한 일상과 사적 관계를 깨버리고 말, 그래서 그들의 인생을 온통 망가뜨리고 말 국가의 부름을 인터넷을 통해 거부할 수 있는 신뢰 관계가 만들어지는 날, 상대를 겨냥하는 것이 아니라 내부의 폭력적 사고를 거부하는 촛불 시위가 한일 간에 가능한 날, 그날, 우리는 100년 전의 잘못된 시작이 남긴 상처에서 벗어나 새로운 100년을 준비할 수 있다.

〈참고 문헌〉

고바야시 요시노리(小林ヨシノリ), 『戰爭論』, 幻冬社, 1998.

나가하라 게이지(永原慶二), 『自由主義史觀批判』, 岩波ブックレッド 505, 2000.

니시오 간지(西尾乾二), 「汝ら'奸賊の徒なるや! -外務省敎科書檢定·不合格工作事件」, 『國を潰してな
　　るものか』, 德間書店, 2001.

야마다 쇼지(山田昭次), 「植民地」, 『岩波講座·日本通史』第18卷, 1994.

야마다 쇼지 편, 『近代民衆の記錄六·滿州移民』, 新人物往來社, 1978.

요시자와 후미토시(吉澤文壽), 「決壞-史上初の日韓會談關連外交文書の公開から始まる'眞實の濁流'に
　　よせて」, 『現代思想』, 2005. 6.

이타가키 류타(板垣龍太), 「植民地支配責任の定立のために」, 『現代思想』, 2005. 6.

정대균(鄭大均), 『在日强制連行の神話』, 文春新書, 2004.

존 다워(ジョン·ダワ-), 『敗北を抱きしめて』, 岩波書店, 2001.

후나바시 요이치(船橋洋一), 「過去克服政策を提唱する」, 『今, 歷史問題にどう取り組むか』, 岩波書店,
　　2001.

후지오카 노부카쓰(藤岡信勝)·니시오 간지(西尾幹二), 『國民の油斷』, PHP文庫, 2000.

빅터 D. 차, 『적대적 제휴』, 문학과지성사, 2004.

아와야 겐타로(栗屋憲太郎), 「동경재판으로 본 전후 처리」, 『기억과 망각』, 삼인, 2000.

한영구·윤덕민 편, 『현대 한일 관계 자료집 1』, 오름, 2003.

독도 보론

냉전과
독도 체제

현황

2012년 노벨 평화상은 'EU'가 수상했다. 선출 경위는 알 수 없지만 그건 2012년 여름 이래 영토 분쟁으로 관계가 악화된 동아시아에 보내는 메시지가 아니었을까. 물론 단순히 위기 상태에 있는 EU의 결속을 지향한 것이었을 수도 있지만, 단순히 그렇게 받아들이기 어려울 만큼 절묘한 타이밍이었다. EU에서는 이미 '국경'은 큰 의미를 갖지 않는다. 공통 통화제도는 문제를 일으키기도 했지만, 이 지역에서는 '국경'을 둘러싼 싸움은 이제는 끝난 상태라 할 수 있다. 벨기에와 네덜란드가 인접하는 지역에는 집이나 상점 안을 국경선이 지나가는 경우도 있다고 하니(《아사히신문》, 2012. 9. 24.), '국경(지배권)'을 둘러싼 싸움이 유럽에서 끝났다고 한다면, 유럽은 '국민국가 만들기'의 '근현대' 역사에서 분명 '선진(先進)' 중이다. 물론 그런 상황이 꼭 '과거 청산'을 의미한다고 할 수만은 없고, 그런 '싸움'이 앞으로 재연되지 않는다는 보장도 없다.

그에 반해, 동아시아는 최근 몇 년 동안 이전보다도 더 '국경'을 둘러싼 싸움이 격화되고 있다. 그리고 그런 싸움이, 일본이 말하는 것처럼 단순한 '영토 문제'가 아니라 근대 이후의 전쟁과 전후 처리 등이 남긴 '역사 문제'라는 것만은 분명하다. 독도 문제만을 보더라도, 근대 이후의 '편입' 시기는 1905년 1월, 러일전쟁이 한창일 때였다.

그렇다고는 하지만 현재 중국이나 한국이 안고 있는 일본과 부딪치는 '영토 문제'는 꼭 근대 일본의 '제국주의'에만 원인이 있는 것은 아니다. 결론부터 말하자면 '냉전' 또한 지금의 '독도 문제'를 만든 요인이었다.

2012년, 한국 대통령의 독도 방문 이후 독도 문제는 이전보다 훨씬 심각해졌다. 한국의 독도 지배를 60년 동안이나 그저 바라보고만 있던(한국의 실효 지배를 인정하기로 한 다니엘 로의 『독도 밀약』 때문일 수 있겠다) 일본은 이제 국제사법재판소에 제소한다고 말한 바 있으니, '독도 문제'는 분명 전환의 국면을 맞았다고 해야 한다.

하지만 독도 문제를 둘러싼 논의를 제대로 하기 위해서는 근대 이전의 고문서 해석도 필요해지는데, 그런 재판이 제3국에서 가능할까. 물론 독도 문제에 관한 '전문가'가 미국이나 유럽에 없는 것은 아니겠지만 재판을 위한 자료 보유나 해석 능력 수준이 일본이나 한국 쪽이 훨씬 높다는 것은 분명하다. 그리고 그런 재판관들은 결국 그들의 손을 빌리게 될 것이다. 다시 말해, 재판으로 가져간다고 해도 한일 양국은 지금까지와 똑같은 자기 주장을 이어갈 수밖에 없을 것이고, 그런 한 보다 훌륭한 재판 능력을 가진 이들이 그렇지 않은 이들에게 판단을 맡기는 식의 모순을 안게 될 수밖에 없다.

독도 문제가 쉽지 않은 것은, 우리가 이 문제를 '역사 문제'로 받아들이고 있기 때문이다. 앞서 말한 것처럼 일본으로의 '편입' 시기가 한국이 일본의 보호국이 된 시기였기 때문에 한국인 대부분은 일본의 편입을 '한국 침략'의 첫 행보로만 생각한다. 그 때문에 '독도'가 국가가 '지켜야 할 영토'의 상징이 되고, 일찍부터 독도를 소재로 한 시나 노래가 만들어진 것도 그 때문이다. '독도는 우리 땅'은 모르는 사람이 없으니 독도는 가히 '국민의 섬'이 되어 있기도 하다.

한국은 2005년에 발생한 독도를 둘러싼 갈등이나 중국과 고구려를 둘러싼 역사관의 대립 이후, 2006년에 한국 정부의 산하기관인 '동북아역사재단'을 만들어 연구나 관련 행사에 주력하고 있다. 2008년에는 독도연구소를 만들었고 2012년 9월에는 '독도체험관'을 서울 시내 안에 만든 바 있다.

그런데 한국 언론들은 일본 측 주장의 주요 요점 중의 하나로 1952년에 이승만 대통령이 이른바 이승만라인을 그었다는 사실이나 그 때문에 한국이 '불법점거'한 것이라고 일본이 생각하고 있다는 사실을 보도하지 않았기 때문에 우리는 대부분 이 사실을 모르고 있다. 2010년 10월 14일, 국영방송 KBS가 'KBS스페셜 한중일 역사 분쟁─일본은 독도를 포기했다'라는 방송에서 처음으로 일본의 주장을 자세히 전했지만, '원래 한국 영토'라고 생각해온 이들이 일본의 주장에 설득되지는 않았을 것이다. 실제로 이 방송도 '시볼트라는 친일 인사가 일본의 요구에 응했다' '러스크 서한은 연합국 전체가 인지한 것이 아니기 때문에 무효'라고 결론 짓고 있었다. 그리고 한일협정에서 독도 문제를 미해결로 남겨두었을 때 만들어진 '한일 양국의 분쟁의 평화적 처리에 관한 교환 조문'이 '양국 간의 분쟁은 우선 외교상의 경로를 통해 해결하는 것으로 한다'라고 되어 있는 것은 처음에 '독도'를 넣으려 했던 일본의 요구를 한국이 강경하게 거부했고, 그에 따라 당시의 "사토 수상이 직접 '독도(다케시마)를 포함한다'는 문구를 지웠"(오세희 전 외교부차관. 주한국대사 증언)던 결과이니 '일본은 한국을 포기'한 것이 된다고 말하고 있었다.

물론 이 해석에 다른 해석을 대치시키는 일은 가능하다. 그렇지만 실은 독도 문제에서 자료나 해석은 이미 중요한 문제가 아니라고 말할 수도 있다. 왜냐하면 이 문제가 감정이 개입된 정치 문제가 되어 어떤 '해석'으로도 상대를 납득시킬 수 없을 것이기 때문이다. 우리가 '독도는 우리 땅'이라고 변함없이 생각하면서 '분쟁'의 존재 자체를 인정하고 싶지 않은 것은, 일본과의 관계를 '전후' 67년의 관계를 통해 생각하기보다는 더 거슬러 올라가서 '식민지─종주국'이었던 36년과의 관계를 통해 보기 쉬운 구조 속에 있기 때문이기도 하다.

물론, 앞서 말한 뒤늦게 일본의 주장을 알린 방송에서처럼, 일본이 독도 문제를 국제사법재판소에 가져가자고까지 제안한 데 따라 일본의 독도 소유권 주장이 그저 '침략 의도'가 있어서인 것만은 아니라는 것도 조금은 알려지게 되었다. 그래도 처음부터 이 문제를 영토 문제가 아닌 역사 문제로 이해하고 그것도 해방 이후의 역사를 빼고 생각하는 한 이 문제에 대한 이해는 한정적일 수밖에 없다. 우리가 통화 스와프협정 중지 등의 일본의 대응을 그저 독도 문제에 대한 '보복'이라고 생각하는 것도 그런 배경이 있기 때문이다.

'과거'의 기억

문제는 그런 '과거의 기억'을 '현재의 정치 세력'의 강화를 위해 이용하려는 구조가 존재한다는 점이다. 그 때문에 원래 입장이 달라야 할 보수와 진보가 그 점에서는 다르지 않다. 말하자면 좌우파는 기본적으로는 '과거'를 똑같이 공유하지만, 실제 대응에 영향을 미치는 것은 오히려 '현재'의 사상적·정치적 위치다.

예를 들면, 보수는 독도 문제가 부상하면 반드시 '방위비의 증가'나 '군사력의 증강'을 강조한다. 일본과의 갈등을 이용해서 군사주의적인 노선의 강화에 나서는 것이다. 그래서 '중국/일본과의 독도/이어도 분쟁 때 이 섬들을 지키기 위한 해군력을 지니기 위해서는 최소한 8조 4000억 원의 추가예산이 필요' '이것은 1년

국방 예산의 4분의 1에 해당하는 금액'(《조선닷컴》, 2012. 10. 13.)이라는 연구 결과가 국회국방위원회에 제출되는 일이 벌어진다. 이 연구 결과를 제시한 방위사업청은 '이런 전투력을 확보해도 주변국의 위협을 낮은 수준에서 억제 가능'한 정도라고 덧붙이면서 위기의식을 가중시킨다. 이뿐만 아니라 이 기사는 "한일 간의 독도 영유권 분쟁이 발생하면 일본은 우선 해상자위대 제3호위대를 출동시킬 것으로 알려지고 있다"면서 일본이 사용할 무기나 군함까지 구체적으로 언급한다. 근거까지 밝히지 않아도, 일본이 무력을 행사해서 독도를 침략하려 한다는 상상은 한국인으로서는 익숙한 일이기 때문에 그런 발언에 대해 문제 제기를 하는 이는 아무도 없다. 그렇게 '독도 문제'는 보수 세력에게 힘을 실어주는 문제로 기능하기도 한다.

하지만 실제로 보수는 미국과의 군사동맹을 중시하는 입장이니 미국과 연계하고 있는 '일본'을 적으로 돌리는 일은 힘든 일이다. 말하자면 '독도 문제'는 북한을 '주적'으로 강조하는 보수에 의해 군사력 증강에 이용되고 있기도 하다.

그런 모순은 진보 측에도 없지 않다. 노무현정권 당시 명백해진 것처럼 일본에 대해 보다 엄격한 태도를 취하는 것은 일반적으로 진보 측이다. 그런 의미에서는 일본을 적으로 돌리는 일에 익숙한 진보 측이 이와 같은 주장을 하는 것이 자연스럽지만, 진보 언론이 그런 기사를 내놓는 경우는 물론 없다. 군사주의에 반대하는 입장이기 때문이다.

2012년 봄, 한일군사정보협정이 논의되었을 때, 그것을 추진한 것이 정부—보수 여당 측이고 그것을 안 진보/야당 측이 맹반발하며 결국 조인 서명식 직전에 취소되는 소동이 일어난 것도 이러한 구조 속의 일이다. 그때 진보 측 NGO는 정부를 '뼛속까지 친일'이라고 비난했다. 그뿐만 아니라 그런 비판에 앞장섰던 이들이 한국정신대문제대책위원회(정대협), 그러니까 전 위안부들을 지원하는 단체였다는 사실도 한국에서의 '일본 문제'의 복잡성을 말해주는 측면이다. 즉 군사협정은 실제로는 일본보다도 '미국'과의 동맹 관계의 연장이었고 '북한'이나 '중국'을 의식한 '현재'가 움직인 일이었을 터인데, 그런 식으로는 이해되지 않고 '일본'과의 관계로만 이해되는 것이다. 그리고 그 협정이 직전에 취소되는 극단적인 사태를 맞은 것은, 친일 논의가 한국에서는 아직 절대적인 힘을 갖고 있기 때문이기도 하다.

이처럼 한일 문제에 관해서 진보와 보수가 원래의 입장과 때로 달라지는 것은 곧잘 일어나는 일이지만 2012년 여름, 대통령의 독도 방문 때도 그 부분은 명확히 드러났다.

상륙 직후에는 보수도 진보도 대개는 대통령을 지지했다. 하지만 그 후의 일본의 반발이 이전과 달리 강해 결과적으로 한일 관계가 급속히 악화되자 진보 측에서 대통령을 비난하는 움직임이 강해졌다. '정치적 쇼'라고까지 한 것도 그 무렵의 일이었다. '일본'을 둘러싼 언론의 도식이 이때만은 뒤집혔던 것이다.

그렇게 된 데는 물론, 현실 정치가 작동했기 때문이다. 독도 상류으로 대통령의 인기가 높아졌기 때문에 몇 달 후의 '선거'에 영향력을 미치는 일을 두려워했기 때문일 터였다. 일본과의 관계가 냉각된 채 변하지 않자 여당 의원 중에서도 대통령을 비판하는 사람이 나타났지만(《경향신문》, 2012. 10. 12.), 그건 시간이 한참 흐른 후의 일이었다.

일본을 상대하는 한국의 대응에 영향을 끼치는 것은 단순히 민족주의만이 아니다. 서로의 이익이 부딪치지 않는 한도에서만 일치해서 '식민지 지배의 기억'을 바탕으로 기능하는 경우가 대부분이다. 즉, '과거'가 아니라 '현재'의 정치적 입장에 따라 원칙적 입장이 바뀌는 경우가 많다. 한일문제는 좌우의 문제이기도 하다. 다시 말하면, 한일 갈등은 '제국주의'에 저항하는 민족주의뿐 아니라 제국주의 시대에 이미 싹트기 시작했고 '전후'에 드러난 '냉전' 구조와 깊숙이 이어져 있다.

독도와 냉전

문제는 그렇게 '일본'을 매개로 한 '과거'에만 눈을 돌리도록 하는 논의나 대응이 '현재'의 구조에 눈감도록 만드는 데에 있다.

미국은, 독도 문제에 관해 '중립'이라고 말한 바 있다(《조선닷컴》, 2012. 9. 18.). 하지만 미국은 이 분쟁의 근원에 깊이 연계되어 있다.

이미 잘 알려져 있는 것처럼 샌프란시스코조약의 초안이 정해지기까지의 초안 변경—시볼트의 개입, 러스크 서한 등—때문이다.

후에 다시 언급하겠지만 한일 양국은 당시 미국의 대응을 자국의 주장을 강화하는 증거로 사용한다. 하지만 미국이 일본과도 한국과도 '동맹'국으로서 냉전 체제를 유지하는 한, 한일의 주장이 효력을 발휘하는 일은 없을 것이다. 샌프란시스코조약 초안을 만들던 바로 그 무렵에 미국이 독도를 일본의 영토로 결정한 것은 '중공이 쳐들어와 정세가 불리해졌을 때의 조치'(앞서의 KBS스페셜)였다. 그것은 미국이 한국을 포기하고 대신 독도까지를 일본의 영토로 만들어두려고 의도했을 가능성을 보여준다. 그렇다고 한다면 이때의 '경계 지정'은 '공산주의 억지선'과 병행되는 형태로 발상되었을 가능성이 높다.

'독도' 주변의 '경계' 결정이 미국에 의한 것이었다는 점, 그리고 그것이 '동북아시아 전쟁'(와다 하루키)으로 간주되기도 하는 한국전쟁이 한창이었을 때의 일이었다는 것은 다시 한 번 상기할 필요가 있다.

사실 한일조약도 미국이 배경에 존재해 이루어진 일이었고, 그런 의미에서는 '독도 문제'에 관해 미국이 '중립'이라고 말하는 것은 당연한 일이기도 하다. 일본과도 한국과도 동맹 관계에 있는 한, 미국으로서는 만일의 사태가 일어난다 해도 어느 한쪽을 편들 수는 없기 때문이다. 무엇보다 냉전 체제 속에서 미국 측에 속하는 한일 양국의 갈등은 물론 미국에게도 반가운 일은 아니다.

그런 의미에서도 독도 문제는 일본이 생각하는 것처럼 근대 국민국가 시대에 먼저 '편입'한 단순한 '영토 문제'가 아니다. 물론 한국이 생각하는 것처럼 제국주의 시대에 빼앗긴 그저 '역사 문제'이기만 한 것도 아니다. 냉전이 임계점을 넘어 열전(熱戰)이 된 시대에 한국을 서방 측에 남겨두기 위해 전쟁의 주역이기도 했던 미국의 의사에 따라 애매하게 처리되었다는 점에서 미국이 남긴 '냉전 문제'이기도 한 것이다.

'경계'를 결정하는 것은 언제나 '경계'에 실제로 사는 이들이 아니라 '중심'에 존재하는 '권력'이다. 일본과 한국이라는 나라의 '경계'를 일찍이 미국이 결정했고(물론 승전국으로서 그랬지만 사실, 미국은 일본의 한국 병합도 인정한 나라였다), 현재도 여전히 한일 양국이 미국을 향해 자국의 입장을 호소하고 있는 것도 그 증거 중 하나다.

'근대 국민국가' 역시 권력은 '중심'에 있었다. '주변'의 경계조차, 그것을 결정하는 것은 '주변인'—당사자가 아니라 '중심'에 있는 이들이다.

그런 의미에서는 '다케시마의 날'도 '독도의 날'도 그 결정은 각각의 지역에서 했지만 그 발상은 '지역'(로컬)의 사고가 아니라 '중심'의 사고일 뿐이다. '지역' 사람들이 할 수 있는 것은 기껏해야 기념일을 만드는 일 정도일 뿐, 어디서 물고기를 잡으면 되는지를 정하는 건 국가의 중심부에 존재하는 이들이다.

독도 문제라는 '현재'의 문제—제국주의와 냉전의 흔적이 남아 있고 여전히 지금도 그 자장 안에 존재하는—를 극복하기 위해서는 무엇보다 먼저 이와 관련된 '현황'에 대한 인식이 필요하다. 그리고 지역 사람들―'당사자'들에게, '경계'를 결정하는, 즉 '왕래'를 둘러싼 약속이나 자원을 이용하는 약속(권한)을 해당 지역으로 돌려야 한다. 대통령 등의 중앙 권력이 아니라 그곳에서 생활하는 어민 대표가, 시마네 현 지사나 경상북도 지사와 함께(필요하다면 외교 관계자나 이 문제에 관심을 갖는 지식인을 옵서버로 참여시켜서), 독도를 어떤 섬으로 만들 것인지를 논의하는 일이 바람직하다.

그건 고문서에 의존해 '지금 이곳'을 결정하는 어리석은 구속에서 자유로워지는 일이 될 수 있다. 무엇보다 그런 시도는, '과거' 사람들이 만들어놓은 틀에서 벗어나 오늘을 사는 우리 자신이 우리의 생각으로 현재를 만들고 평화로운 '미래'를 다음 세대에게 물려주는 첫걸음이기도 하다. 그렇게 '중앙 중심주의'와 '과거 중심주의'를 버리면, '지역 중심'의 미래 중심주의가 열릴 수 있다.

그것은 토지를 '정치'에서 해방시켜 '생활'로 되돌려주는 일이기도 하다.

한국처럼 일본도 이 문제에 국가가 적극적으로 나서기 시작했지만 이 문제는 이미 '학술 문제'의 범주를 벗어난 상태다. 즉 아무리 정치하게 '이기는 논리'를 만들어낸다 해도 이미 '정치 문제'가 되어버린 이상 그런 '연구'가 문제 해결을 가져다줄 수 없다.

독도체제―한국이 점거하고 일본이 바라보기만 했던 자세를 견지하는 60여 년을 유지시킨 것은 오로지 냉전 체제였다. 그리고 잠재적인 냉전이 이어지는 한 '법적 제소'도 학술적 연구도 효과적이기는 어렵다.

냉전 체제가 이어지는 한계 속에서 평화적 해결을 지향하려면 '법'이나 '연구'에 의존하기보다는 '대화'에 주력하는 것이 훨씬 효과적이다. 서로가 '독도 체제'가 이어진 배경을 이해하고 앞다투어 제정했던 '섬의 날'을 폐기하고 그날을 해당 지역 어린이들의 교류일로 만드는 편이 훨씬 생산적이지 않을까.

이제까지 독도 연구는 대부분 자국 중심적이었고 따라서 그 논의는 대화라기보다는 혼잣말에 가까웠다. 무엇보다 그런 연구를 지탱해온 사고는 '경계'가 생긴 이후에 생긴 사고일 뿐이다. 하지만 '경계'가 아직 존재하지 않았을 무렵의 공간에 대한 상상력은, 경계를 둘러싼 소모적인 싸움에서 자유로워진 EU와 같은 실천을 가능하게 해줄 수 있다.

이미 한일 양국민에게는 '비자'라고 하는, '국가의 허가'를 얻지 않아도 '경계'를 넘어설 수 있는 자유가 주어져 있다. 독도 문제 해결은 '제국주의'에 의한 갈등을 넘어서는 또 하나의 시도가 될 수도 있다. 그때 한일 양국은 비로소, 미국과 유럽으로부터 정신적으로 독립해서 '서양이 전한 근대'를 넘어설 수 있을 것이다.

한국에서 '독도'는 이제 일본에서의 '야스쿠니'가 되었다. 독도 문제가 해결되지 않는 한, 앞으로도 대통령은 '독도 방문' 여부를 고민하게 될지도 모른다. 실제로 2012년, 이명박 대통령의 독도 방문 직후, 한국의 언론은 박근혜 당시 대통령 후보나 안철수 후보에게 그런 질문을 던진 적이 있다(〈조선닷컴〉, 2012. 8. 12.). 그런 사태에 또다시 휘둘리지 않도록, 지역 중심의 '당사자주의'가 필요하다. 근대가 만든 올가미를 벗어나기 위해서(『AT PLUS』, 2012년 11월호).

이 책처럼 힘들게 쓴 글은 처음이었다.

원래는 몇 년 전에 시도한 '한일 관계를 생각하는 12가지 키워드'라는 강의가 이 책의 모체가 되었다. 수업은 했지만 정리할 시간을 갖지 못한 채 시간이 흘렀고, 2004년 1월에 외교부에 제출한 교과서 문제 관련 보고서와 2004년 11월 '한일, 연대21' 심포지엄에서 발표한 「한일 화해는 어떻게 가능한가 ─교과서·위안부·긍지와 책임」이라는 글에서 비로소 생각의 일단을 정리할 수 있었다.

그러나 그 후 좀처럼 글을 쓸 수가 없었다. 이 책을 누구를 향해 쓸 것인가를 놓고 고민했고, 독자가 정해지지 않았기에 언어와 문체를 정할 수가 없었다. 처음엔 이런 문제들, 특히 교과서·위안부·야스쿠니 문제에 관해 발언하는 일본의 지식인을 향해 쓸 생각이었다. 각 문제에 대해 사상적 차원에서 접근하는 방식으로 쓰려 했고, 대부분 좌파 지식인인 그들을 향해, 그들의 생각에 기본적으로는 공감하면서도 달리 생각하는 부분을 말하려 했다. 그 계기는 2001년의 교과서 사태에 있었다. 본문에서도 쓴 것처럼, 일본의 '양심적' 지식인과 한국의 시민 단체의 연대는 나 자신 그 '양심적' 지식인과 기본적 입장을 같이하면서도 그들이 한국의 민족주의에는 눈감거나 보지 못하는 구조에 회의를 느끼기 시작했다. 나아가 그들의 '운동', 곧 일본의 철저한 '사죄'를 촉구하는 행동이 결과적으로는 한일 간의 화해보다는 대립을 일으키고 있다는 생각이 들었다. 그렇다면 그 운동의 의미는 무엇인가.

또 아무리 지식인이 정부에 대해 제언하거나 비판해도 결국 정치를 움직이는 것은 정치인이라는 사실에 무력감을 느끼면서, 그들에게도 '말'을 걸고 싶었다. 내가 보기에, 정치인 누구에게도 악의는 없었다. 그렇다면 무엇이 문제인가.

그러나 결국은 특정 독자를 상정하지 않기로 했고 그렇다면 누구에게나 읽힐 수 있는 문체로 써야 한다고 생각했지만, '보고서'와 '학술 발표문'을 그렇게 고쳐쓰는 일은 새로 쓰는 일보다 힘들었다. 이 책의 글이 혹 고르지 않다면 그것은 이러한 경과가 낳은 결과다.

무엇보다 힘들었던 것은, 양국을 함께 비판할 뿐 아니라 기본적으로는 같은 입장에 서는, 혹은 서야 할 이들까지 비판의 대상으로 하고 있다는 점이었다. 정대협에 대한 비판이나 그들과 연대하는 일본의 좌파 지식인에 대한 비판은 그들의 운동을 방해할 수 있다는 점을 생각하지 않을 수 없어 몇 번이나 고쳐썼다. 그러나 결국, 스스로에 대한 검열에서 자유롭지 못했던 나를 놓아주기로 했다. 일본 좌파 지식인의 의견과도, 일본 정부의 의견과도, 한국 정부의 의견과도, 또 한국 지식인의 의견과도 다른 이 책이 어쩌면 아무에게도 환영받지 못할 수 있다는 생각은 책을 쓰는 내내 나를 괴롭혔다.

특히 독도 영유권 문제에 온 힘을 바쳐 연구해온 분들에게는 이 책에서 시도된 요약이 너무나 거친 것일 수 있다. 그러나 그럼에도 '해결'은 이 길밖에 없다는 확신은 변하지 않았고, 나는 결국 『반일 민족주의를 넘어서』를 내던 5년 전의 무모함을 또다시 감행하기로 했다. 5년 전과 다른 점이 있다면, 그때는 한국과 일본의 '사이'에 서는 일을 택했지만 이제는 한국 내부에서도 일본 내부에서도 '사이'에 서야 하게 되었다는 점이다. 5년 전의 고독보다 더한 고독이 기다리고 있을지 모르지만, 그러나 어찌하랴. 남들보다 조금 일찍 유학한 내 운명이라 생각하며 빈 마음으로 이 책을 세상에 보낸다.

그리고 이 기간 동안 진행된 엄마의 또 하나의 선택을 이해하고 견뎌준 경헌에게 고마움과 사랑을 담아 이 책을 선물하고 싶다.

2005년 7월
박유하

전자책을 내면서

　　책이 나온 지 8년 만에 전자책 형태로 다시 책을 내게
되었다.

　　사실 이 글을 쓰기 바로 며칠 전(2013년 7월 말)에 나는 『제국의 위
안부 ─식민지 지배와 기억의 투쟁』이라는 책을 막 마무리한 참이
었다. 그리고 그 책은 이 책 『화해를 위해서』에서 다루었던 위안부
문제만을 본격적으로 다룬 책이니, 실상 그 책은 이 책의 속편이
되는 셈이기도 하다. 그리고 그 책은 이 책을 쓸 때보다 진전된 인
식을 바탕으로 쓴 것이니, 그런 의미에서는 이 책은 부족한 점이
없지 않다. 예를 들면, 위안부 문제에서 '기금'의 이해와 평가나,
이 문제를 둘러싼 갈등을 '민족주의'에서 찾으려 한 것, 지원 단체
의 일본 비판을 '본질주의적 시각'으로 이해한 그런 부분이다.

　　그럼에도 불구하고, 사실 『제국의 위안부』에서 쓴 내용의 핵심
은 이미 이 책에서 거의 다루었다는 것을 이 글을 쓰기 위해 다시
읽으면서 확인할 수 있었다. 예를 들면 지원 단체의 '피해자' 통
제, 지원자들의 '매춘'과 위안부에 대한 차별적 시선, 기억의 망각
문제, 한국인 위안부 문제를 '식민지 지배' 문제로 간주하는 이해,

기지촌 여성 문제를 '위안부' 문제와 같은 문맥의 것으로 이해한
것, 그리고 일본이 우경화되어 문제적 발언이 나온다기보다는(물
론 그런 경우가 아주 없는 것은 아니다) 핵심을 놓친 비판들이 일본을 우
경화한다는 이해 등이다. 그리고 부족한 점이 없지 않아도 2005
년에 말하고자 했던 것이 2013년의 현시점에서 사회적으로 거의
공유되고 있지 않은 이상, 이 책을 다시 내는 의미는 없지 않다고
생각하게 되었다.

이 책을 낸 이후로 한국 사회의 '상식'을 뒤집는 이야기를 한 탓
에 오해와 편견이 만든 비난에 많이 시달리기도 했다. 그러나 내
가 이 책에서 의식했던 것은 오로지 두 가지였다. 문제를 풀기 위
해 알아야 할 정보를 가능한 한 많이 제공하는 일, 그리고 일본에
대한 비판을 하되 기존의 비판과는 다른 비판, 즉 설득 가능한 비
판을 하는 일. 문제들을 둘러싼 각각의 역사적 문맥을 돌아보고
서로에 대한 이해를 바탕으로 '새로운 논의'가 이루어지기를 바랐
지만, 나의 그런 바람은 한국에서는 성공하지 못했다.

이 책에 대한 일부 사람들의 비판은 구체적으로는 위안부 문제
론에 집중되었지만, 그 저변에 있는 것은 이 책에서 강조한 '전후
일본'에 대한 긍정적 평가였다. 따라서 '전후 일본은 변하지 않았
다'고 생각하는 이들이 강하게 비판했지만(그들은 현대 일본도 비판했
지만, 일본이 우경화했다고 목소리 높여 비판하던 그 시기에 일본에서는 전후 처음
으로 정권 교체가 이루어졌다), 그건 그런 생각이 현대 정치와 무관하지
않았기 때문이다.

그런데 '전후 일본은 전전의 일본과는 다르다', 즉 '제국주의 시대의 일본과 현대 일본은 다르다'는 것은 진실일까. 결론부터 말하자면, 그건 진실일 수도 있고 진실이 아닐 수도 있다. 혹은 이렇게 말할 수도 있다. 전체적으로는 맞고 부분적으로는 틀리다, 정치적으로는 맞고 학문적으로는 틀리다, 거시적으로는 맞지만 미세한 부분을 본다면 틀리다.

다시 말하자면 하나의 주장이 문맥과 상대에 따라 다른 의미로 해석될 수 있듯이, 하나의 책은 독자에 따라 다른 주장을 펼칠 수도 있다. 예를 들면 나는 이 책에서는 '전후 일본'의 '변화'를 강조했지만, 전문가를 대상으로 한 글들에서는 '변하지 않는' 부분에 대해 비판해왔다. 그건 어디까지나 그 글이 '전후'라는 '일본의 변화'에 대한 공통 인식이 존재하는 장소를 향한 글이었기 때문이다. 그건 예를 들면 이 책에서 위안부 문제에 관해 일본이 '사죄와 보상을 했다'고 말하는 것과 같은 문맥이기도 하다. 다시 말해 공유되어 있지 않은 커다란 틀(사실)을 먼저 공유한 후에 그 '사죄와 보상'에 어떤 한계가 있는지를 논하는 것이 맞다고 생각했기 때문이다. 당시의 한국은 '일본'이 하나가 아니고 '우파와 좌파'가 존재하고 이른바 '양심적 지식인'이 존재한다는 것도 겨우 알려지기 시작한 시점이었다. 물론 '전후 일본'에 대한 기초적인 지식 역시 거의 공유되지 않은 상태였다.

말하자면 이 책에 대한 비판—'전후 일본은 변하지 않았는데 긍정적으로 평가하는 것은 문제다' 등—은 그런 '수용의 문맥'을 무시한 셈이다. 그러나 지금 와서 생각하면 그런 비판을 충분히 이해할 수 있다. 말하자면 비판자의 대부분은 '변하지 않는 일본'을 일본 사회를 향해 비판해온 이들이었고(나 역시 미미하나마 그중 한 사람이었다), 그런 그들에게 나의 책이 일본에 번역되어 평가되는 일은 자신들의 '운동'을 방해하는 일이었을 테니까.

그러나 '문맥'을 도외시한 그런 식의 비판은 일본 안에서도 찬동자를 늘리기보다는 오히려 떠나게 했다. 2010년대 이후 부쩍 기승을 부리게 된 일본 혐한파의 움직임도 그 결과로 보아야 한다. 그건 오로지 비판자들이 식민지 지배를 나쁜 것이라고 생각하는 '보통 일본 사람'(즉 '전후 교육'의 평범한 성과)과 함께 '운동'하면서도 그들의 존재 의미를 인정하고 그들을 통한 '일본 사회의 개혁'을 지향하는 것이 아니라 일본 사회 안에서 분명 소수였던 문제적 사안이나 인물만을 보며 비난해왔기 때문이다. 그리고 그렇게 만든 동력은 '아이덴티티'에 대한 확신과 재구축에 있었다. 비판자들이 '거대 내셔널 히스토리'는 부정하면서도 '소수 내셔널 히스토리'에 집착해온 것은 그 때문이기도 하다.

아무튼 당시엔 거론조차 되지 않던 '고노담화'가 긍정적으로 이야기되고 일본이 '평화헌법'이라는 것을 갖고 있다는 것이 이제는 한국 사회의 '상식'이 될 만큼은 한국 사회의 일본 이해도 깊어졌다. 이 책에서도 논했지만 아직 우리 사회에서 공유되고 있지는 않은 다른 사항—예를 들면 일본이 90년대에 위안부 문제에 대해 사죄와 보상을 한 적이 있고, 2012년에 다시 한 번 하려고 시도했다는 점—도 늦게마나 이 책을 통해 알려지기를 기대한다.

문제는 늘 그것이 부정되려는 움직임이 있을 때에나 겨우 그 존재가 알려진다는 점이다. 이뿐만 아니라 그것의 '존재' 자체에 대한 평가보다는 부정적인 움직임을 부각시키는 방식으로 다시 '일본 비난'에만 사용된다는 점이다.

그동안, 일본을 바라보는 눈은 대부분 '일본' 전체를 바라보며 판단하는 것이 아니라 일부 움직임에만 주목하고 의미를 부여하는 경향이 컸다. 그건 언론도 국회도 그리고 때로는 학자조차 문제 자체에 대한 '연구와 분석'보다는 기존의 선입견만으로 문제를 바라보고 판단했기 때문이기도 하다. 또 하나 이 책에서는 자세히 다루지 못했지만 현대 한국을 옭아매고 있는 이데올로기가 그렇게 만드는 구조도 있다.

한국에서 많이 읽히기를 바랐던 8년 전의 바람은 이루어지지 않았지만, 이 책은 지지하고 응원해주는 이들과의 소중한 '만남'을 헤아릴 수 없을 만큼 많이 마련해주기도 했다. 그분들 모두에게 이 자리를 빌려 깊은 감사의 마음을 전한다.

2013년 7월 27일
박유하

대한민국을 대표하는 (것으로 되어 있는) 한 작가가 독도 문제를 해결하기 위해서는 전쟁도 불사해야 한다고 라디오에 나와 주장한다. 그런가 하면 다른 한쪽에서는 상이군인들이 일본대사관 담장을 타고 넘으려다 저지당하고, 또 다른 이들이 일본 수상과 대사의 초상을 불태우며 손가락을 자른다. 다른 중년 남성들은 일본의 독도 영유권 주장에 항의하며 몸에 불을 지르거나 한강물에 뛰어든다. 2005년 봄의 풍경이다.

대학생들이 이른바 '친일 행적' 교수 명단을 발표하고 대학 설립자의 동상이 친일을 했다는 이유로 철거될 뻔한 것도 같은 시기의 풍경이었다. '일본의 우익' 같은 발언을 했다는 이유로 쏟아지는 비난을 견디다 못해 대학 명예교수 자리에서 물러난 사람이 있는가 하면, 오래도록 전 국민의 사랑을 받아오던 가수가 비슷한 이유로 맡았던 방송 프로그램 진행을 그만두었고, 급기야는 '친일 옹호' 발언을 법으로 처벌하자는 발언까지 나왔다. 같은 시기, 거리 음식점 앞에는 '일본인과 개 출입금지'의 팻말까지 나붙었다. 비슷한 시기에 과거사를 논하지 않겠다던 대통령은 일본에 대해 '배상'을 요구했고 일본이라는 나라와 함께 사는 일은 '불행'이라고까지 말했다.

그렇게, 한일협정 40주년이자 해방 60주년인 2005년 '한일 우정의 해'가 흘렀다. 그래서 한쪽에서는 '미래'를 보자는 '우정'의 행사가 열리지만 다른 한쪽에서는 여전히 '과거'에 대한 '사죄'를 촉구하는 시위가 열린다. 40년의 세월은 해마다 400만의 사람들이 오가는 밀접한 관계를 쌓아올렸지만, 한일 양국 간에 진정한 '우정'이 성립될 조짐은 아직 보이지 않는다.

고이즈미 수상의 야스쿠니신사 참배 의지는 변함이 없고, 일본의 시마네 현을 포함한 9개 현의 의회는 일본 정부에 '다케시마'에 대한 영유권 확립을 요청했다(〈중앙일보〉, 2005. 6. 8.). 2005년 봄과 같은 갈등이 언제고 또다시 재연될 수 있음을 예고하는 소식들이다.

우리는 일본이 역사를 '왜곡'하지 않고 고이즈미 수상이 야스쿠니신사 참배를 중단하고 독도를 일본 땅이라고 주장하는 일을 그만두면 문제는 없을 것으로 생각한다. 그리고 일본이 그렇게 하지 않는 것은 그들이 정말은 과거에 대한 '반성'을 하지 않고 있기 때문이라는 생각이 우리의 일반적인 인식이기도 하다. 그래서 자국을 비판하는 일본 시민들과도 연대해 강도 높게 일본을 비판해 온 것이 그동안의 시간이었다.

종전 60주년 기념식에서 고이즈미 수상이 '통절한 사죄'의 마음을 밝혔지만, 그런 고이즈미 수상에 대해서도 우리의 시각이 곱지 않았던 것은 그 연장선상의 일이다. '말로는 사죄'하지만 참배를 계속하는 한 그것은 말에 위배되는 모순된 행동이며 그러한 그것은 진정한 '사죄'가 될 수 없다는 것이 우리의 이해이기도 하다(《동아일보》 사설, 2005. 8. 16.).

그런데 이러한 이해에는 '왜' 일본이 참배를 고집하는가에 대한 물음은 없다. 이른바 '망언'을 비롯해 일본이 우리의 기대에 반하는 행동을 보일 때마다 행해진 우리의 비판에는 대체적으로 그러한 '결여'가 존재했다. 그리고 그동안의 우리의 비판이 효과적이지 못했던 이유—결과적으로 일본의 태도에 변함이 없어 보이는 이유—는 바로 거기에 있었다.

제대로 된 비판은 상대에 대한 깊은 이해를 필요로 한다. 그러나 우리 비판의 대부분은 그러한 이해가 결여되어 있었다. 일본이 주변국의 비판에도 불구하고 변하지 않고 있다면, 혹은 변하지 않은 것처럼 보인다면, 그 이유는 이제까지의 비판의 형식과 내용에 문제가 있었던 데에도 원인이 없지 않다.

교과서 문제나 야스쿠니 문제, 혹은 위안부 문제에 관해서 우리가 확인해두어야 할 것은 이 문제를 둘러싼 대립이 일본과 한국 간의 문제이기 이전에 그들 내부의 문제이기도 하다는 점이다. 일본 우파가 교과서 문제나 헌법 개정 문제 등이 '일본인' 자신의 문제이며 따라서 타국의 간섭을 받을 생각이 없다고 말하는 것은 한국이나 중국을 무시해서만은 아니다. 그것은 이 문제들이 패전 이후의 60년 세월을 어떻게 평가할 것인가에 관련된 그들 내부의 사상적 싸움임을 말하는 것이기도 한 것이다.

일본에서 제국주의 일본의 군국주의와 천황제를 비판해온 것은 마르크스주의의 영향을 받은 좌파 세력이었다. 한계가 없었던 것은 아니지만 식민지가 된 조선에 가장 동정적이었던 것도 이들이었다. 그 때문에 전쟁이 끝나자 이들은 그때까지의 일본을 비판하고 반성하는 중심 세력이 되었고 '새로운' 일본의 건설에 적극적으로 나섰다.

그러나 천황제를 지지하고 지탱해온 보수 세력에게는 그런 움직임은 '외국 사상'에 자신을 송두리째 내어주는 비주체적인 행위로밖에 비치지 않았고, 되풀이 비판과 저항을 시도했다. 그리고 종전 이후의 일본 정치의 중심에는 늘 그들이 있었다. 전후, 시민 의식의 개혁에는 성공했지만 한 번도 정권을 바꾸지는 못했다는 사실은 좌파에게는 늘 좌절감을 느낄 수밖에 없는 일이었다. 그런 만큼 1990년대 이후 위안부 문제가 발생하면서 보수 우익의 움직임이 두드러진 것은 이들에게 그동안의 개혁―변신이 철저하지 못했다는 반성을 다시 한 번 촉구했다. 말하자면 현재의 일본의 정치사회의 움직임은 '제국주의 일본' 시대뿐 아니라 '전후 일본'이라는 이름의 60년 세월을 둘러싼 그들의 '과거 청산' 싸움이기도 한 것이다.

교과서 문제나 야스쿠니 문제가 일본인 자신의 '과거 청산' 싸움이기도 하다는 것은, 우리의 '친일파'문제가 그렇듯, 결코 쉽게 해결되거나 어느 한쪽의 완전한 굴복으로 끝날 수 있는 싸움이 아니라는 사실을 말한다. 이미 말한 것처럼 그들 내부의 대립은 전후 60년의 일본의 행보를 둘러싼 싸움이자 그 이전의 과거에 대한 해석을 둘러싼 싸움이기도 해서 문제는 더욱 복잡해지는 것이다.

물론 '친일파' 문제가 '친일파 인명사전'의 발상처럼 간단히 해결될 수 있는 문제라고 생각하는 이들에게는 복잡할 것이 없는 일로 보일 수 있다. '일본'이라는 대상에 대해 그랬던 것처럼 나쁜 것은 '친일파'고 그 친일파는 할 말이 있을 수 없다는 사고는 그 '복잡함'을 보고 싶어 하지 않을 것이다.

그러나 문제는 결코 그렇게 단순하지 않다. 그리고 중요한 것은 우리 내부의 갈등과 마찬가지로 한일 간의 갈등 역시 그 '복잡함'을 직시하는 일 없이는 해결의 실마리를 찾을 수 없다는 점이다.

이제까지 우리의 비판에 '이해'가 결여되었던 것은 그런 복잡함을 보지 않은 결과이기도 하다. 그 때문에 교과서나 야스쿠니 문제는 늘 우리에게 '군국주의'나 '침략 의도'의 발로로만 이해되었다. 우리의 비판이 강경할수록 일본이 무시로 일관하거나 오히려 반발을 거세게 하는 악순환이 되풀이되었던 것도 바로 그 때문이다. 그러면서 한일은 함께 자신의 주장을 되풀이했을 뿐 문제의 본질에 대해 생각하거나 진정한 해결을 위한 논의를 이루려는 일은 없었다. 그러나 한일 간의 갈등은 직면한 여러 문제에 대한 이해를 심화시키는 일 없이는 결코 해결될 수 없다. 각 문제에 대한 새로운 논의에 기반을 둔 새로운 이해의 틀이 도출되지 않는 한 한일 간에 결코 '우정'은 없다. '국익'을 생각한 표면적 우호가 유지된다 해도 야스쿠니 문제를 비롯한 몇 가지 현안에 대한 일정한 합의점을 찾지 않는 한 갈등은 되풀이될 것이다. 그리고 갈등이 되풀이될 때마다, 2005년 봄 사태가 증명했듯 한일 간의 '우정'이란 사상누각이었음이 드러날 것이다.

그런 의미에서, 한일 간 갈등의 원인이 되고 있는 몇 가지 문제에 대한 좀 더 본격적인 논의가 필요하다. 각자의 위치를 고수하며 비판과 반발을 되풀이하는 이제까지의 구도는 소모적일 뿐 아니라 결코 문제를 해결하지 못한다. 그리고 정치적 대립의 해결 없이는 어떤 경제·문화 교류도 정체하거나 후퇴할 수밖에 없다.

이 책은 그런 문제의식이 쓰게 한 책이지만, 물론 여기서의 내 생각이 각 문제에 대한 최종적 대안이 될 수 있으리라고는 생각하지 않는다. 여기서 내놓는 견해는 어디까지나 본격적인 논의를 위한 시발점일 뿐이다. 또 이 책이 최종적으로 '화해'를 지향하는 것은 분명하지만 '화해'라는 것이 그렇게 쉽게 가능한 것이라고 생각하고 있는 것도 아니다. 화해는 청산에서 시작될 것이지만 과거의 완전한 '청산'이란 원칙적으로는 불가능한 것이기도 하다.

그러나 문제를 조금 깊이 볼 수 있다면 분노와 비난에서 자유로워질 수 있다. 그리고 생산적인 논의가 가능해지는 곳은 그 지점이다. 분노와 비난이 아닌 평화 속의 조용한 논의가 가능해질 수 있다면, 그때 비로소 화해를 위한 논의는 시작될 수 있을 것이다.

화해를 위한 논의를 위해서는 일본과 우리 자신에 대해 좀 더 아는 일이 필요하다. 그렇게 '아는 일'은 우리 안의 견고한 기억에 균열을 가할 것이다. 두텁게 쌓인 불신의 벽을 무너뜨릴 수 있는 것은 그런 미세한 균열이다. 화해를 지향하는 균열, 그런 모순을 만드는 일에 이 책이 작은 역할을 할 수 있기를 기대할 뿐이다.

2001년과 같은 교과서 사태가 또다시 재연되기 전에 써야 한다고 몇 년 전부터 생각해왔으면서도 이제서야 생각을 정리할 수 있게 된 건, 온갖 핑계거리는 있지만 역시 게으름 때문이다. 그동안 내 구상과 생각을 지지해주고 기다려주었던, 그러나 너무나 오랫동안 기다리게 하고 만 뿌리와이파리 정종주 사장님께 감사와 함께 죄송한 마음을, 그리고 비슷한 문제의식으로 늘 힘이 되어주었던 한일 양국의 벗들에게 깊은 감사의 마음을 전한다.

2005년 해방 60주년을 맞는 8월에
박유하

적대적 이분법을
넘어서
윤리적으로
사유하기

박유하의
『화해를 위해서』
읽기

정승원

비평공간 클리나멘 연구원, 문화기호학·러시아문학 전공

서평

언론은 어떻게 책의 내용과 한 학자의 학문을 왜곡하는가

경기도 광주 '나눔의집'에서 생활하는 이옥선 할머니 등 아홉 분이 박유하 세종대 일어일문학과 교수가 2013년 8월 출판한 책 『제국의 위안부 — 식민지 지배와 기억의 투쟁』에 대한 출판·판매·발행·복제·광고 등을 금지해달라며 2014년 6월 16일 오전 11시 서울동부지법에 가처분 신청을 냈다. 그리고 이들을 상대로 한 사람당 3,000만 원씩 총 2억 7,000만 원을 지급하라는 손해배상 청구 소송도 내는 한편 출판물에 의한 명예훼손 혐의로 박 교수와 출판사 대표를 서울동부지검에 고소하는 일이 벌어졌다. 그달 19일에는 할머니들이 세종대 앞에서 박유하 교수의 파면을 촉구하는 시위를 벌이기도 했다. 할머니들의 주장은 다음과 같다.

"저자가 책에서 '위안부 피해자들을 매춘이나 일본군의 협력자로

매도할 뿐만 아니라 피해자들이 자신들의 그러한 모습은 잊고 스스로 피해자라고만 주장하면서 한일 간 역사 갈등의 주요한 원인이 되고 있다'고 기술했다.", "'한일 간의 화해를 위해 자신들의 행위가 매춘이며, 일본군의 동지였던 자신들의 모습을 인정함으로써 대중들에게 피해자로서의 이미지만 전달하는 것을 중단해야 한다'고 적고 있다.", "허위 사실을 기술해 위안부 피해자들의 명예를 훼손하고 정신적 고통을 줘 배상 책임이 있다."

과연 언론에 보도된 할머니들의 주장이 맞을까? 책을 읽어본 나는 이에 선뜻 동의하기 어렵다. 그리고 왜 이 책과 저자가 명예 훼손 등의 혐의로 법정까지 가야 하는지도 이해할 수 없다. 무엇보다도 학계에서 논의되고 걸러져야 할 학문적 내용이 시민단체와 언론에 의해 난도질당하고 왜곡되고, 책에 대한 제대로 된 검증도 없이 국민정서법과 여론 재판에 의해 한 학자의 학문적 사회적 명예가 순식간에 망가지는 일련의 사태들은 개탄스러울 따름이다. 부디, 언론에 의해 소개된 엉터리 기사들을 가지고 저자와 『제국의 위안부』를 손쉽게 재단하기 전에 직접 책을 읽어보기를 권한다. 그리고 변리사 정우성 님이 쓴 일련의 서평들도 읽어보면 책의 이해에 도움이 될 것이다(iamwoo.wordpress.com/에서 서평을 찾아 볼 수 있다).

문제의 책 『제국의 위안부』의 학문적 기획을 이해하기 위해서는 2005년에 나온 저자의 다른 책 『화해를 위해서 — 교과서·위안부·야스쿠니·독도』로 거슬러 올라가야 한다. 『화해를 위해서』
는 『제국의 위안부』의 기초적인 아이디어가 담겨 있는 동시에, 박
교수의 '화해' 개념을 이해하기 위해 반드시 읽어보아야 할 책이
다(『제국의 위안부』는 『화해를 위해서』의 2장을 확대발전시킨 책이다). 이 책도
일본 우익의 논리를 대변하는 것으로 최근에 많은 언론에서 보도
되면서 돌팔매질을 받고 있다. 아마 (나 자신을 비롯해) 이 책을 읽어
본 사람들은 매우 황당할 것이다. 왜 이 책이 뜬금없이 우익의 논
리를 대변하는 책으로 소개되고 있는지! 또한 출간 당시인 2005
년에 나온 서평들도 그렇게 보고 있지 않다. 그리고 214쪽 분량의
책을 몇 시간만 짬을 내서 읽어보면, 이 책이 일본 우익의 논리와
한국 내의 내셔널리즘을 동시에 비판하고 있다는 것을 쉽게 알 수
있다. 이런 비정상적인 사태를 보다 못한 〈아사히신문〉의 전 주필
아카미야 요시부미는 2014년 7월 31일 자 동아일보에 '나도 우
익의 대변자라고 부르라'라는 제목의 칼럼을 기고하기까지 한다.
〈아사히신문〉은 위안부 문제를 많이 다뤄 일본 우익의 미움을 받
고 있는 매체로, 2007년 박 교수의 책 『화해를 위해서』에 외국인
최초로, 여성 최초로 오사라기 지로 논단상을 수여한 바 있다.

『제국의 위안부』를 출판한 박유하 세종대 교수가 명예훼손으로 고
소된 것은 최근 우울한 뉴스 중 하나다. 거기에 그치지 않고 교수의
저서 '화해를 위해서'에도 공격이 쏟아져 '우수 도서' 지정을 취소하
라는 요구가 제기됐다. 그 이유로 "일본의 우익을 대변한다"는 주

장이 신문에 실리는 지경에 이르러서는 나 또한 간과할 수 없다.

…

나를 제외한 4명의 심사위원은 사외 일류 지식인이었다. 그중에서
도 미국 하버드대 이리에 아키라(入江昭) 명예교수가 이 책을 강하게
추천한 게 기억에 남는다. 그는 〈아사히신문〉에 다음과 같이 선정
이유를 보내왔다.

"박유하 씨의 저서는 학문적 수준도 높고 시사 문제의 해설로서도
균형이 잡혀 있다. 게다가 읽기 쉬운 문장으로 쓰인 보기 드문 수작
이다. 한국과 일본 사이에 가로놓인 오해와 무지 또는 감정적 대립
이라는 무거운 문제에 정면으로 맞서 역사 문헌과 여론 조사 등을
면밀히 검토한 후 설득력 있게 논의를 전개하고 있다. 이런 책이 한
국과 일본에서 출판됐다는 것은 양국 관계의 건전한 발전을 위해
기뻐해야 할 것이다. 이뿐만 아니라 세계 각지에서 국가 간 또는 민
족 간의 화해를 이끌어내는 데도 중요한 시사점을 주고 있다."

외교사 전문인 이리에 명예 교수는 일본 출신으로는 처음으로
미국 역사학회 회장을 지낸 중진으로 일본의 과거 침략을 질책해
온 사람이다. '우익의 대변인'을 기리는 것과는 거리가 너무도 먼
인물이다.

한국의 과도한 민족주의를 비판하는 책을 일본에서 상 주면 '친
일'이라는 오해를 불러 역효과를 낳지 않을까. 우리는 그런 우려

도 논의했다. 그러나 이 책은 일본의 우익적 언론도 매섭게 비판하고 있고 한국 신문 등에는 설득력이 있다는 서평이 실렸다. 게다가 우익이 눈엣가시로 여기는 아사히신문사에서 상을 받는다면 의미가 있지 않을까 생각했다.(news.donga.com/Column/3/all/20140731/65518516/1)

이 책은 우익의 논리를 대변하는 것과 아무런 관련이 없는 책이다. 언론이 반일 민족주의 감정에 편승하여, 열심히 연구하고 있는 학자를 때려잡고 있는 셈이다.

적대적 이분법을 넘어서 한일 관계를 사고하기

적대적 이분법을 넘어서 타자를 있는 그대로 보기

필자가 보기에, 박유하 교수의 저작들에 흐르는 일관된 방법론적인 기조는 적대적 이분법을 넘어서서 '타자'를, 그리고 '타자의 타자(즉, 자기 자신)'를 사유하고 만나게 하는 것이다. 우리는 지금까지 남한과 북한의 관계에서도, 한국과 일본의 관계에서도 우리는 적대적 이분법에 사로잡혀 있었다. 우리는 지금까지 북한을 어떻게 바라보았는가? 남한의 많은 보수 세력은 북한을 타도하거나 흡수해야 할 대상으로 봐왔고, 남한의 일부 진보 세력은 북한을 남한의 독재 정권들의 대립항에 놓고 거기에 긍정적인 의미를 무조건적으로 부여해왔다. 그러한 적대적인 이분법으로는 북한 체제의 긍정적인 의미도, 북한 내의 인권 문제도 제대로 인식할 수 없다. '타자'에 대한 이분법적인 규정은 타자를 풍성하게 이해해서 타자와 가깝게 다가가게 만들기보다 타자를 이분법의 두 개 항 중 한 항에 고정시켜 둘 사이의 거리를 더 이상 좁히지 못하게 한다.

지금까지 남한의 보수 세력이 '종북'이라는 단어를 진보 세력을 향해 전가의 보도처럼 휘두르고 있었다면, 남한의 진보 세력은 보수 세력을 '친일파'라는 '프로크루스테스의 침대'에 눕혀서 재단하려고 한다. 이 '적대적 이분법'의 구도하에서, 학문적으로 섬세하고 디테일한 논의를 하는 학자들은 '종북'과 '친일파'라는 폭력적인 정의(definition)와 여론 몰이의 유탄을 맞고 쓰러질 수밖에 없다. 결국 이런 '적대적인 이분법'의 구도는 어떠한 생산적인 논의도 불가능하게 만들었고, 학자들로 하여금 여론과 정치 집단의 눈치를 보게 만들었다.

박유하 교수는 우리 사회를 지배하고 있는 이런 분위기에 학문적으로 계속 문제 제기를 해온 지식인 중 한 명이다. 그녀는 지금까지 한일 관계에, 그리고 한국과 일본의 인식에 있어서 고착되어온 적대적 이분법을 넘어서 사고해왔다. 그것은 그녀의 이름을 일본 학계에 알린 나쓰메 소세키에 대한 논문들에서부터 한국의 위안부 문제를 다룬 『제국의 위안부』까지 그녀가 가지고 있는 일관된 학문적 태도이자 윤리적 태도다. 우리나라에 번역 소개된 『내셔널 아이덴티티와 젠더 — 나쓰메 소세키로 읽는 일본 근대』(2011, 문학동네)에서 일본의 국민 작가 나쓰메 소세키를 비판하고 있다면, 첫 번째 한국어 저서인 『누가 일본을 왜곡하는가 — 세기말 한국의 정신분석』(2000, 사회평론)에서는 일본에 대한 한국·한국인들의 표상과 담론을 분석하고 비판하고 있다. 『누가 일본을 왜곡하는가』은 에필로그에서 저자 스스로가 밝혔듯이, 한국에서 "상식 있는 이들이라면 그 문제점을 알 만한 왜곡된 담론들이 어느 샌가 많은 이들에게 진실처럼 회자되고 있었고, 더 이상을 미룰 수가 없"어서 쓴 책이다. 그녀는 일본을 바라보는 우리의 태도, 우리의 표상을 비판하고 문제삼고 있는 것이다. 그것은 일본의 편에서 한국을 바라보는 친일적인 태도도, 한국의 편에서 일본을 바라보는 반일적인 태도도 아니다. 그것은 타자와의 공존을 모색하려는 윤리적인 태도다. 타자와 공존하기 위해서 우리는 타자를 있는 그대로 보려고 노력해야 한다. 그러기 위해서는 우리가 가지고 있는 심리적인 선입견과 프레임을 살펴보아야 한다. 결국 대상을 제대로 보려고 하는 것, 보려는 태도 자세가 윤리적이다.

어쩌면 이 책이 일본을 옹호하는 책으로 보일지도 모르겠다. 하지만 나는 그 어느 누구도 '옹호'할 생각은 없었다. 다만 내가 알고 있는 사실을 전하고 싶었을 뿐이다. 이 책에서는 일본을 바라보는 한국이 구체적 대상이 되고 있고 그러다 보니 비판의 대상이 우리 자신이 되고 있지만, 여기서 다루어진 일들은 시대와 공간을 초월해서 볼 수 있는 일이다. 내 관심사는 그저 타자와의 '공존'의 모색이었고, 그것을 방해하는 것은 무엇인가를 보는 일에 있었다.(『누가 일본을 왜곡하는가』, 9쪽)

박 교수가 생각하는 윤리적 태도는 적대적 이분법을 넘어서 타자를 있는 그대로 보는 것이다. 물론 이런 윤리적인 태도를 가지려면, '타자'와 끊임없이 소통/교통하려고 노력해야 하고, '사이'에 서 있어야 한다. 그리고 이분법이 주는 지적인 안락함을 포기하고, '사이' 속에서 '타자'와 '타자의 타자'를 이해하려는 지적인 치열함을 유지해야만 한다. 무엇보다도 '불편함'을 감수해야 한다. 그 불편함은 '사이' 속에서 서 있을 수밖에 없는 위치가 주는 것인 동시에 이분법적인 인식 틀에 갇혀 있는 사람들이 가지고 있는 수많은 오해가 만들어내는 것이다. 또한 이런 불편함은 타자와 대상을 있는 그대로 보고 마주칠 때, 우리가 느끼게 되는 것이다. 하지만 그 불편함이 우리에게 사유를 촉발시키고, 새로운 사상과 해결책을 만들어낸다. 원래 인문학은 불편한 동시에 불온한 것이 아니었던가! 그리고 모든 위대한 인문학 책은 수많은 불필요한 오해와 곡해를 만들어내지 않았던가! 원하든 원하지 않든.

한국과 일본, 두 근대 국민국가가 야기시킨
네 가지 갈등과 기억/기록의 문제

　　이제 『화해를 위해서』에 대해 본격적으로 다루어보자. 이 책은 크게 교과서, 위안부, 야스쿠니, 독도 이렇게 네 가지 부분을 다루고 있다. 왜 한국과 일본의 관계 문제에 있어서 이 네 가지 분야가 중요한 것일까? 그것은 한국과 일본이라는 근대 국민국가가 야기시킨 주요한 갈등이자 문제이기 때문이다.

　　근대 국민국가는 경계를 확정하여 영토 구분에 나섰으며, 확정된 영토를 지키거나 확장하기 위해 군대를 만들었고, 군인을 위해 여성을 제공했다. 그리고 확정되거나 새로 획득한 영토에 대해서는 교과서를 통해 국민들에게 시각적으로 각인시킴으로써 그 영토 내부의 일원임을 자각시켰다.

　　독도 문제는 그런 영토 구분의 움직임이 빚은 문제이며 야스쿠니와 위안부 문제는 그 영토를 확장하기 위해 동원된 군인과 여성의 문제다. 교과서 문제란 그 영토와 군대와 여성에 대해 국가가 어떤 식으로 공식적으로 '기록'할 것인가를 둘러싼 문제이기도 하다. 말하자면, 이 모두는 공동체 내부의 구성원이 공동체의 과거를 어떻게 '기억'할 것인가 하는 문제인 것이다. 교과서·야스쿠니·위안부·독도 문제들을 '역사 인식'의 문제라고 말한다면 그런 의미에서라야 한다. 당연히 이들 문제는 전부 연결된 문제이며, 이제 지구화 현상과 함께 근대국가의 틀이 깨지려 하는 시기를 맞아 제국주

의와 전쟁의 시대가 만든 문제가 표면화된 것이라고 할 수 있다.(『화
해를 위해서』, 223~224쪽)

  한일 관계에서 쟁점이 되고 있는 위 네 가지 중 위안부는 근대
의 개막과 함께 일본이 영토를 확장하고 한국을 식민지화하고 다
른 국가를 정복하려는 과정에서 벌어진 일이다. 독도는 한국이
일본 제국의 식민지에서 해방되면서 근대국가로 자리 잡으면서
생겨난 갈등이자 문제다. 그리고 야스쿠니, 교과서는 근대국가
에서 벌어졌던 전쟁과 그 전쟁의 가해자들과 희생자들을 어떤 방
식으로 기억할 것인가, 그리고 어떤 부분을 기억하고 망각할지의
문제다. 그래서 이 네 가지는 한일 관계에서 첨예하게 대립되는
지점인 동시에 한일 양국이 공동으로 풀어가야 할 문제지점이다.
  이런 갈등과 문제가 생겨나는 이유는 근본적으로 한일 양국이
서로 다른 기억을 가지고 있기 때문이고, 가지려고 하기 때문이
다. 일본 우파는 위안부의 기억을 축소하거나 소거시키려는 반
면, 한국 국민은 위안부의 기록을 발굴하여 기억하려고 한다. 기
억과 기록은 도의적이고 법적인 책임과 관련이 있기 때문에, 식
민지 국가의 입장에서 범죄나 가해 사실을 최대한 은폐하려고 축
소시키려는 경향이 있다. 그리고 기억과 기록은 근대 국민국가의
영토적 경계와도 관련이 있다. 저자가 책의 독도 부분에서 상세
하게 설명하고 있듯이, 우리는 독도를 당연히 우리 영토라고 생
각하지만, 일본은 독도에 대하여 우리와 다른 기억과 역사를 가

지고 있다. 그래서, 독도를 둘러싸고 양국 간의 기억과 기록의 투쟁은 계속 진행되고 있는 것이다.

그리고 우리가 알아야 할 것은 가해자와 피해자 측이 가질 수밖에 없는 심리적 인지적 메커니즘이다. 가해자 측은 가해의 기억을 축소시키려고 하고, 그 기억을 최대한 적게 기록하려고 할 것이다. 반면 피해자 측은 피해의 기억을 최대한 온전히 드러내려고 하고, 많이 기록하고 싶을 것이다. 그것은 국가와 국가 간의 관계뿐만 아니라, 사람들 사이의, 집단들 사이의 관계에서도 마찬가지다. 예전에 자신들이 잘못한 일이 기록과 기억에 남아서 계속 회자되는 것을 좋아할 사람이나 집단은 없을 것이다. 그뿐만 아니라, 싸움의 해결 과정에서 가해자와 피해자의 증언이 엇갈리고 부정확하게 나타나는 일도 부지기수다. 그리고, 그러한 서로 다른 기억이 문제의 해결을 지연시키게 된다.

국가와 국가가 전쟁이나 식민지의 가해자와 피해자로 등장할 경우, 문제는 훨씬 더 복잡해진다. 가해국이든 피해국이든 구성원이 전쟁이나 식민지화에 대해 느끼고 인식하는 것은 천양지차이기 때문이다. 그리고 가해국에 어떤 정치 세력이 집권하느냐에 따라 보상과 사죄의 유무와 질과 양이 완전히 달라진다. 피해국의 집권 정치 세력과 국민들이 피식민지 지배 경험을 어떻게 인식하느냐의 문제와도 관련되어 있다. 그리고 가해국과 피해국의 구성원 사이에 식민지 경험에 관한 정보가 어느 정도 공유되고 있는지도 중요하다. 위안부를 비롯한 식민지 지배의 경험과 기억은 이런 점들을 염두에 두고 접근해야 한다.

'위안부'는 처음에는 식민지 시대의 기억/기록의 대상이 되지 못했다. 박정희 정권하에서 이루어진 1965년 한일회담은 서로가 '식민 지배'를 의식하면서도 그에 대한 공식적인 견해를 남기지 않은 회담이었다. 대신 1965년 한일 국교정상화 조약의 체결 때, 일본이 한국에 무상 3억 달러, 정부 차관 2억 달러의 보상을 했다. 하지만, '식민 지배'나 '사죄', '보상'이라는 표현을 전혀 사용하지 않았다. 그리고 정부는 그 돈을 식민지 지배의 피해자들에게 보상하는 대신 고속도로와 제철소와 같은 국가 기간 시설을 만드는 데 써버렸다. 이렇듯 '위안부'는 억압적인 국가 체제하에서 기억/기록에서 배제되는 대상이었던 것이다. 1900년대 들어, 김학순 할머니의 증언과 제소 이후, 위안부 문제를 포함한 식민지 지배에 대한 일본의 책임이 새롭게 부각되었다. 그러면서 가해국인 일본뿐만 아니라, 피해국인 한국도 식민 지배의 문제에 대해 생각하게 되었다. 그리고 위안부에 관한 여러 자료가 발굴되었고, 식민지 지배의 책임과 보상 방법에 대해서도 논의되게 된다. 위안부 문제를 다루는 지원 단체가 생기고, 많은 양심적인 일본인들이 위안부 문제에 참여하게 된다.

일본 내의 위안부 부정파와 우파와 달리, 저자는 일본의 식민지배 책임을 묻는다. 하지만 일본의 식민지배 책임을 명확히 하기 위해서는 일본과 한국이라는 국민국가 대(大)주체들을 적대적 이분법적 대립 구조로 위치시켜서는 안 된다. 한국과 일본이 적대적 이분법적 대립 구조에 갇혀서 '자신 속에서' 그리고 '타자 속에서' 보지 못한 것을 드러나게 해주어야 한다.

> 화해 없는 '우정'은 환상일 뿐이다. '화해'를 위해서는 과거에 국가가 저지른 일에 관해 책임을 져야 할 주체와 대상이 결코 단일하지는 않다는 인식이 필요하다. 그리고 '일본'과 '한국'이라는 이름을 호명하기 전에, 일본의 누가, 한국의 누가 그리고 그들의 어떠한 사고가, 내부/외부의 타자를 지배와 폭력의 대상으로 삼도록 했는가를 섬세하게 볼 필요가 있다. 복잡한 양상을 한, 그래서 우리를 혼돈스럽게 만든 사태를 단순화하지 않는 인내심만이 화해의 기반이 될 수 있다.(『화해를 위해서』, 240쪽)

그래서 저자는 다양한 정보를 제공한다. 피해자로서 한국 국민들에게 불리할 수도 있고 불편할 수도 있는 정보를 객관적으로 제시하려고 한다. 예를 들면 위안부 20만설이 부풀려진 것이라고 이야기하고, 위안부 모집 과정에서 우리 안의 책임('한국인 포주', '딸을 판 의붓아버지' 등)이 있음을 지적한다. 그리고 교과서 문제의 경우에도 일본과 한국을 객관적으로 평가하려고 한다. 저자에 따르면 현대 일본의 한 교과서에 "한국이 '일본에 의한 식민지화'의 길을 걸었으며, 일본의 황제를 퇴위시키고 군대를 해산시켰고, '무력을 배경으로 한 식민지 지배를 강행'했으며, '민족의 긍지와 자각을 박탈하고 일본인으로 동화시키는' 교육이 이루어"지는 상황이

"'일본의 침략'의 결과였다고" 명백히 기술되어 있다. 그리고 일본의 교과서들이 그런 식의 자기비판을 교과서에 담기 시작한 것이 이미 패전 직후라고 소개하고 있다. 일본이 과거사에 반성하고 비판하지 않고 있다는 상식(혹은 선입견)을 가지고 있는 우리나라 사람들에게 이런 정보는 낯설음을 넘어서 충격적이기까지 하다. 그리고 저자는 과연 우리나라 교과서가 일본 교과서만큼 침략과 폭력 역사에 대해 기술하고 있는지 의문을 제기한다.

> 그리고 무엇보다도 한국 역시 일본의 공민교과서가 강조하는 '공'의 교육이 이루어지고 있고, 90년대 이후 일본의 우익이 새롭게 지향한 '국민' 만들기는 이미 오래전부터 우리 교육의 중심을 이루고 있다. 패전 이후 과거의 쓴 경험에 근거하여 민족주의와 '애국심'을 경계해온 일본과 달리, 우리는 해방 이후에도 국어와 국사에 바탕을 둔 애국심을 키우는 일본적 교육-민족주의 교육을 받아왔다. 말하자면 우리가 그러한 과정을 거치는 동안 그런 교육을 한 번은 폐기했던 일본이 이제 다시 새롭게 예전의 교육으로 돌아가려 하고 있다는 것이 현재의 교과서 문제를 둘러싼 상황인 것이다. (『화해를 위해서』, 53쪽)

이런 식으로 저자는 책에서 반복적으로 일본 우익의 내셔널리즘을 비판하는 동시에 우리 안에 깊게 똬리 틀고 있는 내셔널리즘도 비판한다. 결국 한국과 일본의 갈등을 풀기 위해서는 적대적 대립 구조인 근대 국민국가의 민족주의적 틀을 벗어나서 야스쿠니·교과서·위안부·독도 문제를 봐야 한다고 저자는 주장한다. 이런 태도와 기술은 저자를 자칫 잘못하면 일본 우익의 논리를 대변하는 학자로, 가해자의 편을 드는 친일파로 오해받을 수 있게 한다. 반대로 일본 우익으로부터 욕을 먹을 수도 있다. 하지만 저자에 따르면, 이런 태도와 기술만이 가해자와 피해자 사이의 불필요한 오해와 갈등을 줄이고 용서와 화해로 이르게 한다. 가해자와 피해자 양쪽을 이해하려고 하고, 또 양쪽의 문제를 동시에 지적하는 사람은 양쪽에서 양비론과 양시론으로 비판받을 수 있다. 하지만 이런 태도만이 양쪽을 진실한 이해와 만남으로 이끌 수 있다. 그런 태도는 '사이'에 서서 '타자들' 사이에 '소통/교통'하려는 사람만이 가지는 운명일 것이다.

한일 간의 진정한 '화해'를 위한 전제 조건

저자는 이 책에 담긴 자신의 생각이 각 문제에 대한 최종적 대안이라고 생각하지 않는다. 본격적인 논의를 위한 시발점으로 간주하고 있다. 그래서인지 이 책의 두 번째 장인 「위안부—'책임'은 누구에게 있나」의 내용은 이후에 단행본 『제국의 위안부』로 확장되고 발전된다. 그리고 자신의 책이 최종적으로 '화해'를 지향하고 있지만, 그 '화해'가 쉽게 이루어질 것이라고 생각하고 있지도 않다. 저자는 책에서 손쉬운 '화해'의 방법을 제시하고 있는 것이 아니라, 한일 간의 진정한 '화해'를 위해 우리가 노력해야 할 전제 조건을 제안하고 있는 것 같다. 저자는 그것을 다음과 같이 제안하고 있다.

첫째, '나(우리)'와 타자를 에포케(판단중지) 상태로 있는 그대로 볼 필요가 있다. 그리고 타자를 좀 더 알려는 노력을 할 필요가 있다.

> 화해를 위한 논의를 위해서는 일본과 우리 자신에 대해 좀 더 아는 일이 필요하다. 그렇게 아는 일이 필요하다. 그렇게 '아는 일'은 우리 안의 견고한 기억들에 균열을 가할 것이다. 두텁게 쌓인 불신의 벽을 무너뜨릴 수 있는 것은 그런 미세한 균열들이다. 화해를 지향하는 균열(『화해를 위해서』, 272쪽)

둘째, 나의 일방주의적 관점이 아니라, 타자와의 상호주의적 관점에서 사태와 문제를 바라볼 필요가 있다.

> 화해를 위해서는 일본과 우리 자신이 거쳐 온 이 100년 세월의 복잡한 양상과 모순에 대해 좀 더 알 필요가 있다. 전후 일본이 '새로운' 출발을 했다는 사실, 그럼에도 불구하고, 아니 바로 그 때문에 여러 가지 모순과 한계를 안게 되었다는 사실, 그러나 동시에 우리 역시 위안부의 존재를 망각해왔고 교과서는 우리 안의 모순과 수치를 기록하지 않았으며 지금도 군 주변에는 '위안'시설이 있다는 사

실, 우리 역시 일본의 우파처럼 국가를 위해 목숨을 바치는 일을 현창하는 사고가 당연시되고 있다는 사실도 함께 생각할 필요가 있다. 일본의 군사화를 비판하기 위해서는 미국과 영국에 이어 세 번째로 많은 군인들을 이라크에 파병한 우리의 아이러니에 대해 먼저 생각할 필요가 있는 것이다.(『화해를 위해서』, 239~240쪽)

셋째, 우리의 비판에는 일본의 전후에 대한 이해가 결여되어 있다. 전후 일본을 새롭게 이해할 필요가 있다.

일본 좌파가 '새로운' 일본으로 바꾸기 위해 노력해왔다는 사실도 제대로 알려진 적은 없었다. 우파가 생각하는 '억울함'-피해의식이 과연 어디서 기인하는 것인지에 대해 진지한 관심을 가져본 적도 없었다. 말하자면 좌파의 노력에도 우파의 피해 의식에도, 제대로 맞대면하는 일은 없었던 것이다. 그리고 그렇게 이해—아는 일이 수반되지 않았던 한국과 중국의 비난은 우파의 반발을 더욱 거세게 만드는 역할을 했을 뿐이다. 한국과 중국 역시 그런 구조가 보이지 않았기 때문에 그저 '속죄하지 않는' 일본에 대한 불만을 키울 수 밖에 없었다.(『화해를 위해서』, 228~229쪽)

넷째, 국민과 국가를 넘어서 서로 견제하는 새로운 사유와 실천이 필요하다.

국가가 허용한 교과서를 거부하는 국민이 존재하듯 국가에 저항하는 국민의 자세 역시 필요하다. 국가는 책임을 지고 국민의 폭거를 막을 필요가 있지만, 국민 역시 필요할 때 국가의 폭거에 대한 제어 장치가 될 필요가 있다. 그리고 그렇게 국가와 국민이 서로를 견제할 수 있을 때 한일 간의 충돌을 막을 수 있다.(『화해를 위해서』, 238쪽)

다섯째, 본질주의적 관점에서 일본과 일본인을 보지 않을 필요가 있다.

그들 역시 안을 수밖에 없었던 여러 모순과 끔찍한 피해에 대한 상상력 없이는 우리의 비판은 그들의 마음을 열지 못한다. 일본에 대한 비판이 본질주의적인 것으로 계속되는 한, 그리고 일본에 대한 본질주의적 불신이 사라지지 않는 한, 설사 일본의 완벽한 사죄와 보상이 이루어진다고 하더라도 이해와 용서의 길은 열리지 않을 것이다. 그들이 처했던 상황에 대한 상상력의 결핍은 우리 자신의 문제도 보지 못하게 한다.(『화해를 위해서』, 226쪽)

여섯째, 국가가 저지른 일에 관해 책임을 져야 할 주체와 대상이 단일하지 않다는, 즉 복잡하고 다층적이라는 인식이 필요하다.

'화해'를 위해서는 과거에 국가가 저지른 일에 관해 책임을 져야 할 주체와 대상이 결코 단일하지는 않다는 인식이 필요하다. 그리고

'일본'과 '한국'이라는 이름을 호명하기 전에, 일본의 누가, 한국의 누가 그리고 그들의 어떠한 사고가, 내부/외부의 타자를 지배와 폭력의 대상으로 삼도록 했는가를 섬세하게 볼 필요가 있다. 복잡한 양상을 한, 그래서 우리를 혼돈스럽게 만든 사태를 단순화하지 않는 인내심만이 화해의 기반이 될 수 있다.(『화해를 위해서』, 240쪽)

21세기 동북아시아의
새로운 평화주의를 향해서

얼마 전에 지인으로부터 재미있는 이야기를 들었다. 2002년 월드컵 때 일본팀을 응원하러 한국에 왔다가 충격을 받고 돌아간 일본인이 많았다고 한다. 그들에게 충격을 준 것은 한국인이 보여준 일본과 일본인에 대한 적대감과 적개심이었다. 당시 한국에 온 대부분의 일본인은 한국인과 같이 사이좋고 평화롭게 일본과 한국을 응원하러 왔다고 한다. 2002년 월드컵 이후, 이때의 충격 때문에 일본 내에서 혐한론자가 늘어났다고 한다. 이 사람들의 기분과 마음은 충분히 이해할 만하다. 만약, 내가 아무런 적개심을 가지지 않은 상대방이 먼저 나에게 적개심을 보이면, 당연히 나도 그에게 적개심을 가지게 된다. 그렇게 적개심은 또 다른 적개심을 낳고, 산더미처럼 커져 더 이상 화해가 불가능한 지점까지 나아간다.

이스라엘과 팔레스타인, 경상도와 전라도, 한국과 일본, 북한과 남한 등 지구상에 존재하는 수많은 분쟁 지역과 적대 지역은 이런 적개심의 악순환 속에서 만들어지고 있다. 이런 악순환을 끊고, 갈등과 분쟁을 줄이기 위해서는 '우리와 타자 사이'에 서서 끊임없이 '소통/교통'하면서 있는 그대로 보고 이해하려는 윤리적 자세와 태도가 필요할 것이다.

21세기 새로운 평화주의로 가기 위해서는, 동북아의 평화를 만들기 위해서는 타자의 입장에 서서 사고하고 행동하는 것이 필요하다. 즉, 타자를 있는 그대로 보려는 윤리적 태도가 필요하다. 그럴 때, 우리는 타자에 대한 쓸데없는 오해와 적개심을 줄이고 타자를 적이 아닌 친구로 맞이하게 될 것이다. 우리는 과연 그럴 준비가 되어 있는가? 단순화된 적대적 이분법의 구도에 갇혀 계속해서 친구 대신 적을 만들고 있지 않는가? '북한'이라는, '일본'이라는, '중국'이라는. 책의 말미에 있는 저자가 꿈꾸는 이상적인 한일 관계를 인용하면서 『화해를 위해서』에 대한 서평 형식의 해설을 마무리할까 한다.

한일이 함께 싸워야 할 것은 단일한 주체로 상상되는 '일본'이거나 '한국'이 아니라 각자의 내부에 존재하는 전쟁을 열망하는 폭력적인 감성(고바야시 요시노리)과 군사 무장의 필요성을 강조하면서 과거의 전쟁에 대해 사죄할 필요는 없다고 주장하는 식의 전쟁에의 욕망(니시오 간지) 쪽이다. 폭력적 사고와 증오와 혐오를 정당화시킴으로써 자신들의 입지를 확보하려는 배타적 민족주의 담론에 함께 저항할 수 있을 때 한일 간의 '우정'은 비로소 열매를 맺을 수 있을 것이다.

공포는 경계심과 폭력을 부른다. 공포를 야기하는 것이 상대에 대한 무지이기도 하다는 점에서는, 한일 양국에 지금 필요한 것은 서로의 아픔에 대해 좀 더 아는 일이다.

그렇게 서로에 대해 좀 더 알게 된 한일의 젊은이들이, 폭력적인 감성을 불러일으키고 전쟁을 용인하는 민족주의적 지식인들과 정치가들에 대항해 함께 그들의 명령을 거부할 수 있는 날, 자신들의 행복한 일상과 사적 관계들을 깨버리고 말, 그래서 그들의 인생을 온통 망가뜨리고 말 국가의 부름을 인터넷을 통해 거부할 수 있을 만큼의 신뢰 관계가 만들어지는 날, 상대를 겨냥하는 것이 아니라 폭력적 사고를 거부하는 촛불 시위가 한일 간에 가능한 날, 그날, 우리는 100년 전의 잘못된 시작이 남긴 상처에서 벗어나 새로운 100년을 준비할 수 있다.(『화해를 위해서』, 241쪽)

화해를 위해서

교과서 · 위안부 · 야스쿠니 · 독도

2005년 9월 30일 초판 1쇄 펴냄
2015년 10월 5일 초판 2쇄 펴냄
2015년 6월 20일 개정증보판 1쇄 펴냄
2020년 2월 5일 개정증보판 2쇄 펴냄

지은이 박유하

펴낸이 정종주
책임편집 최규승
편집주간 박윤선
편집 강민우 김은희
마케팅 김창덕

펴낸곳 도서출판 뿌리와이파리
등록번호 제10-2201호(2001년 8월 21일)
주소 서울시 마포구 월드컵로 128-4 2층
전화 02)324-2142~3
전송 02)324-2150
전자우편 puripari@hanmail.net

디자인 캠프커뮤니케이션즈
제작 주손디앤피

값 10,000원
ISBN 978-89-6462-057-1 (03300)

이 도서의 국립중앙도서관 출판시도서목록(CIP)은 서지정보유통지원시스템 홈페이지(http://seoji.nl.go.kr)와 국가자료공동목
록시스템(http://www.nl.go.kr/kolisnet)에서 이용하실 수 있습니다.(CIP제어번호: CIP2015015576)